마음이 마음에게 묻다

마음이 마음에게 묻다

초판 1쇄 인쇄   2009년 10월 15일
초판 1쇄 발행   2009년 10월 20일

지은이 ∣ 문윤정
발행인 ∣ 정상우
발행처 ∣ 오픈하우스
출판등록 ∣ 2007년 11월 29일 (제13-237호)
주소 ∣ 서울시 마포구 서교동 465-18번지 (121-841)
전화 ∣ 02-333-3705   팩스 ∣ 02-333-3745

ISBN 978-89-93824-20-9 (03220)

마음이 마음에게 묻다

문윤정 글·사진

오픈하우스

차 례

성수 스님

나를 망치고 짓밟는 이는 오직 나일 뿐

산벚꽃이 한 줄기 바람에 눈처럼 하얗게 하늘을 수놓던 날, 법수선원으로 성수 스님을 찾아뵈었다. 서울 세곡동에 위치한 법수선원은 시민 선방이 있는 보림 도량으로 스님이 1973년에 개원한 인연 깊은 곳이다. 스님은 10여 년간 법수선원에 주석하면서 도심 사람들에게 법과 선을 널리 폈으며, 이곳에서 발심하여 출가한 이도 여럿이라고 한다.

올해 여든일곱인 스님에게 건강에 대해 여쭈었더니 "한 계절이 들어오고 나갈 때도 차고 더운 기운이 서로 치성을 부리는 것처럼 사람도 계절에 따라 몸의 변화가 일어나는 것이지"라고 한다. 어제 미지근한 물에 목욕했더니 몸에 탈이 났는데 병원 갈 정도는 아니란다. 그러고는 아흔 평생 가까이 살면서 아직 병원 들고나는 일이 없으니 "시주밥 축내지 않고 도 닦은 것 아니냐"면서 웃는다.

건강 비결을 여쭈었더니 "불자들도 새벽 3시에 일어나서 밤 9시까지 등을 땅에 안 붙이고 노력하면 마음이 밝아지고 몸은 빛이 나니 병원 갈 일이 없을 거라"고 한다. 몇십 년간 한 끼에 다섯 숟가락의 찰밥과 맵고 짜지 않은 찬을 먹는 소식(小食)이 스님의 건강 비결인 것 같다.

"많이 먹고 많이 자면 병 안 들 사람이 없어. 천성산에서 공부할 때 1년간 뽕잎, 감잎, 솔잎, 칡잎, 닥나무잎을 뜯어 먹고 살았어. 그러고 나서 원효대사 토굴 터에서 3년을 살았는데 쇠비름을 베어서 덮고 깔고 잤어. 그때도 3년간 풀잎만 먹었는데 건강에 아무 이상이 없었어. 마을에서는 마음의 병이 들면 절로 수양하러 오는데, 스님이 병원에 간다는 것이 이치에 맞지 않다고 여기고 부끄러워서 못 가야 해. 부끄러워서 안 가다보면 싱글벙글 쨍쨍하게 살게 되고 그것이 활불(活佛)이지."

스님은 몸을 이루고 있는 지수화풍(地水火風) 사대 보살을 잘 쓰고 자성 삼보를 잘 관리하면 보살이 된다면서 먼 데서 찾지 말라고 일러준다.

"낼모레가 부처님오신날이라고 야단법석을 떠는데 다 좋은 일이야. 형식적 축하보다는 진심으로 봉축해야지. 등을 밝히는 것은 마음의 어둠을 밝히기 위함인데 어리석은 중생이 밝은 지혜는 외면한 채 어두운 물질에만 묶여 있으니 답답해. 이날을 기점으로 하여 앞으로는 자신의 위치를 깨닫고 노력하며 살겠다는 포부를 부처님 앞에서 기원하면 좋은 일이지. 오늘부터라도 부처님의 본을 받아 실천 수행하여 오늘이 바로 자신에게 '제2의 탄생일'이 되도록 노력해야 해."

1975년 부처님오신날을 공휴일로 지정하는 데 성수 스님의 역할

이 컸다. 당시 서울시장인 김현욱 씨와 불자 국회의원들을 통해 박정희 전 대통령에게 수차례 건의하여 이루어진 일이었으며, 시민들로부터 서명 날인을 받은 용지만도 트럭 3대분이었다고 한다. 스님의 나이 마흔한 살 때의 일이다.

"공휴일로 지정된 그해 부처님 생일 잔치를 크게 벌였지. 서울시장이 행사비로 쓰라고 20만 원을 내놓았는데 논 100마지기 값이었어. 삼립식품공장에 보름달인가 뭔가 하는 빵 3만 개를 주문하여 1만 개는 조계사를 찾는 신도들에게 나누어주고 일부는 서울 시내 111개 양로원에 주었지. 그날 하루 종일 서울역에서 빵을 나누어주었는데 서울 시내가 들썩거릴 정도로 큰 잔치였어."

이어서 스님은 조계사 주지를 할 때 '종교의 장벽을 트자'고 제안해서 종교협의회를 만들었던 이야기를 들려주었다.

"종교협의회를 갖기 전에 신부, 목사, 수녀 50여 명을 조계사로 초대했어. 내가 초대했으니 턱 나가서 '내가 열아홉 살에 중이 됐는데 내 부모보다 부처님이 너무 좋아서 중이 됐다'고 했더니 그들 표정에 '저것 봐라. 부처 자랑부터 늘어놓는다'고 쓰여 있어. 45년간 그렇게 좋아하며 믿고 살아왔는데, 오늘에 와서 가슴에 손을 얹고 가만히 생각해보니 부처님한테 몽땅 속았다는 생각이 든다고 했더니 사람들이 놀라 자빠지는 거야. 부처님은 속세에서 네 가지 큰 죄를 지은 분이라고 하니 내 말을 백 프로 믿는 눈치데. 그들에게 '아담과 이브가 먹지 말라는 선악과를 따 먹어서 지옥으로 떨어졌다고 했는데 선악과 먹기 전에는 거기가 어디냐?' 하고 물었더니 사람들이 아무 말도 못하고 땅에 탁 엎드리는 거야. 그래서 그것을 모르면 나처럼 속는 놈이 된다면서 내 속았던 것까지 보태서 그들한테 폭 덮어 씌워버렸어."

부처님이 속세에서 지은 네 가지 큰 죄가 무엇인지 궁금했다.

"부처님 욕을 하면 부처님이 한 방 치시겠지만, 부처님 인격을 내가 잘 알기 때문에 야단치지는 않으실 것이야. 네 가지 죄란 첫째는 국사를 돌보지 않고 출가했으니 부왕의 명을 거역한 역적죄요, 둘째는 부모의 뜻을 거역했으니 천추만대의 불효죄요, 셋째는 젊은 부인을 버린 배신죄, 넷째는 라후라를 낳고도 기르지 않고 버린 죄이지. 보통 사람으로서는 감히 꿈도 꾸지 못할 네 가지 죄를 짓고 성을 넘어 야반도주를 했으나 3천 년이 지나도록 부처님을 성인으로 받들어 모시고 있잖아. 네 가지 죄를 지었어도 3천 년간이나 존경받는 그 이유가 뭔지 한번 생각해보란 말이야. 부처님은 사문유관(四門遊觀)을 통해 사람들이 늙고 병들어 죽는 것을 보고 사람들은 왜 저렇게 비참하고 억울하게 죽어야 하나 깊이 고민했어. 안 죽는 법을 알기 위해서 6년이나 찾아다녔으나 가르쳐주는 사람이 없어서 스스로 연구했지. 그렇게 하여 좌부동하고 앉았는데 삽시간에 6년이 또 지나간 거야. 부처님은 확실히 모르고 크게 몰랐기 때문에 아주 크게 깨달을 수 있었어. 그러니 법당에서 절을 하더라도 부처님 뜻을 알고 해야지. 물어보고, 알고 살아야 할 것이 한두 가지가 아닌데도 물어

성수스님

보지도 않고 넙죽넙죽 절만 하는 것을 보면 장관이야. 모르면 묻기라도 해야 하는데 말이야."

그러더니 스님은 "영산회상에서 부처님이 연꽃 한 송이를 들고 있을 때 가섭존자만이 미소 지었다고 하는데 그것이 어떤 미소인지 생각해보았느냐?"고 한다.

"선을 공부하는 사람은 염화시중 때 가섭존자의 웃음이 미소(微笑)인지 비소(非笑, 비난하는 웃음)인지를 가릴 줄 알아야 해. 그래야 선객이라 할 수 있지."

자신의 고유한 생각은 알려고도 하지 않고 남이 뱉어놓은 말만 무작정 따라가니 어느 세월에 자신과 상면하겠느냐면서 걱정의 눈초리로 바라본다.

"싯다르타 태자가 태어나자마자 일곱 걸음을 떼면서 천상천하 유아독존(天上天下 唯我獨尊)이라고 했는데, 무슨 뜻인지 아는가?"

스님의 기습 질문이 이어진다. 스님 앞에서는 뻔한 답을 하기보다는 입을 다물고 있는 것이 낫다.

"자기 자신을 만나는 것이 천상천하에 둘도 없이 귀하다는 뜻이야. 자아 발견을 좀 하고 살자는 것이지. 자기 자신을 모르면 물속에 사는 물고기가 물을 모르는 것과 같아. 밥 잘하는 사람은 밥솥과 대화하고 나무 가꾸는 이는 나무와 대화하는데 자기를 지배하는 자신과 대화할 줄 모른다는 것이 얼마나 답답한 노릇인가?"

담수명월난지난 심중활불난봉난(潭水明月難持難 心中活佛難逢難)

산상기암고불시 광야현풍전묘법(山上奇巖古佛示 廣野玄風傳妙法)

물에 뜬 저 달은 가져보기 어렵고

마음속에 산 부처 만나기 어렵네.

산 위에 기암은 부처 같고

넓은 들판에 부는 바람은 묘한 이치 전해주네.

스님은 열아홉 살에 원효대사 같은 도인이 되겠다고 집을 나와 전국을 떠돌아다녔다. 1년간 도인을 찾아다녔지만 만날 수가 없었다. 그래서 스님은 범어사에 가서 "큰중 나오라"라고 소리를 질렀다.

"그 넓은 절이 떠나가도록 소리소리 지르니 새끼중들이 나와. 그래서 새끼중말고 어른중 나오라고 하니 나중에 주지 스님이 나오데. 왜 그러느냐고 하길래 '도인을 찾아 1년간 다녀보니 고대광실 같은 집에 살면서 공부 안 하는 중들밖에 없더라. 결혼 안 해서 나라에 해를 끼치고, 놀고먹어 국가에 손실만 주니 다 때려죽이려고 그런다' 했더니 주지 스님이 땅에 엎드려서 한나절 눈물을 흘리는 거라. 좀 미안한 생각이 들데. 그때 주지 스님이 동산 스님이신데, 5년 후에 범어사에 도 닦으러 갔더니 상좌들도 다 있는데 나한테 절 살림을 맡겨. 백 명이 넘는 대중들이 살았는데, 한 달에 한 번씩만 장을 봐다 날랐어. 공부해야 하는데 장에 자주 가면 쓰나. 한 번 가면 트럭 한 대 그득하게 실어왔어. 그걸 보고 동산 스님이 놀라시데."

성수 스님의 서슬 푸른 기상과 삼강처럼 큰 배짱과 포부를 당할 사람이 있겠는가 싶다. 스님은 조계사, 범어사, 해인사, 고운사, 표충사 등 6개 본사급 주지 소임을 맡았는데 그 소임을 딱 1년씩만 했다. 그동안 지은 절이 70채가 넘지만 모연문(승려가 시주에게 돈이나 물건을 기부하게 하여 좋은 인연을 맺게 하는 글) 한 번 돌려본 적이 없으며, 기도나 축원도 하지 않았다. 스님은 참으로 탁월한 재주를 지녔다고 하니 그것은 재주가 아니란다.

"돈을 깨끗하게 잘 써주면 돈이 인사하고 따라다녀. 사람이 돈을 따라다닐 게 아니라 돈이 사람을 따라다니게 해야 해."

스님은 불살생의 뜻을 아느냐고 물었다. 삼척동자도 다 아는 것을 왜 묻는지 의아하게 생각하고 있는 사이 스님이 말을 이어갔다.

"소나 개, 벌레 등 타(他)를 죽이지 말라고 하는데, 아니야. 세상 사람들이 어리석어서 각자 자신에게 해당하는 말인 줄 모르고 남의 목숨만 죽이지 않는 것인 줄 알고 있어. 부처님이 중생을 턱 보니 '나고 죽음의 꿈에서 깨어나지 못하므로 애처로워서 중생은 나고 죽음의 고해 바다에서 벗어나라'고 불살생을 말씀하신 것이지. 파리 한 마리 죽이는 것은 마음 아파하면서 자신이 하루에도 수없이 죽고 사는 것을 모르니 참으로 안타까워. 부처님이 우리 중생을 위해서 '죽지 말라'고 간곡히 설한 말씀이야. 불살생이 내 일인 줄 알아야만 조금이라도 생사에 겁을 낼 터인데 눈이 밝지 못하여 남의 일로만 생각하는 거라. 타를 죽이지 않겠다는 생각 이전에 내가 안 죽을 연구

부터 해야지. 정말 죽기 싫다면서 부처님께 안 죽는 도리를 알려달라고 간이 타도록 애원해야지. 그래도 안 알려주면 알고 싶은 마음에 한이 맺히고, 알고 싶은 욕심이 펄펄 끓어올라야 해. 안 가르쳐주면 왜 안 가르쳐주느냐면서 주먹으로 부처님의 콧등을 한 대 쥐어박을 정도는 돼야 생사해탈의 맛을 볼 수 있어. 생사해탈의 맛을 보는 자가 바로 부처님의 뜻을 아는 산 제자라 할 수 있지. 생사 밖의 도리가 다 여기 있어."

불살생, 이 석 자가 선법(禪法)이며, 이 선법만 확실히 알면 생로병사의 노예가 되지 않고 자기 마음대로 놀다가 자기 마음대로 갈 수 있다고 한다. 이것이 바로 부처님이 이 땅에 와서 중생들에게 알려주고 싶은 간절한 법이란다.

"자기 정신이 소중한 줄 알고 제대로 한번 살아봐라. 사는 법을 알고 턱 살면 죽을 때 척 죽을 수가 있어. 불법(佛法)은 살 때 멋지게 살다가 갈 때 아들딸 불러놓고 손 턱턱 흔들면서 웃고 가는 생사자재법(生死自在法)이야. 부처님께서는 회향을 잘하셨기 때문에 3천 년간 존경받는다는 것을 알아야 해. 이 세상 사람 가운데 죽을 때 부처님처럼 '내가 간다' 하고 웃고 간 사람이 얼마나 되나? 생사자재법을 제대로 이루고 가신 어른이기에 우리가 존경하는 거지."

스님은 차 한 모금을 머금고 나서 "그래 결혼은 했나?" 하고 물었다. 고개를 끄덕였더니 "불알값하는 남자하고 사는가?" 하고 재차 물었다. 질문의 뜻을 몰라 조금은 당황스러웠다.

"어떤 일이 닥쳐도 흔들리지 않고 여여하게 버텨내는 사내가 불알 값하는 것이지. 그렇게 못하면 여자가 만들어야 해."

가정이 쉽게 해체되고 백년가약을 손바닥 뒤집듯이 뒤집어버리는 요즘의 세태를 두루두루 꼬집어 하신 말씀이 아닌가 싶다. 스님은 "남자는 남자답게 여자는 여자답게 이름값하면서 살았으면 좋겠어" 라고 한마디를 덧붙인다.

"쇠가 쇠를 먹고 물이 물을 먹고 바람이 바람을 먹고 이웃이 이웃을 괴롭히고 불법(佛法)은 불자가 해치고 내가 나를 망치는 거야. 나를 망치고 짓밟는 이는 오직 나일 뿐 다른 이가 아니라는 것을 명심해야 해."

중생이 부처가 되지 못하게 하는 것도 내 속에 있고, 부처가 중생 놀음하는 것도 남이 아니라 바로 내 탓임을 알아야 한다면서 이젠 남을 원망하는 소리는 하지 말라고 한다.

"부처님은 도 닦을 때 새가 와서 머리에 똥을 싸도 원망 안 하고 대자대비한 마음으로 생활했어. 우리가 비 안 맞고 옷 안 벗고 사는 것이 바로 복 아닌가? 행복하게 사는데도 불평불만이 많은 것은 욕심이 끝없기 때문이야. 부처님께서는 만족심이 제일 큰 복이라 했어. 마음속에서 부족하다는 생각을 하면 할수록 쌓아놓은 물질에 휘말려 정신까지 잃어버리게 돼. 남을 원망하는 마음이 생기면 참회를 해서 불평과 원망이 없는 인간이 되도록 원을 세워 노력해야지. 인도의 가난한 여인 안타라는 여덟 달 동안 일한 품삯으로 보잘것없는

17

성수스님

등을 올렸지만, 정성을 다했기에 돌풍이 불어도 꺼지지 않았다는 이야기도 새겨들었으면 좋겠어."

어려울 때일수록 물질이 담긴 좋은 등보다는 혜를 밝히겠다는 원이 담긴 등을 켜야 한다는 성수 스님의 말씀은 시름에 잠긴 많은 사람들의 가슴에 또 하나의 등불이 되어줄 것이다.

🌼 성수 스님

1944년 양산 내원사에서 성암 스님을 은사로 득도. 1948년 부산 범어사에서 동산 스님을 계사로 구족계 수지. 1967년 조계종 총무원 포교부장 역임. 1978년 세계불교지도자대회 일본 주최 한국 대표로 참가. 조계사, 범어사, 해인사, 고운사, 표충사 등 주지 역임. 1981년 조계종 총무원장 역임. 1994년부터 2008년까지 조계종 전계대화상 역임. 지금은 조계종 명예원로의원이며, 법수선원 · 황대선원 · 해동선원의 조실. 저서로 《선문촬요》, 《불문보감》, 《선행문》, 《정행문》 등이 있음.

고산 스님

첫 마음으로 돌아가라

배롱나무꽃 빛깔이 어여쁘다. 그 빛깔이 빨강도 아니고 주황도 아닌 붉은 빛이라 더 곱다. 화무십일홍(花無十日紅)이라, 피어서 열흘 가는 꽃이 없다고 하지만 배롱나무는 석 달 열흘 동안 꽃 그림자를 드리우고 있다. 부처꽃과에 속하는 배롱나무는 절집에서 많이 심는다. 그 이유는 배롱나무가 껍질 벗는 것을 두고 스님들의 무소유의 상징으로 여기기 때문이란다. 또 다른 이유는 스님들은 하안거 기간에 90일간 용맹정진하는 데 반해 배롱나무꽃은 100일간이나 야무지게 정진하기 때문이란다. 그래서 부처꽃이다. 오랜 수행으로 가지가 굽은 배롱나무는 머지않아 삼매에 들려 한다.

아, 배롱나무도 삼매에 들려 하는데 언제쯤 내 안의 불성을 깨닫게 될까? 자기 안의 보석을 알아차리지 못하는 어리석음에 대해 고산 스님은 이렇게 말했다.

"저 태양을 보세요. 비추지 않는 곳이 없습니다. 그러나 아무리 밝게 비춰도 엎어놓은 그릇 속은 비추지 못합니다. 자기 마음의 문을 열지 않고 어찌 바깥의 부처님 소리를 듣고 부처님을 볼 수가 있겠습니까?"

스님은 '내 안에 들여놓고 싶다면 마음을 열라'고 한다. 이는 '내가 변해야 세상이 변한다'는 이치와 다르지 않다.

스님은 동에 번쩍 서에 번쩍 바쁘게 다니는 분이라 뵙기가 쉽지 않다. 음력 초하룻날과 초사흗날은 부산의 혜원정사에서 법문을 하고, 약사재일인 음력 초여드렛날은 부천 석왕사에서 법문을 한다. 그리고 보름날 쌍계사에서 법문을 하고는 관음재일인 스무나흗날은 연화사에서 법문을 한다. 스님의 거처는 따로 없다. 법문을 위해 머무는 곳이 바로 거처이다.

스님은 출가 이후 64년간 수행과 포교, 불사로 일관된 실천적인 삶을 살아온 분이다. 너무나 일찍 갑작스럽게 어머니를 여읜 스님은 출가하면 어머니를 만날 수 있다는 말에 출가를 결심했으며, 어머니가 보고 싶을 때면 100일 관음 기도를 드렸다. 지금까지 조석 예불 끝에 30분간 관음 정근과 108배와 발원문은 빼놓은 적이 없다. 스님은 앞으로도 계속 이어갈 것이라고 한다.

고산 스님은 은사인 동산 스님에게 참선을 배운 뒤 선교(禪敎)에 능통한 대강백 고봉 스님에게 15년간 하루도 빠짐없이 경전을 배워 전강을 받았고, 석암 스님으로부터 율맥을 이은 율사이기도 하다. 스님은 화두 참구를 통해 몇 차례나 마음이 환히 밝아지며 무릎을 치는 경계를 맛보았다고 한다.

오늘은 석왕사 육화전에서 스님의 법문을 듣는 귀한 시간을 가졌다. 사부대중이 법당에서 기다리고 있을 때 이윽고 스님이 사자좌에

올랐다.

스님은 주장자를 높이 한 번 들어 보였다. 스님은 이미 주장자 법문을 마쳤는데, 보는 이의 마음은 주장자를 떠나지 못한다.

달마대사는 《사행론(四行論)》의 〈시유관찰형색문(示諭觀察形色門)〉에서 이렇게 말했다.

"주장자를 보고 주장자란 견해를 지으면 이는 주장자 상(相)을 보고 주장자 견해(見解)를 짓는 것이요, 마음으로 이 주장자를 보더라도 이는 주장자 상(相)이라. 법은 주장자도 없고 주장자 상도 없으니 이러한 까닭에 주장자를 봄으로 곧 주장자 법을 얻는 것이다. 일체 형색을 보는 것도 또한 이와 같으니라."

고산 스님은 《유마경》을 펴서 한 구절을 독송하고 나서 이해하기 쉽게 풀이해주었다.

"중생들은 생사에 윤회합니다. 보살이 중생을 제도하려면 중생의 나고 죽는 곳에 들어가 두려움이 없어야 하며, 중생을 다 제도하고 나서야 열반에 듭니다. 보살은 태어나고 죽는 것이 자유자재하여 돼지를 제도하기 위해서는 돼지로 태어나고 개를 제도하기 위해서는 개로 태어나며 그것에 대한 두려움이 없어야 합니다. 또한 보살은 영화롭고 욕되는 일에 기뻐하거나 근심하지 않고, 공부하는 이를 업신여기지도 않습니다. 이 세상 만물에는 다 배울 것이 있어요. 이 세상 모두가 우리의 스승인 것이지요. 나무는 나무대로, 바위는 바위대로, 동물은 동물대로, 강은 강대로 다 우리에게 가르침을 줍니다.

어린아이에게도 배울 점이 있으면 배워야 해요. 바라밀은 미혹의 언덕에서 깨달음의 언덕에 이른다는 뜻으로, 모든 보살이 육바라밀에 의지해 행을 닦을 때는 바라밀을 부모님같이 생각해야 합니다. 선한 일을 행하는 데는 끝이 없어야 하며, 한량없는 보시를 행해야 합니다. 늘 용맹정진하고, 한량없는 부처님의 공덕을 듣고 지혜의 보검으로 번뇌 도적을 베어내야 합니다."

스님은 법문 때마다 어디에서도 쉽게 들을 수 없는 《유마경》 강의를 한 품씩 해준다. 이 강의를 끝내고 스님은 대중을 한 번 훑어보더니 다음 법문을 이어갔다.

"어떤 보살이 기도 잘하다가 쓰러져서 병원에 실려갔는데, 뇌경색이라 의식이 없어요. 그래서 산소호흡기 꽂고 병원에 누워 있으니 그 치료비가 엄청나요. 의식도 없이 누워 있는 것은 사는 것이 아닙니다. 억지로 목숨 잇는 것도 그렇고 해서 자식들이 산소호흡기를 떼어달라고 해도 병원에서 안 떼어준다고 합니다. 이 일을 법원에 호소해도 1심, 2심, 3심 다 병원이 이긴다고 해요. 왜 그렇게 하느냐고 물어봤더니 그것이 다 병원이 돈 벌려고 그런다고 해서 안타까웠어요. 여러분은 죽을 때 병원에서 호스 주렁주렁 달고 죽지 말고 그냥 집에서 편안하게 가세요. 그것이 본인에게도 좋고, 자손들에게도 피해 안 끼치는 일입니다."

스님은 오래 살려는 것은 다 헛된 욕심이며, 이 욕심만 버려도 마음 편하게 살 수 있음을 강조했다.

"불교를 믿는 사람이라면 염불 열심히 하면서 갈 날을 준비해야합니다. 어리석은 사람이 자기 죽는 것을 모르고 자꾸 욕심을 부립니다. 어리석음, 탐욕, 세상에 대한 분노를 놓아버리는 사람이 지혜로운 사람이고 마지막 가는 준비 잘하는 사람입니다. 삼독(탐진치)만큼 무서운 것이 없어요. 그리고 빨리 성불하고 싶으면 교만한 마음이 없어야 해요. 상대방보다 자신이 조금이라도 낫다 싶으면 상대방을 얕보고 그러는데, 남을 업신여기면 염불·간경·기도 등 무엇을 해도 성불하기 어려워요. 석가모니 부처님께서 전생에 상불경 보살로 살 때 돼지를 보고도 부처가 될 것이라면서 절을 했고, 거리에 있는 무엇을 보고도 다 부처가 될 것이라면서 절을 했어요. 우리는 그렇게는 못하더라도 내 앞에 있는 어떤 사람이라도 공경할 수 있어야 해요. 그것이 바로 성불하는 길이고 부처가 되는 길입니다. 뉴스를 보니까 부모에게 몹쓸 짓하는 사람들이 너무 많아요. 세상에서 가장 못된 짓이 부모에게 불효하는 것입니다. 열 달 동안 뱃속에서 힘들게 키웠고 세상에 내보내고 또 키우느라 얼마나 힘들었는데 그 은덕을 모르고 불효를 합니까? 타인을 해치는 것보다 부모를 해하는 것이 더 나빠요. 지금을 말법 시대라 하지만 부처님 시대나 지금이나 크게 달라진 것이 없어요. 단지 부처님 재세에는 착한 사람이 많고 나쁜 사람이 적었을 것이고, 말법 시대에는 착한 사람이 적고 나쁜 사람이 많은 것이지요."

　스님은 생과 사가 둘이 아니라는 법문의 이해를 돕기 위해 중국

도오(道悟)선사에 관한 일화를 들려주었다.

어느 날 도오선사가 점원이라는 상좌를 데리고 문상을 갔다. 도오선사는 향불을 올리고 영가를 향하여 법문을 했다.

"영가여, 살아도 산 것이 아니고 죽어도 죽은 것이 아니니 도대체 어느 곳으로 갔는고?"

그때 점원 스님이 관을 똑똑똑 세 번 두들기고는 물었다.

"살았습니까, 죽었습니까?"

도오선사가 말했다.

"살았다고도 죽었다고도 말할 수 없느니라."

"무엇 때문에 말하지 못합니까? 어서 말하십시오."

도오선사는 머리를 흔들며 말했다.

"나는 말 못해!"

돌아가는 길에 점원 스님은 또다시 다그치듯 물었다.

"화상은 쾌히 저에게 일러주십시오. 만약 그렇지 않으면 화상을 치겠습니다."

그러자 도오선사는 이렇게 대답했다.

"치고 안 치는 것은 너에게 맡기되 말할 수 없느니라."

그 말에 화가 난 점원 스님이 막대기를 들고 도오선사를 냅다 쳤지만 선사는 아무 말도 하지 않고 급히 방으로 들어가버렸다. 그러고 나서 얼마 지나지 않아 도오선사는 열반에 들었고, 결국 점원 스님은 대답을 듣지 못했다.

점원 스님은 석상 스님을 찾아가 도오선사와 있었던 일을 들려주고 석상 스님에게도 같은 질문을 던졌다. 그러자 석상 스님도 똑같이 대답했다.

"살았다고도 죽었다고도 말할 수 없느니라."

고산 스님은 이 일화를 들려주고 나서 법문을 이어갔다.

"본래 그 자리는 생사거래를 여읜 자리이기 때문에 살았다, 죽었다 말하는 것은 군더더기일 뿐입니다. 이 우주가 물이라고 생각하면 전체가 물이요, 불이라고 생각하면 전체가 불이요, 바람이라고 생각하면 전체가 바람입니다. 왜냐하면 우주에는 흙 기운, 바람 기운, 물 기운, 불 기운이 가득하기 때문입니다. 기도를 올릴 때 촛불을 켜지 않고도 관세음보살을 부르고, 석가모니불을 지극정성으로 부른다면 저절로 우주의 불이 초에 와서 당겨지고 향에 와서 당겨질 수 있습니다. 이쯤 되어야 정성이 들어가는 것 아니겠습니까?"

많은 사람들이 다양한 고민을 안고 스님을 찾아온다. 그럴 때면 스님은 사람들에게 분별심을 버리라고 한다. 좋은 날을 택해달라는 이에게는 비가 오면 촉촉해서 좋고, 맑은 날은 맑아서 좋고, 바람 부는 날은 선선해서 좋고, 구름 낀 날은 구름이 끼어서 좋으니 날마다 좋은 날이라고 일러준다. 좋은 방위를 찾는 이에게는 불교는 무남무북무동무서(無南無北無東無西)라, 우주는 갓이 없기 때문에 동서남북이 없고 중앙이 없는데 어디에서 중심을 잡아서 동서남북을 정할 것이며 방위를 정할 것인지를 생각해보라 한다. 기도 염불을 해도 부자

가 안 된다고 하는 이에게는 남에게 베풀어 복덕종자를 심으라고 한다. 스님은 삿된 법을 말하는 사람에게는 정법을 간곡히 일러준다.

스님은 일흔이 훨씬 넘었음에도 법문을 청하는 이가 있으면 거절하지 않고 가서 바른 법을 들려준다.

"부처님 말씀에 첫 번째 생각할 때 종자가 마련되고, 두 번째 그 생각을 거듭할 때 싹이 트고, 세 번째 생각을 하면 스스로 열매를 거둔다고 했습니다. 그러니 부처님의 정법을 바로 배운 사람은 함부로 나쁜 생각이나 잡생각을 일으키지 않는데, 제대로 배우지 못한 사람은 함부로 모든 생각을 일으켜서 많은 종자를 심어 그 열매를 거두지요. 좋은 생각을 하면 좋은 열매를 맺게 되고, 나쁜 생각을 하면 나쁜 열매를 맺게 되는 것은 당연한 것 아닌가요. 사람들은 분주하게 끝없이 업을 짓고 과보를 받아요."

스님은 행복하게 살고 싶다면 첫째는 감사하는 마음을 가질 것이요, 둘째는 항상 미소를 지을 것이요, 셋째는 침묵하여 말을 아끼라고 한다.

"감사한 마음을 갖는다면 일체만유에 감사한 마음뿐입니다. 부처님께서 미몽을 깨우쳐주시니 감사한 것이요, 부모님이 나를 낳고 키워주시니 감사한 것이요, 나를 욕하는 사람이 있으면 입 아프게 꾸짖어주니 감사한 것이요, 나를 때리는 사람이 있으면 손 아프게 채찍질해주니 감사한 것입니다. 될 수 있으면 말을 아껴야 합니다. 들어도 못 들은 척, 보아도 못 본 척 항상 침묵하고 말을 조심하면 나쁜 일이 생기지 않습니다. 그런데 들은 대로 본 대로 말을 쏟아내니 날마다 시시비비에서 벗어날 길이 없지요."

스님이 범어사에서 동안거 결제를 할 때의 일이다. 이때 스님은 가행정진까지 거뜬히 해냈다. 입승 스님이 죽비를 들고 돌아다니다가 졸고 있는 고산 스님의 어깨를 힘껏 세 번을 내리쳤다. 죽비에 맞는 순간 전광석화같이 한 생각이 번쩍 일어 자신도 모르게 "진짜 나를 치지 못하고 송장만 치는구나"라고 큰 소리로 외쳤다. 그러자 입승 스님이 할을 했다. 입승 스님의 할이 끝나기가 무섭게 고산 스님이 "역부여시 도봉타월(亦復如是 掉棒打月, 또한 그와 같은 할은 방망이를 잡아 달을 치는 격이라는 뜻)"이라 했다. 그랬더니 조실(祖室) 스님이 "니우끽철봉 석인유혈루(泥牛喫鐵棒 石人流血淚, 진흙소가 쇠방망이를 맞으니 돌사람이 피눈물을 흘린다는 뜻)"라고 맞받았다. 고산 스님은 조실 스님의 그 말씀을 듣고 순간 뇌리에 번개처럼 한 생각이 지나가서 큰 소리로 "알겠습니다"라고 했다.

스님은 은사인 동산 스님에 대한 존경심은 변함이 없다고 했다.

"동산 스님은 대중이 차고 넘쳐도 방부를 받지 않는 일이 없었으며, 대중과 함께 예불을 드리고 도량 청소도 했어요. 은사 스님의 이런 모습을 본받아 지금까지 비가 오나 눈이 오나 아프거나 슬프거나 상관없이 예불에 꼭 참석합니다."

스님은 비구계를 받은 이후 경(經), 율(律), 논(論) 삼장을 꾸준히 익혔다. 스물여덟 살이 되던 1961년 직지사에서 고봉 스님으로부터 전

강(傳講)을 받았다. 그때 학업을 증장시키기 위하여 고봉 스님을 모시고 김천 청암사 극락전으로 갔는데, 고봉 스님의 명성을 듣고 비구·비구니 학인 50명가량이 모여들었다. 고산 스님은 강사로 임명되어 자신의 공부를 더욱 다질 수 있었다.

고산 스님은 1966년 고봉 스님으로부터 인가를 받았다. 새벽 예불 후 좌선 중에 홀연히 한 경계가 있어 게송을 지었다.

심행일장몽(心行一場夢) 마음 작용은 한바탕 꿈이요
식심즉시교(息心卽是覺) 한 마음 쉰 것이 곧 잠 깬 것이라.
몽각일여중(夢覺一如中) 꿈과 잠 깸이 한결같은 가운데
심광조대천(心光照大千) 마음 광명이 대천세계에 비추도다.

고산 스님은 게송을 읊고 나서 "이 우주에 오직 나 하나뿐이라"라고 했다. 그러자 고봉 스님이 "이제 되었다. 앞으로 매이지 말라"면서 인가했다.

스님은 강사, 율사, 선사로서 어느 한 분야도 소홀히 하지 않았다. 그 에너지가 어디에서 나오는지 궁금했다.

"옛말 중에 '용력가중배 사력십중배(用力加重倍 死力十重倍)'라는 말이 있어요. 힘을 쓰면 평소보다 몇 배의 힘이 나오고, 죽을힘을 다하면 평소보다 열 배의 힘이 나온다는 뜻이지요. 사람이 신심을 내면 안 되는 일이 없어요."

스님은 살아가면서 일이 잘 풀리지 않는다면 "초발심으로 돌아가라"고 한다. 학생이 입학할 때의 마음으로 공부한다면 우등생으로 졸업 못할 사람이 없고, 부부가 결혼할 때의 마음으로 산다면 싸울 일이 없으며, 회사원이 입사할 때의 마음으로 일한다면 회사도 발전시키고 진급도 할 것이라고 한다.

지금 하고 있는 일이 시들하게 느껴지면 '첫 마음'이 어떠했는지를 돌아볼 일이다. 첫 마음으로 잘살고 있는지 살핀다면 새로운 출발점이 될 수 있을 것이다. 날마다 새로운 날이기에 우리는 매일매일을 출발점에 선 기분으로 살아야 할 것이다.

🌼고산 스님

1945년 범어사에서 동산 스님을 은사로 득도. 1948년 동산 스님을 은사로 사미계를, 1956년 동산 스님을 은사로 비구계를 수지. 1954년부터 1970년까지 20여 년간 안거 성취. 강원에서 삼장(三藏)을 연구했고, 1961년 직지사에서 고봉화상을 법사로 건당 및 전강을 받음. 1972년 범어사 금강계단에서 석암화상으로부터 전계를 받음. 조계사, 은해사, 쌍계사 주지 역임. 1998년 조계종 총무원장 역임. 2008년 조계종 전계대화상으로 추대. 저서로 《우리말 불자 수지독송경》, 《반야심경 강의》, 《대승기신론 강의》, 《사람이 사람에게 가는 길》, 《지옥에서 극락으로의 여행》, 《지리산의 무쇠소》 등이 있음.

정무 스님

가족을 잘 보살피는 것도 보살행

상촌마을 마둔저수지를 돌아 서운산 계곡을 따라 한
참을 올라가도 절의 그림자조차 보이지 않는다. 길을 잘못 들었나
싶어 조바심을 치며 조금 더 올라가자 이런 마음을 진즉에 알고 있
었다는 듯 주홍 나리꽃이 호랑나비 앞세우고 버선발로 마중 나와 있
다. 나리꽃은 객의 마음만 달래주는 것이 아니라 소박하고 단출한
산사를 화려한 빛으로 보듬고 있다.

신라 문무왕 때 창건했다는 기록이 남아 있는 석남사는 천 년이
넘은 고찰이다. 정무 스님이 오시기 전에는 사찰의 모양새가 추레했
지만 지금은 금광루, 대웅전, 영산전, 요사채를 갖추고 있어 소박한
사격(寺格)이 느껴진다. 요사채에 들어서자 서운산이 그대로 성큼 걸
어들어와서 요사채를 점령해버린 듯 산 전체가 보인다. 철철 넘쳐
흐르는 수각의 물소리가 땀을 식혀준다.

정무 스님은 여든이라는 나이가 믿기지 않을 정도로 허리가 꼿꼿했
고 목소리에는 힘이 넘쳤으며 얼굴에는 환한 미소가 떠나지 않았다.
늙지 않은 비결이라도 있는지 여쭈었더니 "비결은 무슨 비결, 그냥 소
식하고 규칙적인 생활 하고 늘 밝은 생각으로 사는 거지"라고 했다.

스님은 2007년 조계종 포교대상을 수상했다. 부처님이 깨달음을 얻고 나서 다섯 비구에게 법을 전하기 위해 전도 여행을 떠났듯이, 스님은 교계 최초로 신도 수련회와 대학생 수련회 프로그램을 만들어 불교의 대중화에 앞장 섰다.

스님의 이야기는 40년 전으로 거슬러올라갔다. 1968년 정화운동이 한창일 때 동안거 결제를 위해 부산 범어사로 가는 길이었다. 서울에서 중앙선을 타고 가다 하룻밤 유숙하기 위해 영주 읍내에 있는 포교당을 찾아갔지만 거절당했다. 구름같이 바람같이 떠도는 수행자에게 하룻밤 잠자리조차 내주지 않은 이유가 궁금했다. 교구 본사로부터 주지 임명장을 받고 내려오지만 대처승과의 다툼 때문에 6개월간 주지가 여섯 번이나 바뀌었다는 것을 알게 되었다. 그 순간 스님은 자신이 머물 곳은 바로 이곳이라는 생각이 들었다. 대처승으로부터 온갖 수모를 당하면서도 꿋꿋하게 읍내를 돌면서 새벽기도를 했다. 통행금지 사이렌이 울리면 큰 목탁을 들고 〈천수경〉을 염하면서 읍내를 돌았다. 1968년 동안거는 그렇게 새벽기도로 결제를 해서 새벽기도로 해제를 했다.

"이렇게 기도만 해서는 안 되겠다는 생각이 들었어요. 그래서 부처님오신날 행사를 성대하게 치렀지요. 500석 규모의 시민회관을 빌려 밴드도 부르고 각종 공연도 하고 해서 읍내가 떠들썩했습니다. 그 일 이후 지역 주민들의 시선이 달라졌습니다."

그 뒤 스님은 진짜 정법을 펼치기로 마음먹고 신도 교육 프로그램

을 만들었다. 기복 신앙에 머물게 해서는 안 되겠다는 생각으로 불자로서의 자부심과 신심을 고취시키는 데 중점을 두었으며, 생활 속에서 불교를 실천할 수 있게 가르침을 체계화했다. 요즘 템플스테이로 발전한 신도 수련회와 대학생 불교 수련회를 스님이 처음으로 시도했다.

1971년 용주사 주지 소임을 맡으면서 학생과 일반인을 위한 수련 법회를 개설했다. 부모의 은혜를 설한 경전《부모은중경》을 테마로 하여 법회를 열었으며, 부모은중경탑을 건립했다. 그 뒤 석남사로 옮겨서도 효에 대한 법회를 계속했고, 눈에 잘 띄는 절 앞마당에 부모은중경탑을 세웠다.

"부모님에 대한 은혜를 가슴 깊이 새기고 있는 사람은 절대로 심성이 나빠질 수 없어요. 그리고 부모님을 잘 모시면 복이 절로 굴러 들어오지요. 가정이 화목하면 청소년 문제가 발생하지도 않습니다. 부모 자격증을 주어야 할 시대가 왔어요."

스님은 주부 알코올 중독자가 55만 명이라고 하면서 그런 부모 아래서 아이들이 올곧게 자랄 수 있을지 의문을 표했다.

"부모는 자식의 스승이기 때문에 모든 일에 있어 모범이 되어야 합니다. 부모가 먼저 효행과 공부하는 모습을 보여주어야 하며, 자식이 운다고 해서 물질로 달래려고 해서는 안 됩니다. 그리고 자식이 부처님 법을 이어나가도록 해주어야 합니다."

스님은 숙세(宿世, 전생)의 인연으로 속가의 부모를 떠나 출가했지만 법으로 만난 전강 스님을 돌아가실 때까지 약 20여 년간 모셨다. 그러면서 스님은 "요즘 자신에게 그렇게 철저한 선지식은 없다"면서 아쉬워했다. 전강 스님 문하에서 공부할 때 이야기를 들려주었다.

"수좌를 대표할 만한 뛰어난 사람이었는데 인가를 받겠다고 전강 스님을 쫓아다니는 이가 있었어요. 그런데 스님은 이 사람 상(相)을 없애려고 더운 여름날 점심 공양을 마치고 꼭 한 시간씩 밭에서 일하게 했고, 1분이라도 늦으면 불호령이 떨어졌어요. 한 사람 때문에 대중들이 공부 참 힘들게 했지요. 그런데 그 사람 결국 인가를 못 받았어요."

지금은 열반하신 경봉 스님도 전강 스님 문하에서 공부했다. 하루

는 전강 스님이 마당에 원을 하나 그려놓고 경봉 스님에게 "원 안에 들어가도 두드려 맞고 안 들어가도 맞는다. 어떻게 하겠는가?" 하고 물었다. 그러자 경봉 스님은 고무신을 벗어서 원을 싹싹 지워버렸다. 전강 스님은 그때는 "어림도 없다" 면서 인가를 해주지 않았지만, 나중에 경봉 스님의 공부가 무르익었음을 알고 인가해주었다.

"전강 스님은 회향을 참으로 잘하셨는데 열반에 드시는 그날도 점심 드시고 나서 넌지시 '오늘 가봐야겠다' 고 이르고는 저녁에 열반에 드셨어요. 죽음에 초연하신 것이지요."

정무 스님은 '참선, 철학, 신선도 등은 잘 죽기 위한 공부' 라면서 죽음에 대해 들려주었다. 우리에게는 팔식이 있는데, 다섯 가지 감각을 통해서 인식하는 것을 오식이라 한다. 생각으로 아는 것을 육식이라 하며, 칠식인 말라식은 무의식의 세계이다. 그리고 팔식은 알라야식, 즉 불생불멸의 잠재의식인데 바로 부처님의 세계이다.

"부처님이 6년간 지극정성으로 고행을 하다보니 머리에 새가 집을 지을 정도였습니다. 부처님은 그때 이미 오식, 육식, 칠식을 투과해버렸어요. 그 후 유미죽을 먹고 보리수 밑에서 깨달음을 얻었는데 팔식의 경지까지 간 것입니다. 불생불멸인 알라야식을 획득한 것이지요. 부처님은 세상에서 유일무이하게 생사를 완전히 해탈하신 분입니다. 소크라테스는 생사를 소화했고, 미국인 스코트 니어링은 삶을 아름답게 마무리한 사람입니다. 부처님처럼 되면야 좋지만 그것은 어려운 일이고, 잘살고 잘 죽어야 해요. 참선은 바로 죽음으로 가기 위한 연습입니다."

　행복하게 살려면 평소 행복해지는 습관을 길러야 한다는 것이 스님의 철학이다.

　"사람들은 행복해지려고 노력하지도 않으면서 행복해지고 싶어하고 복을 바라는데 그것은 잘못된 것입니다. 행복과 불행은 오는 것도 가는 것도 아닙니다. 우리는 생로병사를 사고(四苦)로 알고 있지만, 대승에서는 고통이 아닙니다. 사고는 무명(無明)에서 오는 것이지요. 바르게 생각하고 바르게 살면 생은 고통이 아닙니다. 곱게 물든 단풍잎은 꽃보다 예쁘다고 좋아하잖아요. 그렇게 대접받을 수 있게 늙어야 합니다. 잘못 늙으니까 귀찮은 존재가 되는 것이지요. 또 병은 평소 잘못된 생활 습관으로 인해 생긴 것임을 알아야 해요. 사람들은 건강할 때 과식, 과욕, 게으름 등을 키워서 병날 일을 만듭니다. 죽음이 왜 괴로운가? 잘못 살았으니 죽음이 두렵고 받아들이기 싫은 것입니다. 다들 죽지 않으려고 하는데 별수 있습니까? 보살이라면 죽음을 앞에 두고 '아, 이제 편안하게 쉬겠습니다' 하고 죽음에 대해 달관해야 합니다."

　스님은 자연주의자이자 작가였던 스코트 니어링처럼 죽음을 맞이했으면 좋겠다고 한다. 스코트 니어링은 죽음은 '광대한 경험의 영역'이라 생각했기에 죽음 앞에서 회한에 젖거나 슬퍼할 필요가 없다고 했으며, 어떤 의사도 곁에 머물러서는 안 된다고 유언을 했다. 그리고 백 살이 되던 해 죽음을 스스로 결정했다. 단식을 하면서 서

정무스님

서히 진행되는 자신의 죽음을 지켜보면서 죽음을 자연의 섭리로 그리고 기쁨으로 받아들였다. 스님은 "마음 공부를 열심히 하면 이런 자세로 마지막을 맞이할 수 있다"고 했다. 이것은 인간의 오욕을 다 내려놓아야만 가능한 일이 아닐까 싶다.

스님은 청년 불자들을 위한 수련회 프로그램을 개발하고 그들에게 법다운 법을 전달하기 위해서 노력했다. 그런 분답게 현대 사회를 꿰뚫어보는 안목 또한 높았다. "이제 아이큐(IQ) 지수를 중요시하는 시대를 지나 엔큐(NQ, Network Quotient)라 하여 공존지수가 중요시되는 시대가 되었습니다." 공존지수란 함께 사는 사람들과의 관계를 얼마나 잘 운영할 수 있는가 하는 능력을 재는 지수이다. 공존지수가 높을수록 사회에서 다른 사람과 소통하기 쉽고 소통으로 얻은 것을 자원으로 삼아 더 성공하기 쉽다는 개념이다.

"모든 성자들은 NQ의 천재들입니다. NQ가 높은 사람은 모든 사람을 부처님으로 모시고, 자신을 낮추고 배려할 줄 알며 양보할 줄 압니다. 옛날 농경사회에서는 한 마을에서만 잘살면 됐지만 이제 열린 세상에서는 업무상 만나는 사람뿐만 아니라 우연히 부딪치는 사람과도 좋은 관계를 유지해야만 살아남을 수 있습니다. 자녀가 성공하기를 바란다면 NQ 지수를 높이세요."

어떻게 하면 NQ 지수를 높일 수 있는지를 여쭈었다.

"남의 이야기를 잘 경청해야 합니다. 남의 이야기를 듣다보면 다른 사람을 좀더 잘 이해하게 되고 사람과의 사이가 돈독해져요. 그리

고 자주 손님을 초대하여 온 가족이 정성껏 대접해야 합니다. 아이에게 다른 사람을 대접하는 기쁨을 맛보게 해주세요. 심부름을 많이 한 아이일수록 NQ 지수가 높습니다."

스님은 하루를 정각에 맞추어 짜여진 일정표에 따라 생활한다. 즉 새벽 4시 정각에 예불을 올리고, 5시에 참선 수행을 하고, 6시에 도량 청소를 하고, 7시에 아침 공양을 한다. 12시 점심 공양 후에는 울력과 서운산 포행을 한다. 오후 6시가 되면 저녁 공양을 하고 7시에 저녁 예불을 올린다. 스님의 말씀을 들으면서 얼마나 철저하게 자신을 다스리는지를 알 수 있었다. 자신에게는 혹독하되 불자들을 대함에 있어서는 얼굴 가득 미소를 머금고 봄바람처럼 부드러운 스님의 모습에서 스님만의 행복 비결을 발견한다.

스님은 사찰 운영에 있어 자발적인 보시를 원칙으로 하고 있다. 사찰 운영에 약간의 돈이 필요하기는 하지만 기도비와 인등비, 그리고 초파일날 다는 연등에 따로이 가격을 정해놓지 않았다. 그것은 "부처님 가르침에는 없는 일이며, 정성들여 기도하고 보시하는 것이 더 중요"하기 때문이다.

텔레비전을 켜면 경제 이야기요, 사람들도 입만 열면 살기 힘들다는 이야기로 시작해서 돈 이야기로 귀착되는 세상이다. 스님은 "천지가 다 돈인데 왜 돈 갖고 갈증을 내는지 모르겠다"고 하면서 신문이나 방송에서 노후 준비 자금으로 10억 원이 필요하다고 부추긴다면서 돈만으로 노후가 해결되는 것이 아니라고 일침을 놓았다.

"나쁜 짓 하지 않고 어떻게 그런 큰돈을 모을 수 있어? 또 10억 원을 모으려면 시간과 돈의 노예가 되어야 하는데, 그러면 노후는 더 외롭고 쓸쓸해지지." 노후 준비를 한다고 현실 생활을 망각하는데 무료 요양원에 가보면 노인들이 "돈도 건강도 문제가 아니다. 외로워서 죽겠다"고 탄식하는 것을 볼 수 있단다. 바로 지금 이 자리에서 충실히 사는 것이 최상의 노후 대책임을 스님은 거듭 강조했다.

"노인의 세 가지 고통을 돈고(돈 없는 고통), 병고(病苦), 독고(獨苦)라고 하잖아요. 다른 것은 제쳐두고 독고는 평소에 베풀지 않아서 생긴 고통입니다. 그러니 주변 사람도 돌아보면서 살아야지요. 근본 자리에서 보면 남을 돕는 것이 곧 자기 자신을 돕는 것입니다."

보살행이라고 하면 어렵게 생각하는데, 가족을 잘 보살피는 것도 큰 보살행이란다. 늙은 부모를 무료 요양원에 버리는 시대이니 부모를 잘 모시는 것도 보살행이요, 우리나라 주부 알코올 중독자가 55만 명이나 되니 자식을 잘 키우는 것도 보살행이다. 스님은 다음 구절을 들려주면서 노트에 적고 오래도록 명심하라고 했다.

"자식 키우는 사람은 절대로 자식 소용없다는 말과 돈이 효도한다는 말을 해서는 안 됩니다. 말이 씨가 된다고 하잖아요. 미운 짓을 하면 더 나쁜 짓을 안 하니 감사하다 여기고, 공부를 못하면 건강하게 잘 자라주니 감사하다고 해야 합니다. 그렇게 감사한 마음을 가지면 감사할 일만 생깁니다. 감사는 감사를 부르고 행복은 행복을 부르는 것이 마음의 법칙입니다."

스님은 어떤 사람을 만나더라도 그 사람에 맞는 법문을 들려주기에 스님과 마주한 사람은 자신을 돌아보고 반성하며 진리에 맞는 삶이 되도록 노력하게 된다. 스님에게 어찌 그리 재가 신도들의 고통과 아픔을 잘 알고 현실에 합당한 치료법을 제시하느냐고 여쭈었더니 "내가 그래서 가끔은 오해를 받아요" 하면서 환하게 웃는다.

지금 내 모습은 스스로 선택한 것이기에 누구를 탓할 수도 없음을 스님은 일깨워주었다. 자신의 눈에 보이고 귀에 들리는 모든 것, 즉 매미 소리, 물소리, 나리꽃, 나비 등은 자신이 선택한 것이니 이제부터라도 마음속에 고운 것 맑은 것만 들여놓도록 노력해야 할 것이다.

✿ 정무 스님

1958년 전북대 수의학과 졸업. 은적사에서 전강 스님을 계사로 사미계를, 1965년 범어사에서 동산 스님을 계사로 비구계를 수지. 1963년 삼척 영은사 탄허 스님 문하에서 대교과 수료. 그 후 제방 선원을 돌면서 수행 정진. 수원 용주사, 신륵사, 영월암 주지 역임. 2007년 조계종 포교대상 수상. 2007년 대한불교 조계종 원로의원에 추대되어 2008년 대종사 법계를 품수 받음. 지금은 안성 석남사에 주석. 저서로 《행복해지는 습관》이 있음.

묵산 스님

산이 내 마음에 들어와도 내 마음을 건드릴 수는 없다

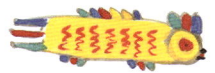

참선 도량이라는 팻말과 함께 '참선하면 마음의 근심 걱정이 없어진다, 자기 인생이 깨달아진다' 라는 글귀가 눈에 들어온다. 그 글귀를 보는 순간 예까지 오느라 느슨해졌던 마음이 돌연 긴장 모드로 바뀐다.

바깥은 차들이 쌩쌩 내달리고 사람들의 발걸음 또한 분주하기만 한데 묵산 스님의 방은 깊은 산중에라도 온 것처럼 고즈넉하다. 내가 나붓이 삼배를 올리자 스님은 삼배가 끝날 때까지 깊숙이 허리 숙여 절을 받는다.

묵산 스님은 재가 거사인 백봉 김기추를 선지식으로 받들고 그의 가르침을 사람들에게 전하고 있다. 출가승이 재가자를 스승으로 모시는 것은 쉽지 않은 일인데, 스님은 이미 무분별지를 획득한 것임에 틀림없다.

춘성선사는 백봉거사를《유마경》의 주인공인 유마힐에 빗대어서 '이 시대의 유마 거사' 라 불렀고, 청담 스님은 백봉거사에게 머리를 깎고 출가하여 조실을 맡아줄 것을 권유했을 정도이니, 백봉거사의 공부가 얼마나 깊은지 미루어 짐작할 수 있다. 묵산 스님은 백봉거사를 달마대사와 육조 혜능 스님의 후신으로 믿고 있으며 보림선원을 개설해 백봉의 선풍을 널리 알리고 있다.

백봉거사의 사진과 그가 쓴 액자 '광풍(光風)'이 한쪽 벽면을 장식하고 있다. 스님은 그 글씨를 가리켜 "삼천대천세계를 다 말아먹는 소리"라고 한다.

매주 토요일 오후가 되면 재가 수행자들의 모임인 보림회 회원들이 모여 '허공선(虛空禪)'을 참구한다. 보림회는 1965년에 백봉거사가 만들었으며, 허공선도 그가 주창한 것이다. 묵산 스님은 1996년부터 이들의 철야정진을 지도하고 있다고 하니 이 또한 스승의 가르침을 널리 펴고자 하는 한 방편이다.

보림삼관(寶林三關)이 허공선의 요체이며, 그 내용은 다음과 같다.

가고 옴이 없는 곳에 산 자는 무엇이며 죽는 자는 무엇인가?
마음 밖에 법 없는데 미한 자는 무엇이며 깨친 자는 무엇인가?
너와 내가 비었는데 말하는 자는 무엇이며 듣는 자는 무엇인가?

간화선이 아니라 허공선을 지도한다고 하니 궁금했다.

"삼세제불이 전부 허공이며 안이비설신의 몸과 마음이 모두 공한 것입니다. 불성도 그 바탕은 공이며 공한 바탕에는 생사가 없어요. 화두를 드는 것 역시 결국은 공한 도리를 깨치기 위한 수단에 불과하니 화두선이라는 것도 다 공으로 가는 과정에 지나지 않아요. 그

러니 허공선이 옳은 것이지요."

간화선이 나쁘다는 것이 아니라 그것만이 옳다고 주장해서는 안 되며, 화두 역시 방편이라는 것을 알아야 한다는 것이 스님의 생각이다.

백봉거사는 허공에 대해 이렇게 말했다.

"허공의 크기로 말하자면 광속으로 억천만 년을 달려가고 또다시 억천만 년을 달려가도 끝이 없다. 부처님 말씀대로 마음의 가는 곳이 꺼졌고 말의 길이 끊어졌을 뿐인데 어찌 크고 작음을 논하겠는가."

백봉거사는 성품 중에는 불성(佛性)이 가장 크다고 했다. 왜냐하면 영특스러운 마음이 허공을 감싸고 있기 때문이란다. 그러면서 '한없이 큰 허공은 한없이 큰 불성과 같다' 고 했다.

"백봉 김기추는 일제시대 때 독립운동을 한 애국자입니다. 감옥에 있을 때 불교가 뭔지도 모르면서 방바닥부터 사방 벽까지 '관세음보살' 이라고 깨알 같은 글씨로 빽빽하게 썼어요. 그 공덕인지는 몰라도 죽을 날만 기다리다 해방이 되어 살아났어요. 대단한 도인입니다. 백봉거사를 만난 것이 내 인생에 있어 큰 복이지요."

일찍 부모를 여읜 묵산 스님은 어릴 때부터 병치레가 잦았다. 할아버지가 신심이 깊어 토굴을 짓고 수행을 했으며 집안에 스님들의 왕래가 잦았다. 그래서 스님은 자연스럽게 불교와 인연을 맺게 되었다. 스님은 만암 스님으로부터 비구계를 받고 나서 해인사, 보문사, 수덕사, 칠불암 등 여러 선원에서 수행 정진했다. 인곡 스님의 법제자로 인가를 받았으며 해인사에서 인곡 스님을 시봉했다. 스님이 수행 당시의 일화를 들려주었다.

"해인사 조실이던 효봉 스님이 해제 법문을 할 때였어요. '제방 납자들이 해제를 하고 돌아가야 하는데 노자를 줄 수가 없다. 그래서 이 몸을 팔려고 하는데 어느 수좌가 사겠는가?' 라고 화두를 던졌습니다. 내가 앞으로 나아가서 '그 썩은 몸뚱어리를 누가 삽니까?' 라고 할을 했어요. 그러자 효봉 스님이 '저 수좌는 장판이나 빨고 가라' 고 한 말씀 일러주셨지요."

그때 묵산 스님의 나이 스물한 살이었다. 공부에 대한 일념으로 가득 차 있을 때였으니 하늘을 찌를 듯 거센 기상을 누가 꺾을 수 있었겠는가. 후일 스님은 효봉 스님이 입적하기 전 표충사로 찾아가서 "스님께서 입적하시면 이제 누구에게 법을 물어야 합니까?" 하고 눈물을 흘렸다.

요즘에야 탁발이 없어졌지만 예전에는 거의 탁발해서 살았다고 한다. 스님은 탁발로 식사를 해결하고 잠은 밖에서 자면서 걸어서 부산 남천동에서 서울까지 갔다. 또 대구와 대전에서도 탁발해서 살았으며 지금 보림사 도량도 탁발해서 세운 것이라 한다. 서울 골목 골목 안 가본 곳이 없으며, 90일간 정릉에서 목탁 치면서 탑골공원까지 가서 사람들에게 법문을 해주곤 했다.

"고행은 깨달음의 씨앗입니다. 고행을 하면 마음이 넓어지고 신심이 깊어지며 업장이 녹고 혜안을 갖게 됩니다. 탁발을 하다보면 내

가 허공을 삼키며 간다는 느낌이 들어요. 허공성을 느끼면 1700공안이 무너져내리지요."

어떤 학자가 지상(至相)대사에게 물었다.

"불경에 '수미산 속에 겨자씨를 넣는다'라고 한 것은 의심하지 않지만 '겨자씨 속에 수미산을 넣는다'라는 말은 거짓말 아니겠습니까?"

그러자 지상대사가 물었다.

"사람들이 말하기를 공께서는 만 권의 책을 읽었다고 하던데 사실인가요?"

"그렇습니다."

"정수리부터 발뒤꿈치까지 더듬어보건대 야자씨 크기만 한데 어디에 만 권의 책이 들어 있습니까?"

허공 속에 내가 있고 수미산 속에 겨자씨를 넣는다는 것은 의심하지 않지만 겨자씨 속에 수미산을 넣는다는 것과 묵산 스님이 허공을 삼켰다는 것은 짧은 소견으로는 이해하기가 쉽지 않았다.

"나는 깨달은 것도 없고 그저 허공을 느꼈을 뿐입니다. 허공이 내 살림입니다. 내가 허공이고 허공이 나라는 것을 느낀 것이 부처님을 따른 보람이라 생각해요."

허공이 다 부서져버렸다고 하니 더욱 의아하다. 텅 빈 것이 허공인데 어떻게 부서진다는 말인가?

"사경이나 염불도 그 공덕은 있겠지만, 참선하는 것에 비할 바가 못 되며 참선한다 하더라도 견성하지 않으면 헛것"이라는 스님의 말에 허공을 삼키면 어떤 맛인지 물어볼 수가 없었다.

스님은 요즘 텔레비전 보기가 무섭다고 했다.

"조류독감으로 닭들을 많이 죽이고 그러는데 그 인과를 다 어떻게 하려는지 모르겠어요. 좁은 공간에 그렇게 많은 닭들을 집어넣고 키우면 병이 생기게 마련이지요. 말 못하는 짐승이라고 학대해서는 안 돼요. 사람들은 몸에 좋다고 해서 장어나 미꾸라지 등을 먹어대는데, 불자라면 불살생계를 지켜야 합니다. 암, 지켜야 하고말고요. 목숨 있는 것들을 당연히 먹는 것이라 생각하고 먹어대는데 그것은 다음 생에 원수를 맺는 것입니다. 다음 생에 가면 내가 잡아먹히게 되지요. 지금 우리 눈에 보이는 짐승들은 어리석은 중생들이 탈바꿈했다는 것을, 또 악업을 많이 지으면 죽어서 축생으로 태어난다는 인과법을 알아야 해요. 《아함경》도 그렇고 부처님이 인과 법문을 많이 설했는데, 인과를 부정하면 안 됩니다. 인과 법문은 과학적입니다."

내일의 삶이 궁금하면 오늘의 나를 돌이켜보라고 한다. 그런 점에서 인과법만큼 무서운 것이 어디 있으랴. 내가 지은 만큼 받는다는 인과법을 깊이 인지한다면 어느 한순간도 그릇되게 살지는 않을 것이다.

초심자가 어떻게 공부하면 좋을지를 묻자 스님은 백봉거사의 말을 인용했다.

"눈은 그른 것 보기를 미워하고 옳은 것 보기를 좋아하며, 귀는 악

한 소문 듣기를 멀리하고 착한 소문 듣기를 가까이 하며, 혀는 헛된 말 옮기기를 싫어하고 실다운 말 옮기기를 즐겨 하면 뒷세상에는 하늘의 몸도 받느니라."

이 세상의 이치에 맞게 바르게 사는 것이 깨달음의 근본임을 일러주는 말씀이다.

"인간이란 존재는 우주보다 더 넓은 마음 바탕을 가졌기에 거룩한 것입니다. 그래서 불교에서는 마음을 바로 보아 견성하라고 가르칩니다. 부처님의 가르침인 팔만대장경은 인생 문제를 다룬 것인데, 인생 문제를 해결하기 위해서는 마음 바탕을 잘 쓰는 것이 중요합니다. 우리 육신은 지수화풍으로 되어 있는데 몸뚱이는 자체성이 없는 것이라 그저 마음이 하자는 대로 따릅니다. 마음 운전 따라 몸이 움직이기 때문에, 마음에 대한 문제를 깨달아가는 것이 가장 중요합니다. 그런데 우리나라 지도자들이 전부 물질문명에 현혹되어 상대적인 것에 이끌려가고 있는데, 이것이 가장 유감스러워요."

현대 사회에서는 물질 또는 정신만으로는 살 수 없다. 어떻게 하면 물질과 정신을 잘 조화시킬 수 있는지를 여쭈었다.

"산이 내 마음에 들어와도 내 마음을 건드릴 수는 없어요. 해와 달이 내 마음에 들어와도 내 마음을 건드릴 수 없고요. 어떤 대소 경계도 내 마음을 건드릴 수는 없어요. 그만큼 우리의 마음자리는 말쑥하고 맑다는 것이지요. 물질은 마음에서 생긴 것이니 마음을 잘 굴림으로써 상대성인 물질을 잘 조화시킬 수 있어요. 우리는 이렇게

거룩한 마음을 지니고 있음을 망각해서는 안 됩니다. 몸이 건강해야 정신도 맑아집니다. 무엇보다 마음이 아름답고 넓고 겸허해서 남을 존경하고 하심할 줄 알아야 하며, 검소하게 살아야 해요. 이런 가운데서 덕이 생기는 것이지요. 하지만 정신과 물질 또한 둘이 아니어서 물질이 정신이요 정신이 곧 물질이라는 것도 알아야 해요."

보이지도 않고 만질 수도 없는 마음자리에 해와 달이 들어오는가 하면 무한대의 시공간을 거리낌 없이 오가니 정신을 우위에 두어야 함은 자명하다. 하지만 우리의 육신 또한 불성을 담는 그릇이니 소홀히 대해서는 안 될 일이다. 어쩌면 물질과 정신의 조화로움을 유

묵
산
스
님

지하는 것이 현대인의 딜레마가 아닐까 싶다.

백봉거사는 "나의 색신은 부처의 위의를 드러내는 대행 기관이요, 모든 부처의 슬기를 세우는 대행 기관이요, 모든 부처의 자비를 베푸는 대행 기관"이라고 했다. 우리의 색신을 어떻게 써야 하는지를 깨닫게 해주는 말씀이다.

스님은 잘사는 것 못지않게 잘 죽는 것 역시 중요하다면서 요즘엔 다음 생에 사람으로 태어날 선근(善根)을 지었는지 돌아보게 된단다.

"중노릇은 시주 은혜로 살아가는 것인데 본분을 지키지 못하면 다음 생에 소나 돼지로 태어나는 무서운 인과를 받게 됩니다. 머리 깎고 가사 장삼 입고 부처님 제자가 된 것만 해도 굉장한 지위인데 무엇을 더 갖겠다고 욕심부리는 것은 허욕이에요. 부처님은 49년간 걸식하셨는데, 그것은 하심하는 마음을 그대로 드러내 보인 것이며, 중생과 인연 맺어 불법(佛法)을 전하려고 한 것이지요. 우리 수행자들은 그것을 본받아야 해요. 불교는 자기의 인생을 참되게 만드는 데 목적이 있어요. 우리 인생은 빈손으로 와서 빈손으로 가는 것이고, 언제 몸뚱어리를 버릴지 모른 채 꿈결 같은 세상을 사는 거예요. 《금강경》에서 일체유위법(一切有爲法)은 모두 몽환(夢幻)이라고 하는데도 승속(僧俗)이 철저히 믿지 않고 몸에 온갖 사치를 부려요. 아공(我空)과 법공(法空)을 알아야 해요."

묵산 스님은 백봉거사를 만나기 전 효봉 스님, 향곡 스님, 전강 스님을 친견하여 법거량도 해보았지만 근기가 약해서 큰 도움은 못 받았다고 한다. 아직 선지식을 만나지 못했거든《초발심자경문(初發心自警文)》,《선문촬요》,《육조단경》,《금강경》,《선가귀감》 등을 선지식으로 삼아 공부하라고 일러준다. 스님이 건네준 백봉거사의《금강경 강송》을 머리에 이고 나왔다.

길을 걸으면서도 '허공을 삼킨다'는 것이 화두처럼 머릿속을 떠나지 않았다.

 **묵산 스님**

1922년 제주도에서 출생. 1940년 제주도 중문 원만암으로 출가. 1943년 광명사에서 금륜 스님을 은사로 사미계를, 1944년 만암 스님을 은사로 비구계를 수지. 해인사, 보문사, 수덕사, 칠불암, 상원사 등 제방 선원을 돌면서 공부. 그 후 백봉거사를 스승으로 모시고 허공선을 참구. 1975년 서울 정릉에 보림사 창건. 1996년부터 매주 토요일 재가수행자 지도. 지금은 보림사에 주석.

법인 스님

참는 행이 없으면 만 가지 일을 이룰 수 없다

약산선사는 제자들에게 문자의 노예가 된다는 이유로 경전을 보지 못하게 단속했다. 하지만 약산선사의 경상(經床)에는 늘 경전이 놓여 있었다. 그것을 본 한 제자가 물었다.

"남에게는 경전을 보지 못하게 하시면서 스님은 어찌하여 경전을 보십니까?"

"나는 경전을 눈앞에 놓았을 뿐 한 번도 읽은 일이 없다."

그러자 그 제자는 또 이렇게 대꾸했다.

"저희도 스님처럼 경전을 읽지 않고 눈앞에 펼쳐놓고 있으면 되지 않겠습니까?"

"나는 눈앞에 놓았을 뿐이지만 너희들이 경전을 눈앞에 놓으면 문자가 너희들을 보는 것을 어찌 막을 수 있겠느냐?"

약산선사의 일화를 예로 들지 않아도 선가에서는 불립문자(不立文字) 언어도단(言語道斷)이라 하여 교학을 그다지 중요하게 생각하지 않는다. 하지만 법인 스님은 오랜 세월 동안 내려온 선가의 이러한 분위기에 과감히 반기를 들었다.

스님은 '심재정칙 능지세간 생멸제상(心在定則 能知世間 生滅諸相)

이라, 즉 마음이 안정되면 세상의 모든 이치를 알 수 있다'는 말을 이해할 수 없었다. 많이 배웠다고 해서 마음이 검은 것도 아니고 적게 배웠다고 해서 마음이 흰 것도 아닐 터인데, 그 당시에는 공부를 하겠다고 하면 아예 환속할 준비를 한다고 생각할 정도였다.

스님이 해인대학교 문학부 종교학과에 입학할 때부터 일본으로 건너가 문학박사 학위를 받기까지 38년간 학비에 보태라고 단돈 10원을 준 이가 없었다. 오히려 사람들은 일본으로 유학을 가겠다는 스님에게 일본에 가서 석박사 학위를 취득한다고 해도 모든 것이 문자에 얽매이는 것이요 명예에 불과할 뿐이라고 만류했다. 심지어 생사를 초월할 수 있는 선승이 되어야지 문자승(文字僧)이 되어 앵무새 짓을 해서 무엇하겠느냐고 했다. 스님은 공부를 하면 할수록 문자가 수행에 방해가 되는 것이 아니라 큰 날개 역할을 한다는 것을 깨달았다. 그래서 더욱 열의를 바쳤는지도 모른다.

천안 태조산에 위치한 각원사는 남성미 넘치는 사찰이다. 태조산의 명칭은 고려 태조 왕건이 이곳에서 군사를 양성했다는 설에서 유래했다. 남북 통일을 기원하는 청동대불, 200평 규모의 목조 대웅보전, 설법전, 2층으로 된 범종루 등 태조산에 떡하니 자리 잡고 있는 당우들의 기상이 참으로 당당하다. 그 한편으로 정원을 아기자기하게 꾸며놓아 당우들의 기상을 조금은 눌러주는 듯도 싶다. 그늘 짙은 곳에서는 철쭉이 이제야 꽃을 피우고 있다.

법인 스님의 거처인 경해원에 들어서자 경쾌한 웃음소리가 들렸

다. 스님은 55년 만에 만난 지인들과 환담 중이었다. 스님이 해인사 백련암에 머물 때 아랫말에 살던 사람들인데, 그들에게서 스님의 면면을 들을 수 있었다. 스님의 강인한 의지력과 실천력은 이미 정평이 나 있었다.

"스님은 예전에도 지금과 똑같은 차림으로 등에 걸망을 지고 오른손에는 요령을, 왼손에는 발우를 잡고 탁발을 다녔어요. 사람들이 한 종지씩 주는 쌀과 보리를 모아두었다가 학비로 썼는데, 공부를 하겠다는 집념이 대단했어요. 요령을 잡은 팔목이 퉁퉁 부어도 집집마다 다니며 〈반야심경〉 한 편씩을 꼭 읽어주었어요."

6·25전쟁이 일어나 어수선할 때 스님은 해인사 백련암에서 3년간 기도 정진을 했다. 해인사를 폭격한다는 소문이 돌아 모두 떠난 뒤에도 스무 살 청년은 가람을 수호해야 한다는 의무감으로 절집을 지켰다. 탁발을 해서 근근이 절 살림을 꾸렸는데, 어느 날엔가는 대구를 거쳐 경주까지 가게 되었다. 그때 경주 석굴암의 부처님 앞에서니 환희심이 느껴져 자신도 모르게 서원이 흘러나왔다.

"부처님! 남북 통일을 기원할 수 있는 큰 도량을 건립할 수 있는 힘을 주시고 길을 인도해주소서. 그리고 제가 박사 학위를 받을 수 있도록 배움의 기회를 주소서."

그 당시 상황으로는 이런 목적을 이룬다는 것은 불가능에 가까웠다. 그럼에도 스님은 자신의 서원을 포기해본 적이 없었다고 한다. 마침내 1977년 천안 태조산에 각원사를 창건하고 남북 통일을 기원하는 60톤에 달하는 청동대불을 조성함으로써 큰 도량 건립 불사를 이루어냈다. 또 1951년에 탁발을 해서 매달 쌀 3말씩을 내놓고는 자비량 학승으로서 해인강원에 입학했다. 이렇게 시작한 공부는 동국대학교 사학과, 성균관대학교 동양철학과를 거쳐 동국대학교 대학원을 마치고 일본 대동문화대학에서 박사 학위를 받음으로써 끝을 맺게 되었다. 38년 만에 학업에 대한 서원을 이루었다.

뜻이 있는 곳에 길이 있다고 하지만, 스님이 일본으로 건너가서 학업을 계속하게 된 것은 정말 우연이었다. 서울 화계사에 머물 때, 일본인 승려 야나세 유젠이 방문했는데, 안내를 맡을 사람이 없어 법인 스님이 직접 안내를 맡아 10여 일간 서울을 비롯하여 법주사, 해인사, 통도사 등을 안내해주었다. 세세하게 안내를 해준 것이 무척 고마웠던지, 야나세 유젠 스님은 일본으로 돌아가 스님에게 초청장을 보내왔다. 그리고 1969년 스님은 박사 학위 취득이라는 꿈을 안고 비행기에 올랐다.

"사람들은 곧잘 바라는 마음을 지니면 깨달음에 방해가 된다고 합니다. 잘되기를 바라는 것은 기복(祈福)에 불과하기 때문에 항상 무념무상의 상태가 되어야 한다고 가르칩니다. 하지만 저는 이런 가르침에 반대합니다. 모든 사람은 꿈을 가져야 합니다. 희망과 미래를 지향하는 서원을 가지고 끊임없이 기도 정진해야 합니다."

"매일 거르지 않고 수숫대를 뛰어넘는다면 수숫대가 제아무리 높이 자라도 뛰어넘을 수 있다"는 아버지의 말씀도 스님이 학업에 정

진할 수 있는 큰 힘이 되었다.

스님은 속가에 있으면 스무 살을 넘기기 어렵다고 해서 명을 잇기 위해 출가했다. 명을 길게 이어가기 위한 대가인지 스님 앞에는 순탄한 길보다는 험하고 힘든 길이 더 많이 가로놓여 있었다. 그때마다 '나무대자대비 관세음보살'을 염하면서 자신에게 더 혹독한 기도 정진으로 극복할 것을 명했다. 스님의 살아온 이야기를 들으면서 문득《법구경》한 구절이 떠올랐다.

출가하기는 어려운 일이다.
집에 살기는 괴로운 일이다.
함께 살아 이익을 같이하기 어렵고
가난의 괴로움 속에 살기도 어렵다.
비구들 나가 탁발도 어렵나니.
어쨌든 도를 따라 한길로 나아가자.
그 속에는 의식이 스스로 있느니라.

스님은 여든을 바라보지만 아직도 뉴프런티어 정신으로 살고 있다. 스스로 개척해서 일구어내야 한다는 정신으로 살고 있기에, '어제의 고생은 미래의 거름'으로 생각하기에 고생을 고생으로 여겨본 적이 없다. 20여 년간 각원사를 명실상부한 거찰로 일구어놓은 후 미련 없이 재일 포교당인 도쿄 명월사로 떠났다. 지금도 변함없이 해외 포교에 주력하고 있음을 보
아도 일신의 안주에는 관심이 없
음을 알 수 있다.

스님은 40여 년간 일본에서 생
활하고 있지만 아직까지 영주권
을 가져야겠다거나 귀화하겠다
는 생각은 하지 않았다. 어디까
지나 자신을 '단군의 자손이며
대한의 산승(山僧)'이라 자부하
기 때문이다.

스님은 매월 초하루 법회를 위
하여 각원사로 와서 2~3일 머물
고는 다시 일본으로 간다. 스님
혼자 도쿄 명월사를 운영하기 때문에 오래 비워둘 수가 없는 것이다.
신도들을 상담하는 일부터 식사를 준비하고 연하장을 비롯하여 연
간 2,500여 장이나 되는 엽서를 직접 써서 보낸다고 하니 한 치 흐트
러짐 없는 스님의 생활을 엿볼 수 있다.

"계율과 신앙을 앞세워서 먹으면 안 된다, 피우면 안 된다, 잡으면
안 된다, 사랑하면 안 된다, 탐진치 삼독을 끊어야 한다 등의 말로
상담해서는 안 된다는 것을 경험을 통해 깨달았습니다. 한 가지 예
를 들면 오늘날 원양어업에다 저인망 어업시대에 살면서 잡지 말라,

법인스님

살생하지 말라, 먹지 말라, 팔지 말라는 식의 제약적인 지도 방식은 시대적 후진성을 면치 못하고 있습니다. 또 여기에 명예와 재물은 허깨비와 같기 때문에 탐착할 것이 못 된다고 합니다. 종단을 운영하거나 가정을 꾸리려면 경제성이 필요한데, 이때 필요한 경제성을 탐욕이라고 해서는 안 됩니다. 그보다는 그것을 어떻게 바르게 쌓아 올려야 하는가를 가르쳐야 합니다."

현실과 크게 동떨어진 가르침, 법문하는 사람도 실천하지 못할 가르침을 일반 불자에게 실천하라고 하는 것은 이치에 맞지 않는다는 것이 스님의 생각이다. 《선가귀감》에서도 현실과 마음에 대해 이렇게 적고 있다.

범부들은 현실 경계에만 따라가고, 도인은 마음만을 붙잡으려 한다. 그러나 마음과 경계의 두 가지를 다 내버려야 이것이 참된 법이다. 현실만 따르는 것은 마치 목마른 노루와 사슴이 아지랑이를 물인 줄 알고 따라감과 같고, 마음을 붙잡으려 하는 것은 원숭이가 물에 비친 달을 붙잡으려는 것과 같다. 바깥 경계와 마음이 비록 다르기는 하나 병통되기는 마찬가지이다.

"스님들이 처음 출가하여 10계명을 받게 되는데 아홉 번째 계명이 '돈이나 보물을 갖지 말라'는 것입니다. 저는 이것을 승려는 공금(公金)과 사금(私金)을 철저히 가려서 생활하라는 의미로 받아들이고 있습니다. 이것을 그저 막연하게 승려는 돈과 보물을 갖지 말라고 해석해서는 안 될 것 같습니다."

불교는 무소유를 지향하는 종교로 인식하고 있지만, 부처님 당시 승단을 유지해주고 부처님이 돌아가신 후에도 승단이 지속될 수 있는 틀을 마련해준 이들은 신흥 부호인 장자들이었음을 간과해서는 안 된다. 부처님은 '만약 100원의 수입이 있으면 생활에 우선 쓰고, 일부는 다른 이들을 위해 쓰고, 남는 돈 30원은 미래를 위해 저축하라'는 가르침을 내렸다.

"일본은 인구 1억 3천만 명 중 1억이 넘는 사람들이 불자입니다. 그들의 신심이 어느 정도인가 하면, 새해 연휴 단 사흘 동안 1억이 넘는 사람들이 신사와 사찰을 참배합니다. 그 많은 사람들이 스님들에게 '왜 결혼하느냐, 왜 담배 피우느냐, 왜 골프 치느냐, 왜 술 마시느냐'라고 시비하지 않습니다. 일본에서 40여 년간 살고 있지만, 스님들이 주지 자리를 두고 다툰다는 기사는 보지 못했습니다. 이것이 그 단체 지도자들의 상입니다."

양로원과 불교회관을 지어야 한다는 법인 스님의 원이 남아 있기에 아직도 각원사의 불사는 끝나지 않았다. 스님의 원융한 불사에 대하여 어떤 독지가가 있어 수억 원의 시주를 한다고 생각하는 사람도 있다. 하지만 스님은 이에 대해 이렇게 말했다.

"대자대비 관세음보살님께 기도하고 정진하는 데서 또는 배우고 노력하는 가운데 얻어진 경력(經歷)으로 인해 이룩되는 것임을 확신

법
인
스
님

합니다."

스님이 도쿄 명월사를 세우게 된 것은 작은 일에서 비롯되었다고 할 수 있다. 스님의 따뜻한 성품이 이루어낸 결실인 것이다. 일본으로 건너가 처음에는 행원 스님이 개원한 홍법원에 머물렀다. 그때 홍법원의 일을 돌봐주는 보살이 있었는데 화병(火病)이 있어 하루에도 몇 번씩 화기가 올라오면 가슴을 쥐어뜯으면서 괴로워했다. 스님은 보기가 딱하여 두어 번 흰죽을 쑤어서 먹게 했다. 그러자 신통하게도 그의 병이 사라졌다. 이 일로 인해 법인 스님은 교포 신자들의 관심을 받게 되었다.

검소하고 성실하며 매사에 정성을 다하는 스님의 생활 태도에 감명한 재일교포 각연거사는 선뜻 도쿄 중심부에 명월사를 열 수 있게 지원해주었다. 1975년에 도쿄 명월사를 창건하고 나서 1977년에 천안에 각원사를 창건했으니 일본 교포들 사이에서 스님에 대한 신심이 얼마나 두터웠는지를 알 수 있다. 스님은 어떤 일을 할 때 자신의 열정을 다 바치지만 그것이 문제에 봉착했을 때는 항상 첫 마음으로 돌아가서 마음을 비운다. 《선가귀감》에서 "마음이 정 속에 있게 되면 능히 세간의 일어났다 꺼졌다 하는 모든 일을 알게 되는 것이다(心在定則能知世間生滅諸相)"라고 하지 않았는가.

법인 스님이 공부로 시작하여 공부로 끝을 맺었다면 그저 교학에 뜻을 둔 스님으로만 여겨졌을 것이다. 하지만 공부뿐만 아니라 그 누구도 쉽게 이룰 수 없는 대작 불사까지 이루어냈기에 그 원력과 노력이 더욱 돋보이는 것이다. 천안 시민들은 각원사를 두고 불국사 이후 최대의 사찰로 여길 만큼 자부심이 대단하다. 남북 통일 기원을 염원하면서 세운 각원사이였기에 여기에 대한 스님의 생각이 궁금했다.

"6 · 25전쟁을 겪고 나서는 나의 기도관은 줄곧 남북 통일 기원이었습니다. 물론 지금도 그 기도는 변함없이 고성염불로 축원하고 있습니다. 하지만 21세기인 만큼 냉전적 이념 시대가 아니라 남북한 7천만 민족이 공존공영하는 시대가 되어야 한다고 생각합니다."

승속을 막론하고 교육은 인성을 좌우하는 역할을 하는 것이라는 스님의 신념에는 변함이 없다. 그래서 상좌들을 일본으로 데려와서 공부를 시켜보았지만, 끝까지 해내는 이가 없었다. 그중 호진 수좌만이 프랑스로 유학 가서 학위를 받아와 대학 강단에 섰다. 목숨을 걸다시피 해서 공부를 한 스님이기에 좋은 환경이 갖추어졌는데도 공부를 등한시하는 상좌들에 대해 안타까운 점도 없지 않다.

스님은 서산대사가 쓴 《선가귀감》을 연구하여 박사 학위를 받았다. 1952년에 해인사 백련암에서 관응 스님의 강(講)을 들은 것이 인연이 되어 계속해서 관련 자료를 수집했다.

"《선가귀감》이라 하면 선(禪)에 대한 내용만으로 생각하는 것이 보통입니다. 하지만 선과 교(敎)를 비롯하여 율(律), 정토(淨土), 진언(眞言) 등 불교에서 가르치고 신앙하는 모든 교리가 망라되어 있습니다. 그래서 나는 '선가귀감(禪家龜鑑)'이 아니라 '승가귀감(僧家龜

법
인
스
님

鑑)'이라 생각합니다. 서산대사가 50종이 넘는 불경을 보고 중요한 부분만을 뽑아 엮은 것이니 정말 귀한 책이지요."

스님은 난관에 부딪히면 "참는 행이 없으면 만 가지의 일을 성사시킬 수 없다. 오직 자비와 인욕으로서만이 목적을 성취하게 된다"는 《선가귀감》의 한 구절을 새기면서 어려움을 견뎌냈다. 어찌 이것만이 스님을 지탱하는 힘이 되었으랴. 물질은 말할 것도 없고 분에 넘치는 기회가 오면 언제나 사양하고 물리칠 준비가 되어 있었기에 또 평생을 통해서 높은 지위나 물질을 탐낸 적도 다툰 적도 없었기에 오늘날의 법인 스님이 존재하는 것이리라.

매화 향에 매화 향을 더하는 것이 부질없는 짓인 줄 알면서도 고결하기로 명성이 자자한 법인 스님의 인품에 나도 칭송 한마디를 보태고 말았다.

✿법인 스님

1946년 합천 해인사에서 득도. 해인대학교 문학부 종교학과, 동국대학교 사학과, 성균관대학교 동양철학과 졸업. 동국대학교 대학원 철학과를 마치고 일본 대동문화대학에서 문학 박사 학위 받음. 1975년 대한불교 조계종 각원사의 재일(在日) 포교원 명월사 창건. 1977년 태조산 각원사 창건. 1985년 평화통일문화상 수상. 저서로 《불교 입문》, 《서산대사의 선가귀감 연구》 등이 있음.

월서 스님

바다처럼 모든 것을 용납하되 연꽃처럼 더럽혀지지 말라

휘파람새의 청아한 울음소리가 봄볕에 졸고 있는 봉국사 마당을 가로지른다. 다람쥐 한 마리가 떡갈나무 사이를 오가고, 진달래꽃은 분홍빛을 아낌없이 풀어내어 주변을 환하게 밝힌다. 이처럼 자연은 저마다의 모습으로 정오의 고요한 풍경을 연출하고 있다. 자연이 아름다운 것은 꾸밈없이 자신의 생명력을 마음껏 드러내기 때문이 아닐까 싶다.

월서 스님의 거처인 염화실 문을 열고 들어가자 난향과 묵향이 코끝에 와닿는다. 염화실을 감싸고 도는 묵향에는 보시바라밀의 향내도 얹혀 있는 듯하다. 2007년 11월, 스님은 북한 동포와 외국인 노동자를 돕기 위해 한국불교역사문화기념관에서 서예전을 열었다. 이 서예전을 준비하면서 오른쪽 어깨가 고장 나는 등 육신의 곤고함이 따르고 그 결과도 기대에 못 미쳤지만, 8천여만 원에 이르는 기금을 전달했으니 스님의 자비희사(慈悲喜捨) 정신을 읽을 수 있다.

스님은 나이 쉰이 넘으면서 제행이 무상하다는 것을 철저히 인식하기 시작했다. 깨달음을 얻은 것도 아니어서 남들 눈에는 대단하지 않게 보였겠지만 그 뒤 스님은 인생을 살아가는 방법, 중노릇을 하는 방법이 조금씩 달라지는 것을 느꼈다고 말했다.

"아무리 집착해도 결국은 변하고 영원하지 않다는 것을 인식하고 나니 욕심도 줄어들고 화도 덜 내게 되더군요. 부귀와 명예와 수복(壽福)을 다 구족한 사람은 없습니다. 그러면 평생 고생하며 사는 것이 평생 호강하며 사는 것보다 낫다고 할 근거를 대라고 하면 그렇게 마땅한 이유는 없습니다. 남을 속이고 훔쳐서라도 잘 먹고 잘산다고 해서 과연 행복한가? 또 죽음을 앞두고 후회 없는 삶을 살았다고 말할 수 있는가를 묻는다면 대답이 쉽지는 않을 것입니다. 무엇보다 우리는 죽고 난 다음에 어떻게 될지 두렵습니다. 그것이 두려우니까 죽음 자체도 두려운 것이지요. 불교의 참선은 죽음을 준비하는 공부입니다. 이 육신은 한 벌의 옷일 뿐이며, 탐심은 한 번 입고 버릴 옷에 치장을 하는 허망한 짓입니다."

스님의 이 말은 생사(生死)의 갈림길에서 극심한 고통과 공포를 느껴본 바탕에서 나온 것이기에 그 울림이 크다.

스님은 열여섯 살에 아버지를, 이듬해에 어머니를 떠나보내고 천애 고아가 되었다. 그때는 전쟁통이라 마음 놓고 기댈 곳도 없었다. 지리산 자락 함양이 고향인 스님은 전투경찰에 입대해서 유격대의 일원이 되었다. 심성이 여렸던 스님에게 전장은 견디기 힘든 곳이었다. 피비린내 나는 참혹한 상황을 이겨내려고 틈만 나면 '관세음보살'을 염했다. 어느 날 부대 초소가 공격을 받았고, 스님과 동료 한 사람만이 살아남았다. 그 뒤 죽음에 대한 공포는 악몽과도 같았다.

군생활을 마치고 실상사 약수암에서 금오 스님을 만났다. 월서 스님은 금오 스님의 형형한 눈빛에 이끌려 출가를 결심했다.

월서 스님은 무섭기로 유명한 금오 스님 밑에서 상좌로 지내면서 수행자로서 살아갈 덕목을 터득했다.

"금오 스님은 잠시도 가만있는 꼴을 못 보셨어요. 나무를 하든가 청소를 하든가 정진을 하든가 무엇이라도 해야 했어요. 그때는 힘들었지만 금오 스님의 그 정신이 아직까지 내게 남아 있어요."

금오 스님을 모시면서 가장 힘들었던 점은 탁발을 하는 것이었다. 탁발을 나가면 쌀이나 밥을 얻지 못할 때도 많았고, 소금이 날아오거나 물세례를 받기도 했다. 또 모두 가난하던 시절이라 아낙으로부터 밥 대신 욕을 얻어먹기 일쑤였다. 하지만 탁발을 하면서 몸에 지니기 어려운 하심(下心)을 배웠다고 스님은 회상했다.

"은사 스님은 하심은 성불의 길을 넓히고 도심을 키우는 지름길이라 했습니다. 그러면서 당신이 자청하여 거지 소굴에서 신분을 감추고 2년 정도 살았어요. 거지패와 어울려 생활하면서 보임을 사신 것이지요. 나중에는 신분이 드러나 도인으로 숭앙을 받았습니다."

은사 스님에 대한 존경심과 극진한 마음은 그 누구도 따라갈 수 없을 것 같았다. 은사 스님의 이야기는 이어졌다.

"금오 스님은 선풍 진작과 중생 교화를 자신의 본분사로 알고 평생을 살아오셨으며, 한국 간화선의 법통을 경허, 만공, 보월선사로부터 이어받았습니다. 그리고 불교정화운동 당시 실질적인 주역이었어요. 그럼에도 불구하고 동산, 효봉, 청담 스님에 비해 조명을 덜 받았습니다. 게다가 한국 불교사에 있어 불교정화운동은 역사적 사건인데도 일부 학자와 태고측에 의해 왜곡된 부분이 많았습니다. 불교정화운동을 비롯하여 은사 스님의 이력을 바르게 정립하기 위해 재단법인 '금오선수행연구원'을 설립했습니다. 만약 불교정화운동이 일어나지 않았다면 오늘날 한국 불교는 어떤 위치에 있을지 생각해보면 은사 스님의 무량한 은혜는 이루 말할 수 없습니다."

한국 불교의 종풍을 세우고 불교정화운동에 헌신함으로써 청정 승단의 초석을 놓은 금오 스님의 업적을 기리기 위해, 또 열반 40주기를 기념하기 위해《金烏스님과 불교정화운동》을 출간했다. 불교의 장자 격인 조계종단을 탄생시킨 불교정화운동과 그 주역이었던 금오 스님에 대해 제대로 알리기 위해서였다.《金烏스님과 불교정화운동》2만 부를 출간하여 전국의 크고 작은 도서관에 가리지 않고 모두 기증했다. 스님은 "미약하게나마 이렇게 하고 보니 금오문도로서 후학으로서 밥값은 한 것 같다"는 말을 덧붙였다.

"선(禪)은 부처님의 마음이요, 교(敎)는 부처님의 말씀이요, 율(律)은 부처님의 행동이라고 서산대사는 말했습니다. 계는 물을 담는 그릇과 같습니다. 계의 그릇이 튼튼해야 호수처럼 고요한 선정을 이룰 수 있습니다. 모든 수행의 근본은 계학을 잘 닦는 것이라 할 수 있습니다. 보살계를 앉아서 받고 서서 깨뜨린다 하더라도 많이 받는 것이 좋다는 말이 있잖아요. 이 말은 보살계를 많이 받다보면 십계(十

戒)가 뇌리에 각인되어 있어 실천할 수 있음을 뜻하는 것입니다. 2500년 전 부처님 당시에 하신 말씀이 현대에 와서 더욱 절실하게 요구되고 있습니다."

금오 스님이 불교정화운동을 벌인 첫 번째 이유는 대처승들의 대처육식(帶妻肉食)으로 인하여 수행 가풍이 사라진 시대 상황에서 선방 수좌들이 수행할 최소한의 수도 도량이 필요했기 때문이다.

금오 스님은 강원에서 공부하기보다는 참선 공부를 원했기에 월서 스님은 그 뜻을 받들어 선방 생활도 하고 토굴에서 지내기도 했다. 금오 스님은 제자들에게 주로 시심마 화두를 주었는데 "출가자에게 있어 참선 수행은 생명과도 같다. 화두를 들면 산 사람이 될 것이고, 놓치면 죽은 사람이 될 것이다"라고 간곡하게 일렀다.

"수행 정진 중 가장 기억에 남는 것은 동화사에서 결제했을 때입니다. 반결제날 '정진하다가 죽는다 하더라도 누구를 원망하지 않겠다'는 서약서를 쓰고 45일 용맹정진에 들어갔어요. 잠을 자지 않고 1주일 정도 버티고 나니 모두가 정신이 몽롱해져서 헛소리도 했어요. 그때 수마를 이기려고 법당 기둥에 머리를 찧던 기억이 새롭네요. 급기야 용맹정진을 하다 쓰러지는 사람이 속출하자, 주지인 월산 스님이 당장 그만두지 않으면 방구들을 파헤치겠다고 야단을 쳤어요. 그래도 용맹정진을 계속했어요. 뭐 그렇게 해서 깨달은 것은 아니었지만 어느 정도 신체적인 조복은 받았지요. 그 다음부터 참선 공부하는 것이 훨씬 수월했습니다."

그 후에도 월서 스님은 결판을 내겠다는 굳은 의지로 지리산 도솔암 토굴에서 혼자 결제를 하여 여름을 난 적도 있다. 밥 해먹는 시간이 아까워 생쌀로 연명하면서 치열하게 수행을 했다. 그러다 종단의 소임을 맡게 되면서 선방에 앉을 시간이 없었다. 하지만 참선을 해야 한다는 강박관념에 시달렸다. 그래서 임기가 끝나기가 무섭게 선방에 방부를 들였다. 1990년 중앙종회 의장을 지낸 뒤에도 해인사, 봉암사, 공림사 등의 선원에서 정진했다. 특히 쉰이 넘은 나이에 해인사 성철 스님 문하에서 정진한 일화는 유명하다.

스님은 수행자는 무엇을 하더라도 그것이 모두 깨달음으로 가는 과정이기에 어떤 일을 하더라도 수행자의 참뜻을 어겨서는 안 된다고 했다. 서슬 푸른 수행자의 기개를 느낄 수 있는 말씀이며, 수행자의 삶이 결코 녹록지 않음을 들여다볼 수 있는 말씀이기도 하다.

"불교 공부는 우리의 인격을 전인적으로 바꾸는 것입니다. 입으로 하는 공부가 아니라 마음으로 하는 공부이며, 마음으로 하는 공

부는 어떤 경계를 만나도 흔들리지 않습니다. 옛 어른들은 자신의 발밑을 잘 살펴보라고 했습니다. 그것은 '너 자신을 알라'는 뜻이기도 합니다."

스님의 말씀은 부처님이 열반하실 때까지 25년간 시봉한 아난존자의 이야기로 이어졌다. 아난존자는 부처님의 십대 제자 중 다문제일(多聞第一)이었지만, 부처님께서 열반하신 후 칠엽굴에서 경전을 결집할 때 입장을 거부당했다. 부처님의 골수법문을 이어받은 가섭존자가 보기에 아난은 정법안장(正法眼藏)과 열반묘심(涅槃妙心)을 제대로 깨우치지 못한 것으로 비쳤기 때문이다. 이에 불만을 품은 아난존자는 힐난의 어조로 가섭존자에게 물었다.

"세존께서 금란가사 외에 별도로 어떤 법을 전해주었습니까?"

그러자 가섭존자는 뜻밖의 대답을 들려주었다.

"문 앞의 찰간(刹竿)을 꺾어버려라."

찰간이란 법회를 할 때 깃발을 내거는 큰 기둥, 즉 당간 지주를 뜻한다. 칠엽굴 안에서는 경전을 결집하려고 찰간에 깃발을 내걸고 아난존자를 기다리는 중이었다. 아난존자는 찰간을 꺾어버리라는 뜻을 알 수가 없었다. 아난은 7일 동안 굴 밖에서 용맹정진을 했고, 드디어 열반묘심을 얻었다.

"아난존자가 깨친 열반묘심이란 아상과 교만심을 꺾어낸 마음입니다. 아난존자는 25년간 부처님을 시봉했다는 자부심으로 아상과 교만심이 가득했던 것이지요. 우리가 흔히 말하는 열반이란 탐욕과

증오와 망상이 소멸된 마음입니다. 불교 공부를 제대로 하려면 마음속의 찰간, 아만심을 꺾어야 합니다."

월서 스님은 사회의 대법원에 해당하는 종단의 사법기구인 호계원에서 12년을 보냈다. 호계원장 소임을 두 번이나 해냈기에 사람들은 스님을 가리켜 '종단의 호법신장'이라고 칭하기도 한다.

불자로서 오계(五戒)를 지키는 것은 당연한 일이지만 사회생활을 하다보면 그것이 쉽지 않음을 토로했다. 스님은 오계의 가르침은 종교 신자나 특정인만이 아니라 모든 사람이 공동의 이익과 행복을 위해서 지켜야 할 보편적인 실천 덕목이라 했다.

'사자는 짐승의 왕이라 설혹 사자가 늙어서 죽더라도 다른 짐승들이 사자의 고기를 먹지 못한다. 오직 사자의 몸에서 생겨난 벌레들만이 뜯어 먹을 수 있을 뿐이다. 불법(佛法)도 이와 같아서 이교도나 외부의 침입에 의해서 불법이 무너지는 것이 아니라 법을 파괴하는 파계 불자에 의해서 무너질 수 있음'을 《범망경》에서 언급하고 있다.

세속에 산다는 것 자체가 계율을 지키기 어려운 조건에 놓이게 되는 것이란다. 우리는 오관(五官)이 있어 대상을 분별함으로써 시비를 불러일으키게 된다. 감각기관에서 일어나는 부정한 욕망과 망상이 계율 지키는 것을 어렵게 하지만, 자신의 마음을 바르고 청정하게 한다면 계를 지키는 것 또한 어렵지 않으며 정진하다보면 지혜를 증득할 수 있단다. '계를 지킴으로써 안정을 얻고 번뇌망상을 다스릴 수 있음'을 스님은 강조했다. 오계를 모르는 이는 없겠지만 그래도

스님에게 가르침을 구했다.

 "우리는 과거의 습성이 있어 죽이지 않아도 되는 벌레들을 죽이거나 하지 않습니까? 불살생계는 생명 가치를 경시하고 인권을 억압하는 구조에 대한 거부를 뜻하기도 합니다. 불투도계는 경제 생활에 대한 불교의 교훈이며 자기가 정당하게 행한 노동의 대가만 가지라는 의미로 받아들이면 좋을 것 같습니다. 요즘 이혼이 점차 증가하고 있다고 하는데, 불사음계만 지킨다면 이혼율이 낮아지지 않을까 싶어요. 남편은 아내만을 아내는 남편만을 생각하고 일생 해로(偕老)하면 자연히 가정이 행복하지요. 불망어계, 즉 거짓말은 남은 물론 자기 자신마저 속이는 행위입니다. 마지막에 불음주계가 있는 것은 이것이 앞의 네 가지 계율을 다 깨뜨릴 수 있기 때문입니다. 특히 남자들은 사회생활을 하다보면 술을 마실 수밖에 없는데, 그렇다고 하더라도 절제하여 지혜가 흐려지지 않도록 해야겠지요. 계율을 잘 지키면 자신의 수행은 물론이거니와 가정에도 평화가 온다고 생각해요."

 종단의 호법신장답게 스님은 가정의 행복도 계율에서 찾았다. 부처님께서 계율을 정한 것은 오직 수행을 잘하기 위해서란다. 계율이란 한번 파하면 눈덩이처럼 커져 나중에는 감당할 수 없게 되므로 일반 신도들도 계율 어기는 것을 지옥 가는 것처럼 무서워하는 습관을 들여야 함을 강조했다. '계를 지키는 것이 자신을 지키는 무기가 된다'는 스님의 말씀을 오래도록 기억한다면 돌이킬 수 없는 어리석음을 범하는 일은 없을 것이다.

계를 지킨다는 것은 일상에서 마음의 평화를 유지하는 것이 아닐까 싶다. 마음의 평화란 흔들림도 집착도 없는 평상심을 뜻한다. 선가에서는 '평상심(平常心)이 곧 도(道)'라고 하지 않는가.

"평상심이 무너지고 감정이 동요할 때 고통과 불행을 느낍니다. 물질적인 문제이거나 상대가 있는 관계에서는 평상심을 유지하기가 쉽지 않습니다. 물질은 아무리 많이 갖고 싶어도 조건이 닿지 않으면 소유욕을 다 채울 수 없습니다. 사람 관계도 마찬가지입니다. 부모 자식이나 부부 사이라도 의견이 다를 때가 많은데, 다른 사람이 나를 이해해주기를 바라는 것은 나무 위에서 고기를 잡으려는 것과 같습니다. 우리의 삶이 고통스러운 것은 무엇인가에 집착하기 때문입니다. 집착하면 시비와 분별, 갈등과 다툼이 사라지지 않습니다. 쓸데없는 일에 마음을 두지 않는다면 평상심을 얻을 수가 있습니다. 일상사가 도라고 하지만 도를 얻기가 그리 쉬운 일은 아닙니다. 분별 망상을 조금씩 여위어나가는 수밖에 없습니다."

스님은 수행의 방편으로 틈틈이 붓글씨를 쓰는데, 평소에 애송하는 글귀를 써주었다.

심여벽해능객물 인사청련불염진(心如碧海能客物 人似淸漣不染塵)
마음은 푸른 바다처럼 모든 것을 용납하되
스스로는 연꽃처럼 티끌에도 더럽혀지지 말라.

"세상살이는 참으로 집착할 것도 많고, 물들어야 할 것도 많습니다. 그렇지만 불자는 세상에 살되 허공에 머물 듯 집착하지 말아야 하고 더러움 속에 살되 연꽃처럼 더러움에 물들지 말아야 합니다."

스님은 다음 생에도 출가자의 길을 걸을 것이며, 세세생생 수행자로서 살고 싶다고 했다. 금생에 다하지 못한 공부 다음 생에는 꼭 이루고야 말겠다는 스님의 여여한 부동심, 참으로 눈부시다.

꽃은 우주의 천기를 누설하고, 새는 숲 밖에서 무상을 노래하는 봄날에 스님의 법문으로 청복을 누렸으니 마음에 담아두고 싶은 귀한 날이다.

✿월서 스님

1956년 화엄사에서 금오 스님을 은사로 사미계를, 1959년 범어사에서 동산 스님을 계사로 비구계를 수지. 1960년 법주사 강원에서 대교과 졸업. 1972년 동국대학교 행정대학원 수료. 동화사 금당선원, 해인선원, 봉암사선원, 감인선원, 제주 여주선원에서 수선 안거를 성취. 경주 분황사, 경주 불국사, 조계사 주지 역임. 제4대~제12대 중앙종회의원 역임. 제8대 종회의장과 1999년 조계종 호계원장 역임. 지금은 조계종 원로의원이며 대한불교 조계종 대종사 품계 받음. 금오문도회 운영위원장이며 봉국사에 주석. 저서로 《월서 선사원경록》, 《행복하려면 놓아라》, 《거울 속 성불의 길》 등이 있음.

지성 스님

옥심은 채울수록 부족하지만 베풂은 나눌수록 커진다

칠곡 읍내를 지나 극락사로 향한다. 길 양옆으로 펼쳐진 과수원에 하얀 사과꽃이 끝물인 듯 빛을 잃어가고 있다. 머지않아 꽃잎 떨어진 자리에 아기 손톱만 한 열매가 달릴 것이다. 마을을 지나 산길로 접어들자 비를 머금은 구름이 몰려온다. 금세 비라도 뿌릴 기세이다. 극락사를 품어 안은 건경산은 화마가 지나간 듯 불탄 흔적이 남아 있다. 지성 스님에게 여쭈었더니 "얼마 전에 큰 산불이 났어요"라고 무심하게 한마디 한다. 붉은 화염에 휩싸인 산을 보고 얼마나 애간장을 태웠을까? 하지만 스님은 이미 평상심으로 돌아와 있다. 대웅전이 무사하고 요사채가 건재하니 그래도 다행이다 싶어 혼자 가슴을 쓸어내렸다.

지성 스님의 거처는 소박하고, 경전과 많은 서적들이 방 한 켠을 차지하고 있다. 동화사에서 행자 시절을 보낸 스님은 불교를 알고 출가의 길에 들어선 것은 아니었다고 회고했다. 우연히 들른 진주의 응석사에서 의현 스님을 만나게 되었고, "자신을 모르고 살면 인간은 우주의 나그네가 되고, 내가 자신을 깨달아 알면 우주의 주인이 된다"는 말씀에 불교에 마음을 두게 되었다. 결국 이 한마디가 스님을 출가의 길로 이끌었던 것이다.

　행자 시절 금당선원의 입승 스님으로 계시는 지월(指月) 스님으로부터 화두를 받아 매일 저녁 두세 시간씩 정진할 수 있었다. 석우(石友) 노스님으로부터는 《초발심자경문》, 《금강경》, 《육조단경》을 배웠는데, 이 공부가 훗날 정진에 큰 힘이 되었다고 한다. 1년간의 행자 생활을 끝내고 동화사에서 인곡 스님을 계사로 사미계를 받았다. 은사인 혜진 스님은 "방일하거나 나태해서는 안 된다. 시간은 영원하지만 인간의 존재는 유한하니 시간에 투철해야 한다"고 일렀다.

　행자 생활을 마치고 스님은 불영사에서 삼동 결제를 했다. 은사 혜진 스님을 비롯하여 금담 스님, 비룡 스님 등이 겨우내 장좌불와(長坐不臥)를 하는 등 초인적인 정진을 옆에서 지켜보았다.

　"부처님은 스스로를 등불로 삼고 법을 등불로 삼아 수행하라고 말씀하셨어요. 인간 내면의 실상을 깨달아 알면 그것이 자등명 법등명(自燈明 法燈明)이 되는 것입니다. 구도의 길은 개척의 길이고 창조의 길이며 발견의 길임을 불영사 선원에서 절감했지요. 예수는 구원의 길을 '좁은 문'이라 했고, 부처님은 '대도무문(大道無門)'이라 했습니다. 허공에 문이 없고 대해(大海)에 길이 없듯이 해탈에는 특별히 정해진 문이 없어요. 부처님은 인간이라면 누구나 부처가 될 가능성을 지녔기에 무문이라 하신 것입니다."

　불영사에서 해제를 한 후에는 깊은 산중의 몇몇 토굴에서 결제와 해제가 따로 없는 수행의 날들을 보냈다. 스님에게 토굴 이야기를

해달라고 청했더니 "세월이 지나 다 잊어버렸지"라면서 웃었다. 그러면서 심적(深寂) 토굴에서 공부했던 때의 이야기를 들려주었다.

"토굴은 원시인의 혈거를 겨우 면할 정도였어요. 토벽이 그대로 드러난 방에서 가마니를 깔고 생활했지요. 산에 지천으로 널린 꿀밤을 삶아 가루로 만든 것이 주식이고 산나물에 소금이 부식이었어요. 물론 탁발을 해다 먹을 수도 있었지만 수행에 방해가 될 것 같아 마을로 내려가지 않았어요. 그때는 보는 것이 그대로 공부가 되던 때였어요."

산중이라 겨우내 많은 눈이 내렸는데, 아침에 일어나보면 산짐승들의 발자국이 눈 위에 어지럽게 찍혀 있었다. 어떤 것은 처연했고, 어떤 것은 분연했는데, 처연한 것은 쫓기는 입장이고 분연한 것은 쫓는 입장이라 생각하면서 스스로의 발자국을 돌아보게 되더란다. 서산대사의 선시 한 구절을 떠오르게 한다.

답설야중거(踏雪野中去) 눈 내린 들판을 밟아갈 때에는
부수호란행(不須胡亂行) 그 발걸음을 어지러이 하지 말라.
금일아행적(今日我行跡) 오늘 걷는 나의 발자국은
수작후인정(遂作後人程) 반드시 뒷사람의 이정표가 될 것이라.

선을 하는 데 있어서는 굳은 신심과 화두에 대한 의심과 기필코 깨닫고야 말겠다는 분발심이 필요하다. 특히 분발심은 어떤 어려움도 이겨내게 만드는 원동력이 된다.

 "옛말에 서입우각(鼠入牛角)이라는 말이 있어요. 소뿔 속으로 먹이를 찾아 들어간 쥐가 뾰족한 구멍까지 머리를 박고 보니 더 들어갈 수도 뒤로 돌아 나올 수도 없는 진퇴유곡에 처한 상태를 뜻하지요. 선 하는 사람이 생사를 걸고 혈투를 해서 일념 삼매가 되면 앞으로 나아가려야 은산철벽이라 나아갈 수 없고 뒤로 물러서려야 뒷길이 끊어져 물러서지 못하는 것이 마치 소뿔에 들어간 쥐와도 같다는 것입니다. 여기에 머물러서는 안 되고 앞으로 한 걸음 더 나아가야 합니다. 백척간두에서 진일보하라는 것이지요."

 언젠가 오대산 줄기인 백석산 토굴에서 혼자 겨울을 났는데, 그곳은 음력 9월인데도 눈이 내리더란다. 설한풍에 문 바를 종이가 없어 쇠풀을 엮어 문을 삼고 눈을 녹여 식수로 사용하는 등 열악한 환경 속에서 '유야무야(有也無也)' 화두를 잡고 치열하게 정진했다. 그처럼 힘든 토굴 수행이 왜 필요한지 여쭈었다.

 "토굴 생활은 외적인 현상계의 사물에 집착하지 않고 내적인 갈등과 번뇌를 방기할 수 있는 최선의 길이라 생각했기 때문입니다. 무상한 현실 존재의 참모습을 반드시 깨닫고야 말겠다는 강한 결심이 힘든 토굴 생활을 견뎌내게 한 것 같아요."

 스님이 5년간의 토굴 생활을 마치고 제천 시내로 나왔더니 형사가 경찰서로 데려가 심문을 하더란다.

 "그때 거울을 통해 내 몰골을 보았는데 텁수룩한 머리와 수염, 깁

고 기운 누더기에 다 떨어진 신발 등 내가 봐도 거지 중에 상거지라. 형사가 '너 언제 휴전선 넘어왔어? 내가 다 알아. 바른대로 불어!' 그러는데 웃음이 절로 나오데요."

그 뒤 스님은 사중(寺中)에 머물렀다고 하면서 오래전 수행 이야기는 별 의미가 없다고 했다. 현재를 잘 살아내는 것이 중요하다는 말이다. 스님은 토굴 수행을 바탕으로 해서 용연사, 송림사, 은혜사 주지 소임을 여법하게 해냈다. 2002년에는 동화사 주지 소임을 맡았는데, 그때 동화사의 수행 풍토는 물론 대구 불자들의 의식을 크게 일깨운 것으로 정평이 나 있다.

"동화사 주지 소임을 맡았을 때 그곳은 저의 출가 본사이기도 해서 어떻게 하면 주지직을 잘 해낼 수 있을까 고민을 많이 했습니다. 원로 어른들을 만나 가르침을 구하기도 했지만 흡족한 답을 얻지 못했어요. 그래서 제 나름으로 '생각하는 주지, 고뇌하는 주지'가 되겠다고 결심했어요. 선원 스님들이 공부 잘할 수 있게 분위기 조성해주고, 강원을 재개원한 지도 얼마 되지 않았기에 강원 교육에도 힘을 쏟으며, 교구 본사로서 포교에도 열을 쏟아야겠다는 원력을 세웠습니다."

스님은 주지 임기 동안 '백고좌 법회', '화엄 논강', '담선 대법회', '계율 수행 대법회'를 열어 대중과 여러 언론매체의 관심의 한가운데 있었다.

"가장 먼저 시도한 것이 경내 통일대전에서 100일간 설법을 전파

하는 백고좌(百高座) 법회였어요. 주변 사람들이 백고좌 법회를 할 만한 여건이 아직 안 된다면서 말렸지만, 어려울 때일수록 일을 도모하지 않으면 안 된다는 신념이 있었기에 밀어붙였습니다. 다행히 100일간 100명의 스님들이 한 분도 빠지지 않고 법회를 해서 성공을 거두었어요."

진제 스님을 비롯해 월운 스님, 천운 스님, 법타 스님, 법장 스님 등 100명의 스님들이 참여해《능엄경》,《금강경》,《법화경》등 여러 경전을 설법했다. 매일 1천 명 이상이 참여했고, 주말에는 2천 명 정도가 참여했다. 가르침에 목말라 있던 불자들에게 백고좌 법회는 가문 날의 단비와도 같았다.

다음 해에는 '화엄 논강'을 실시했다. 이전까지는 특별한 주제 없이 일방적으로 법문을 했는데, 이런 식의 법회는 안 되겠다 싶어 경전을 가지고 시작했단다. 3개월간 1주일에 한 번씩 13회의 법회를 열었다. 주제 발표를 하고 나서 토론자들이 반론을 할 수 있도록 했으며 질문 시간도 마련했다. 120~130명의 스님들과 400~500명의 신도들이 참여했다. 이 같은 법회 방식은 신도들도 처음 접하는 것이어서 인기가 있었다.

'화엄 논강'에 참여한 스님들은 "2500년 전 부처님 당시 영산회상에서 1,200명의 대중을 모아놓고 설법한 분위기가 이러지 않았을까" 싶었다고 감회를 털어놓았다.

2004년에는 '담선 대법회'를 개최했다. 담선 대법회를 통해 간화

선이 정말 최고의 수행법으로 마땅한지, 21세기 미래를 위한 대안 사상으로 적합한지를 드러내어 논의하고 싶었단다. 동화사 담선 대법회는 한국 현대 조계종 선학사에 큰 획을 그었다는 평가를 받았다. 다음 해인 2005년에는 '계율 수행 대법회'를 열었다. 스님은 계율 법회가 공론화되어 열리기는 근·현대사를 통틀어 처음이었던 것으로 안다고 했다.

"율사들이 불교의 계율 속에 인간의 모든 문제를 푸는 열쇠가 있다고 했어요. 지금 인류가 겪고 있는 테러, 전쟁, 빈곤, 인종 차별, 인권 유린, 환경 훼손 등 수많은 문제의 해결책이 불교의 계율에 담겨 있다고 본 것이지요. 그때 저는 우리 사회의 도덕 불감증과 무너지는 윤리 의식을 계율을 통해 치유해나가겠다는 원을 세웠어요."

스님의 이런 원력과 추진력이 어디에서 비롯되는지 궁금했다. 스님은 "자신을 버리고 맡은 일을 충실히 하겠다는 발원을 하면 이 정도의 일은 누구나 할 수 있다"면서 말을 이었다.

"내 인생관은 간단명료합니다. '~답게 살자는 것'입니다. 중은 중답게, 주지는 주지답게, 염불승은 염불승답게 자신의 일에 충실하면 되는 것이라 생각해요. 자기의 본분사(本分事)에서 이탈하지 않고 산다면 일을 크게 그르치지는 않을 것입니다."

지성 스님이 아무나 할 수 없는 일을 거뜬히 이루어낸 밑바탕에는 인간으로서 견디기 힘든 토굴 수행이 있었기에 가능했던 것이리라.

스님은 동화사 주지 소임을 마치고 지역사회 발전을 위하여 '사단법인 함께하는 세상'을 만들었다. '함께하는 세상'은 국제 포교 및 구호 활동을 하는 단체로 자신을 위할 뿐만 아니라 남을 위해 불도를 닦는 '자리이타(自利利他)' 사상을 근간으로 한다. '함께하는 세상' 산하 사찰인 '이웃절'은 대구 최초의 국제 포교당이며, 이주 노동자들의 수행 공동체 역할을 하고 있다. 이웃절은 타국에서 생활하는 이주 노동자들을 위한 법당으로 한국, 몽골, 스리랑카 등 3개국 석가모니불을 모셨으며, 몽골과 스리랑카 스님들의 진행으로 매월 두 차례씩 정기 법회도 봉행하고 있다.

"이주 노동자의 지원에 대한 인식이 널리 확산되어 있지 않아 법당과 이주민 쉼터를 마련하는 것이 쉽지 않았어요. 이주 노동자들의 인권 문제가 아주 심각해요. 언어가 통하지 않아 어려움을 겪는 이들을 위해 대신 사무도 처리해주고, 직장도 알선해주고, 아픈 사람은 치료받을 수 있게 도와줍니다. 그러나 이것만으로는 부족합니다.

다문화 가정이 점점 증가하고 있기에 그들을 우리 이웃으로 받아들이고 서로 마음을 나누는 일에 관심을 가져야 합니다. 불자들이 절을 찾아 기도하고 수행하는 것이 전부가 아닙니다. 이제는 사회 문제에도 눈을 돌려 이주민 지원 등에 관심을 갖고 나눔과 베풂을 실천해야 합니다."

지성 스님은 수십 년간 기도와 정진 수행한 것을 이렇게 사회로 회향하고 있는 것이다. 거기에는 어떤 차별과 분별심도 없다. 오직 아파하고 괴로워하는 중생이 있을 뿐이다. 보살의 손이 되어 그들에게 웃음과 행복을 주는 스님과 마주하면서 욕심은 채우면 채울수록 부족하지만 베풂은 나누고 나누어도 줄어들지 않는다는 것을 알았다.

요즘 경제 문제로 힘들어하는 사람이 많은데, 어떻게 하면 이런저런 외적인 문제로부터 벗어나 잘살 수 있는지를 여쭈었다.

"제가 봤을 때는 요즘같이 물질적으로 풍요로운 시대가 없었어요. 옛날처럼 옷을 못 입는 것도 밥을 못 먹는 것도 아니잖아요? 그것은 물질적인 문제가 아니라 정신적인 문제입니다. 내가 왜 사는지, 인간의 본질적인 문제를 심각하게 고민해보아야 합니다. 만약 돈과 출세를 위해서 산다면 자신의 고통이 탐욕에 사로잡힌 것이라면 돈방석에 앉아 있어도 배고프고 불안한 것입니다. 자신의 분수도 모르고 살기에 풍요로워도 풍요로운 줄 몰라요. 자기 분수에 맞게 사는 것이 행복한 삶이라 생각합니다."

지나치게 물질적인 것에 매달리지 말라는 당부와 함께 우리의 육신을 얼핏 바라보면 물질의 세계 같지만 진지하게 본질적으로 들여다보면 정신의 움직임이라 할 수 있단다. "우리의 육신은 물질이 아닌 에너지라 할 수 있으며, 육신은 결국 정신 에너지로 사는 것"이라는 말을 덧붙였다.

"자신의 존재 이유에 대해 고뇌한다면 밥 한 그릇 먹는 것도 감사한 일 아닙니까?"라는 지성 스님의 한마디는 풍요로운 현대를 사는 우리에게 던지는 의미 있는 화두이다.

지성 스님

1940년 경남 진주 출생. 1958년 동화사 입산. 1959년 동화사에서 혜진 스님을 은사로, 인곡 스님을 계사로 사미계 수지. 영천 은해사 강원에서 대교과 졸업. 동화사 금당선원에서 5하안거 성만. 청송 대전사, 영천 은해사, 옥포 용연사, 송림사, 대구 동화사 주지 역임. 제10대, 제11대 중앙종회의원 역임. 2005년 대한불교 조계종 종정 표창 수상. 지금은 한국·몽골국 불교 교류협회 이사장, 사단법인 '함께하는 세상' 이사장이며, 칠곡 극락사에 주석.

도영 스님
참된 삶을 사는 것이 바로 깨달음

벚꽃 십 리 길을 달려 종남산 송광사 일주문 앞에 섰다. 한
호흡 가다듬고 산문에 들어서자 곱상하게 생긴 두 장승이 반갑게 맞
이한다. 장승은 '이 문에 들어올 때는 덧없는 알음알이는 버리고 한
마음 돌이켜 자기 존재의 실상을 밝혀라(入此門內 莫存知解)'라는 경
구를 들고 있다. 세간의 시시비비를 내려놓고 산문에 들라는 가르침
을 품고 앞으로 나아가다보면 금강문과 사천왕문을 지나게 된다. 이
3개의 문을 세워둔 것은 마음속에 들끓는 번뇌망상을 하나씩 내려
놓으라는 의미인 것이다.

　송광사는 구산선문의 하나였던 가지산문을 개창한 신라의 보조국
사 체징 스님이 세웠다고 하는데, 아득한 천년의 세월을 이어온 절
집 앞에서 시간을 헤아리는 것이 무슨 소용이 있으랴 싶었다. 체징
스님은 중국으로 건너가 전국의 선지식을 만났으나 멀리서 구할 필
요가 없음을 깨닫고 3년 만에 귀국했다. 귀국 후 가지산문을 열고 승
속을 초월하여 널리 법을 폈다. 체징 스님의 명성을 듣고 임금이 두
번이나 궁궐로 청했으나 나아가지 않고 오로지 법을 펴는 데 일생을
바쳤으니 그 제자가 800명이나 되었다. 한때 폐허가 되었다가 고려

때 보조국사 지눌 스님의 덕화로 중창 복원되었다는 것이 송광사가 지닌 역사의 한 토막이다.

경내에 들어서면 아(亞) 자 모양의 종고루와 대웅전, 관음전, 지장전, 나한전, 극락전, 적묵당 등 넓은 대지에 펼쳐진 당우들이 한눈에 들어온다. 대지 한 자락씩 차지하고 있는 당우들의 배치가 군더더기 없이 가지런하다는 생각이 들었는데, 주지 도영 스님이 당우들을 재배치했다고 한다. '근육질로 다져진 금강역사의 힘을 빌려서 당우들을 앞뒤로 옮겼으면' 하는 농담쯤으로 들으려고 했더니 아니란다. 신기술을 이용하여 진짜로 당우들을 옮겼다고 하니 놀라울 뿐이다. 이쯤 되면 도영 스님이 금강역사로 비쳐진다.

도영 스님 처소 앞에 홍매와 백매가 쌍을 이루어 불을 밝힌 듯 환히 피어 있었다. 한겨울의 추위와 눈보라를 이기고 나온 귀한 꽃을 오랫동안 눈맞춤했다. 사무치는 향기 속에, 겹겹의 꽃잎 속에 인고의 시간이 녹아 있음을 어찌 모르랴.

"요즘 다들 어렵다고 하는데 어릴 때부터 고생을 하고 보릿고개도 겪어봐서인지 지금의 어려움 정도는 충분히 극복할 수 있다고 생각해요. 어렵다고 하지만 우리는 얼마나 풍요롭게 살고 있습니까? 우리는 항상 '감사합니다', '이만하면 됐어' 하고 지족(知足)할 줄 아는 마음으로 살아가야 합니다. 만족을 모르는 사람이 불행한 사람이고 어리석은 사람입니다. 욕심은 채워도 채워도 채워지지 않는 구멍 뚫린 항아리와 같은데 그것을 채우려고 하니 어리석지요."

도영 스님은 벽에 걸린 액자를 가리키면서 "석주 스님이 써주신 글인데, 이 방에 오는 사람에게는 꼭 한번 읽어보라"고 한다.

지족상락 능인자안(知足常樂 能忍自安)
만족함을 알면 항상 즐겁고 능히 참으면 편안함을 안다

"사람들은 행복의 조건을 자신이 미리 작성해두잖아요. 경제력도 있어야 하고 명예도 좀 있어야 하고 참으로 많은 조건이 따라붙는데, 그것이 잘못된 것입니다. 행복은 내 마음 안에서 찾아야 하고 내 조건 안에서 만족해야 하는 것이지, 바깥에서 구하려고 하면 얻을 수가 없어요. 가족과 함께 밥을 먹을 수 있고, 힘들지만 밖에 나가서 일할 수 있음을 행복이라 여기면 하루에도 수없이 감사할 일이 생기고 행복한 일만 일어나요."

스님은 욕심이 사라졌을 때 사람의 마음이 가장 깨끗해진다고 했다. 사리불에게 열반이 무엇이냐고 질문하자 '탐진치 삼독이 사라진 것'이라고 답했단다.

"중국의 방(龐) 거사는 '이 세상을 공하게 보고 살라'는 말을 했어요. 보이고 들리는 성색(聲色)의 경계에 집착하면 실상을 사무쳐 지혜의 눈은 멀고 맙니다. 자아에 대한 고집 때문에 나와 남을 대립적으로 생각하고 내 이익을 위해서 남에게 손해를 끼친다면 결코 바람직한 삶이라고 할 수 없어요. 인생의 참된 의미는 욕심으로 인한 소유보다는 무엇을 어떻게 행하고 있는지 '행위의 가치'에서 찾아지는 것입니다. 내가 나에게 집착할 때 실제로 나는 아무 일도 보람되게 할 수 없어요. 큰일을 하고 보다 참되게 살기 위해서는 자신에 대한 집착을 버려야 합니다. 나를 버리는 것이 나를 이기는 것이요, 내가 없다는 무아를 알 때 나를 버리게 됩니다."

도영 스님은 행자 시절부터 '참된 삶을 사는 것이 바로 깨달음'이라는 생각을 했다. 그래서 참된 삶이 어떤 것인지 깊이 생각했다. 특히 임제선사의 '수처작주 입처개진(隨處作主 立處皆眞, 어느 곳에서나 자신이 주인공이 되는 삶을 살아야 한다)'이라는 말을 큰 가르침으로 받

아들였다. "내가 진실로 주인공이 되어 세상을 산다면 어떤 경계가 다가온다 해도 끄달리지 않을 것이며, 불만과 불평이 있을 수 없음"을 덧붙였다.

작야몽중 두두불(昨夜夢中 頭頭佛)
금조개안 물물살(今朝開眼 物物薩)
어젯밤 꿈속에서는 머리머리마다 부처이더니
이른 아침에 눈을 뜨고 보니 물건물건마다 보살이로구나.

" '이른 아침에 눈을 뜨니 보이는 물건마다 보살' 이라는 것은 스스로가 보살이 되어 보살의 눈으로 세상을 바라보아야 한다는 뜻이기도 합니다. 아침에 눈을 뜨면서 스스로가 보살이 되어야 합니다. 보살이 되려면 우선 가까운 가족에게 보살로서 행동해야 합니다. 거리를 다닐 때는 거리의 보살이 되고, 직장에서는 직장의 보살이 되어야 합니다. 만나는 사람마다 좋은 관계를 유지하고 보살도를 실천하는 것이 부처님께 이르는 길입니다."

스님은 2001년 포교원장 소임을 맡아 5년 임기를 채운 것은 물론 포교의 패러다임을 바꾸어놓았기에 아직도 사람들의 칭송이 자자하다. 스님은 이런 소리는 귓등으로 흘리고 "개인적으로는 아주 바쁘게 살았던 그때가 보람된 시간이었다"고 짧게 언급할 뿐이다. 5년 임기 동안 이루어놓은 일은 일일이 꼽을 수 없을 만큼 많은데, 그중에서 신도 교육의 체계화, 군 포교의 대중화, 템플스테이 사찰 주말 수련회 프로그램을 활성화하여 사찰의 문턱을 낮춘 것 등이 대표적이다. 스님은 1980년에 김제 금산사 주지 소임을 맡으면서 포교 원력을 세운 분으로, 말사 주지 스님들에게도 포교를 하지 않으려면 주지직을 내놓으라고 했을 정도이다.

"저는 부처님의 가르침이 21세기의 대안이라 생각하기에 불교를 널리 알리고 싶어요. 불교의 연기법, 동체대비사상, 불이(不二)사상을 알게 되면 자기중심적이고 이기적인 생각에서 벗어나 남을 배려하는 마음으로 바뀌게 돼요. 그것을 알려주는 것이 포교이고 교육인 것이지요. 모든 사람들이 불교를 신앙으로 하면 참으로 좋겠지만 저는 포교를 하면서 그리 큰 욕심을 내지 않아요. 사람들이 불교로 인해 좀더 마음 편하게 살 수 있고 바른길을 찾아갈 수 있다면 그것이 바로 부처님 가르침을 전한 보람이라고 생각합니다. 군인장병들에게 수계를 해주고 있는데, 수계를 받은 것만으로도 그 사람의 기억 속에는 불교가 남아 있어요. 이것이 인연이 되어 불자가 된다면 더더욱 좋겠지요."

저마다 부처 씨앗이 함장(含藏)되어 있음을 모르는 이에게 다시 한 번 씨를 묻어주는 것이 포교가 아닌가 싶다. 하지만 스님은 씨앗이 발아하여 꽃으로 피어나게 될 그때가 올지 아니 올지를 말하지 않는다.

도영 스님의 '초코파이 법문'은 많은 사람들에게 회자되는 유명

한 법문이기에 일부러 청했다. 1985년 연무대에 처음으로 법문을 하러 간 것이 군 포교의 시발점이 되었는데, 군 포교를 열심히 하다보니 초코파이 법문까지 생겨난 것이다.

"아직도 군인들이 좋아하는 것이 초코파이인데, 보관하기 쉽고 한 개 먹고 나면 속이 든든하다고 그래요. 초코파이 큰 것 한 상자가 라면 박스 크기인데 그 안에 8박스가 들었으니 팔정도(八正道)를 닦아라. 작은 박스에는 12개가 들었으니 십이연기(十二緣起)를 관하라. 큰 박스 안에 든 초코파이를 모두 더하면 96개가 되는데 이것을 3개씩 나누어 먹으면 32명이 먹을 수 있으니 삼십이관음(三十二觀音)이요, 부처님의 삼십이상(三十二相, 부처님의 32가지 신체적 특징)입니다. 그리고 96개를 2개씩 나누어 먹으면 48명이 먹을 수 있으니 법장비구의 사십팔대원(四十八大願)을 이루어 극락세계를 만들 수 있어요."

초코파이 한 상자 속에 불교의 기본 교리가 다 담겨 있으니 진정 살아 있는 법문이 아닌가 싶다. '포교는 수행자라면 끝없이 해야 하는 소명'이라 여기는 스님의 간절한 원력을 엿볼 수 있는 법문이다. 부처님의 삶 자체가 전도 여행이었음을 생각할 때 포교는 모든 불자들의 소명이기도 하다. 스님을 마주하니 '떠나거라. 한 길로 두 사람이 가지 말라'라고 한 부처님 말씀이 더욱 오롯하게 다가온다.

칠십 평생을 대나무처럼 곧고 반듯하게 수행자로서 살 수 있었던 이유가 궁금했다. 스님은 유학자였던 아버지로부터 '남에게 큰 이익은 줄 수 없다 해도 피해는 주지 않아야 한다'는 가르침을 받았는데 그것이 평생의 지침이 되었다고 한다.

스님에게 어떻게 하면 일반 불자들도 올곧은 신심을 키울 수 있는지를 여쭈었다.

"아무리 신앙 생활을 열심히 한다고 해도 마음속 깊숙이 받아들이지 않기 때문에 어떤 일에 부딪혔을 때 마음이 잘 다스려지지 않습니다. 부처님의 가르침을 생각하고 부처님의 일생을 떠올리면서 자신의 삶을 그것에 접목시켜 살아간다면 날마다 좋은 모습으로 바뀔 것입니다. 자신의 불행을 남 탓으로 돌리는 것이 우리 사회에 만연해 있어요. 남을 원망하기 전에 먼저 내 업이라 생각해야 합니다. 결국 자기 문제는 스스로 풀어야 합니다. 누구 때문에 경제가 힘들어졌다고 하는데 우리는 공업중생(共業衆生)이기 때문에 고통을 함께 나눌 수밖에 없습니다. 업은 자신만의 것이 아니며 남의 업이 곧 나의 업이기 때문에 우리는 서로의 업을 공유하고 있어요. 때문에 즐거움과 괴로움을 함께 느끼며 살아갈 수밖에 없지요."

집즉분명 천지야 방내진찰 무비아(執卽分明 天地也 方乃塵刹 無非我)
하늘과 땅이 분명하다고 집착하지만
놓아버리면 티끌 하나까지도 나 아닌 것이 없다.

"이 말은 방하착(放下着)하라는 것입니다. 집착을 버리라는 뜻이에요. 놓아버리게 되면 하늘은 그냥 하늘이고 땅은 그냥 땅에 지나지 않으니 일체를 너와 내가 둘이 아닌 있는 그대로 보게 되는 것입니다. 이것이 바로 불교에서 말하는 불이사상입니다. 이 같은 마음으로 세상을 바라보게 되면 티끌 하나라도 나 아닌 게 없음을 깨닫게 됩니다. 너도 나도 모두 나에게는 소중한 사람들인데 누구를 원망하고 누구를 탓하겠어요? 남을 원망하고 쓸데없는 것에 화를 품는 것도 죄업 짓는 것이니 그냥 '탁' 하고 놓아버려야 해요. 놓아버리면 저 티끌에서부터 온 시방이 나 아닌 것이 없을 터인데……."

도영 스님이 주지 소임을 맡아 왔을 때만 해도 송광사는 쇠락한 고찰에 지나지 않았다. 하지만 10여 년이 흐른 지금 송광사는 전주에서 중추적인 역할을 해낼 만큼 그 세가 커졌고 활기가 넘친다. 이곳 사람들은 송광사와 도영 스님이 전주의 정서와 문화를 바꾸어놓았다고 말한다. 사찰이 단순히 예배 공간이나 박제된 문화재에 머물러서는 안 된다고 생각한 스님은 송광사 주지 소임을 맡자마자 '문화재관람료 매표소'를 없애버렸다. 그리고 대웅전과 마주하는 곳에 세심정을 세우는 등 공원처럼 가꾸어서 누구나 오고 싶은 아름다운 사찰로 바꾸어놓았다.

작년에는 사찰 바로 옆에 5천여 평의 백련지(白蓮池)를 조성했는데, 이 또한 사찰을 지역의 문화공간과 마음의 쉼터로 만들기 위해서이다. 스님은 "부처님의 진리는 변함없지만 그 전하는 방식은 시대에 따라 달라져야 한다"는 철학을 가졌기에 어느 곳에서 어떤 소임을 맡더라도 불교가 대중에게 쉽게 다가갈 수 있는 방법을 찾고있다. 또한 어느 세기보다 물질의 풍요를 한껏 누리고 있지만 마음은 그렇지 못한 데서 비롯된 병폐의 심각함도 알고 있다.

보살의 눈으로 세상을 정확하게 진단하여 그에 맞는 처방을 내놓는 스님의 통찰력에 감탄할 뿐이다. 오로지 전법에만 열을 쏟았다는 보조국사 체징 스님의 후신이 아닌지 모르겠다.

몇 달 후면 송광사 일대는 연꽃 향기로 가득할 것이다. 그러면 바람 한 줄기가 우리 마음속에 그 연꽃 향기를 데려다주리라.

도영 스님

1961년 월주 스님을 은사로 출가. 금오 스님을 계사로 사미계를, 석암 스님을 계사로 비구계를 수지. 1969년 금산사 승가대학을 졸업하고 1970년 동국대 대학원 석사 과정 수료. 1980년, 1984년, 1994년 세 번에 걸쳐 금산사 주지 역임. 조계종 종회의원 역임. 1999년 조계종 포교대상 수상. 조계종 포교원장 역임. 지금은 완주 송광사에 주석.

무비 스님

눈이 깨달았으면 손도 깨달아야 한다

금정산 입구에 들어서자 한여름인데도 서늘한 기운이 느껴졌다. 산마루에 금빛을 띤 우물이 있었는데, 가뭄에도 마르지 않았다. 그 우물은 금빛 물고기가 오색구름을 타고 하늘에서 내려와 물속에서 놀았다고 하여 '금샘[金井]'이라는 이름이 붙여졌다. 하늘에서 내려온 금빛 물고기와 황금 우물의 아름다운 전설이 서려 있는 범어사. 불이문을 지나 삼층석탑이 있는 보제루 앞마당에 들어섰다. 한낮의 절 마당은 너무나 고요해서 나뭇잎이 두런거리는 소리, 잠자리가 허공을 낮게 비행하는 소리, 나비의 날갯짓까지 들리는 듯했다.

무비 스님의 거처에 들어서자 '염화실'이라는 현판이 먼저 눈에 들어왔다. 그 아래 맷돌에는 잘 닦인 고무신 한 켤레가 놓여 있고, 넓지 않은 정원 한 켠에는 능소화가 꿈꾸듯 피어 있었다. 스님의 거처인 염화실은 인터넷 전법 도량으로 널리 알려져 있다. 스님은 2004년에 인터넷 카페 '염화실'을 개설했는데, 현재 회원 수가 1만 5천 명이 넘고 하루 이용자가 600~700명 정도 된다. 카페 염화실에 들어가면《법화경》,《금강경》,《유마경》,《화엄경》,《임제록》,《신심

명》, 《증도가》 등 불교의 주요 경전에 관한 정보가 모두 올려져 있다. 또 스님이 직접 인터넷 방송을 진행하는데 전 세계에서 접속이 가능하다고 하니 이곳이 바로 한국 불교의 염화실이요 세계 불교의 염화실이 아닌가 싶다.

"카페 염화실에 내가 평생 공부해온 것을 다 모아놓았어요. 누구나 공부할 수 있게 만들어둔 것이지요. 인터넷 방송을 하면 중국, 일본, 미국 등 세계 각지에서 방송을 듣고 그 반응을 곧바로 올리는데, 참 재미있어요. 인터넷이 바로 화장 세계라는 생각이 듭니다."

백 가지 풀로 만들었다는 귀한 차를 마시며 계속 스님의 이야기에 귀를 기울였다. 스님은 병을 앓기 전 불교TV에서 《법화경》 강의를 했는데, 이야기는 그때로 거슬러올라갔다. 스님은 지금 5년째 투병 생활을 하고 있는데 병이 불교와 인생에 대한 안목을 바꾸어놓았을 정도로 큰 공부가 되었다고 한다.

"그때 통증이 너무 심해서 기절했다가 깨어나기를 하루에도 수차례 반복했어요. 나는 이것을 두고 농담처럼 부처님의 6년 고행과 달마대사의 9년 면벽하고 맞먹는다고 말해요. 병원에서 대수술을 하고 6개월 정도 입원을 했어요. 반년이 훨씬 넘는 고통의 시간은 평생을 두고 공부해온 것보다 더 많은 변화를 가져다주었습니다."

마침내 퇴원을 했지만 극심한 통증은 계속되었고, 그런 고통 속에서 회향을 생각했다. 좀더 많은 사람들과 불교에 관한 지식과 공부를 공유하고 나누는 것이 바람직한 회향이 될 것 같았다. 그래서 생

무비스님

각해낸 것이 카페 염화실이었다. 카페 운영에 매달리다보면 정해진 시간 없이 아무 때고 찾아오는 통증을 잊을 수 있었다.

스님은 몇 년 전부터 우리 사회에 인불(人佛)사상 바이러스를 퍼뜨리고 있다. 이 바이러스에 감염된 사람은 자긍심을 갖게 될 뿐만 아니라 다른 사람도 존중하게 되고 세상은 일체 평등임을 절감하게 된다.

"인불사상이란 사람이 곧 부처님이라는 사상입니다. 사람이 곧 부처님이며, 모든 사람을 부처님으로 받들어 섬기자는 것이지요. 《화엄경》에 '심불급중생 시삼무차별(心佛及衆生 是三無差別)'이라는 말이 있어요. 사람의 마음과 부처님과 중생이 차별이 없고 모두 평등하다는 뜻이지요. 사람이 곧 부처님이요, 중생이 또한 부처님이요, 부처님이 중생이요, 부처님이 또한 사람이며, 사람의 마음입니다. 사람이란 것도 마음이요, 마음이란 것도 사람입니다. 우리는 모든 사람들을 부처님으로 받들어 섬겨야 합니다."

우리는 스님의 인불사상을 통해서 상대방을 부처님처럼 공경하며 찬탄해야 하는 이유를 알았다. 문득 휘트먼의 시 〈보다 감명 깊은 가르침〉이 떠올랐다.

당신은 당신을 찬양하며 당신에게 공손하고 당신에게 길을 비쳐주는 그런 사람들의 가르침을 배웠습니까?
당신은 당신을 멀리하고 당신에게 거만하여 당신을 무시하며 당신과 길을 차지하려고 싸우는 사람들의 위대한 가르침을 배우지 못했습니까?

평등을 주창했던 휘트먼은 오늘을 사는 우리에게 진정으로 공경받고 있는지를 묻고 있다. 우리는 과연 자타(自他)를 공경하면서 살고 있는지를 반성해보아야 할 것이다.

스님은 "인불사상을 자신 있게 주장하는 근거는 주로 《화엄경》과 《법화경》과 조사어록에서 찾는다"고 했다. 특히 스님은 《임제록》에서 큰 득력을 한 셈이라면서 임제 스님의 말씀을 인용했다.

그대들이 성인을 좋아하지만, 성인이란 성인이라는 이름일 뿐이다. 어떤 수행하는 이들은 오대산에 가서 문수보살을 친견하려한다. 그러나 그것은 벌써 틀린 일이다. 오대산에는 문수가 없다. 문수를 알고 싶은가? 다만 그대들의 눈앞에서 작용하는 그것, 처음과 끝이 다르지 않고 어딜 가든지 의심할 것 없는 그것이 바로 살아 있는 문수이다.

스님은 "자신이 바로 살아 있는 문수보살임을 알아야 한다"면서 인용한 구절에 대해 이렇게 설명했다.

"불자라면 당연히 성인을 좋아합니다. 그리하여 천불(千佛), 만불(萬佛)을 찾고 천 보살, 만 보살을 부릅니다. 그리고 불보살의 이름을

부르면서 천 배, 만 배를 합니다. 이런 모습이 아름답게도 보이지만 측은하게도 보입니다. 성인이라고 해서 그토록 좋아하면 반대로 범부는 아주 싫어할 것이고, 또 선을 그토록 좋아하면 악을 싫어할 것입니다. 사랑하고 미워하는 마음과 취하고 버리는 마음이 그렇게 들끓고 있으면 도(道)와는 멀어지지요. 무착 스님뿐만 아니라 수많은 불자가 오대산에 문수보살을 친견하러 가거나 몇 년에 걸쳐 일보일배(一步一拜)의 고행을 하면서 찾아갑니다. 하지만 임제 스님은 오대산에는 문수보살이 없으며, 이런 별난 행위는 벌써 틀린 짓이라 합니다. 부처를 찾고 보살을 찾는 사람들에게는 청천벽력 같은 말씀입

니다. 임제 스님은 정말 문수보살을 알고 싶다면 자신의 눈앞에서 지금 활용하고 있는 그것을 보라고 했어요. 시간적으로 공간적으로 너무도 구체적이고 분명한 그것, 그대가 참으로 살아 있는 문수보살 이라 했습니다. 임제 스님은 수천 년의 인류사에 떠오른 천 개의 태 양과 같아요."

무비 스님은 《임제록》을 '인간 해방의 대선언서'이며, 수억만 가 지의 방편을 다 걷어치우고 진실만 드러낸 말씀이라고 했다.

스님은 허리가 아파서 30분 이상 의자에 앉아 있는 것이 힘들고 실내에서도 운동화를 신어야 하는 등 병고가 계속되고 있다. 하지 만 대중을 향한 법문과 경전 연구는 더욱 열정적으로 진행하고 있 으니 스님은 천상 타고난 대강백임에 틀림없다. 이것을 좀더 깊이 생각해보면 편안함을 원하는 육신의 요구에 응하지 않고 '하지 않 으면 안 된다'며 자신을 몰아붙이는 강인한 의지에서 나온 것임을 알 수 있다.

스님은 자신의 인생에서 가장 큰 행운은 불법(佛法)을 만난 것이며 출가자의 길을 걷게 된 것이라고 한다. 스님은 초등학교에 들어가기 전에 서당을 다니면서 《천자문》, 《동몽선습》, 《명심보감》, 《통감》 등을 다 떼었다. 그리고 열네댓 살 때 이웃 마을에 있는 덕흥사에 갔 다가 동자승이 읽는 《초발심자경문》 한 구절을 읽고 발심했다. 반출 가승처럼 덕흥사를 부지런히 드나들면서 공부하다보니 불교에 깊 이 빠져들었고, 큰스님 밑에서 정식으로 공부하고 싶어 출가의 길로

나아간 것이다. 그때가 열일곱 살이었다.

스님은 "행인지 불행인지 몰라도 불국사로 출가하여《초발심자경문》을 배우면서 한 주 정도 있다가 사미계를 받았다"고 회고했다. 제대로 된 경전 공부를 위해서 범어사로 왔다. 기초반이라 할 수 있는 치문반에 들어가야 하는데, 치문반이 없어 서장반에 들어갔다. 월반을 한 셈이다. 서장반에서 함께 공부한 도반으로는 통광 스님과 무진장 스님이 있다.

"치문을 다 뗀 스님들과 함께 공부하는 것이 힘들어서 은사인 여환 스님께 강원 생활을 계속하지 못하겠다고 말씀드렸어요. 그랬더니 '중이 결제를 했으면 해제를 하고 나가야지. 결제 때는 부모가 죽어도 나가는 법이 아니다' 라고 하시데요. 그 말씀을 듣고 힘들다는 마음을 내려놓고 죽을힘을 다해 공부했더니 도반들과 실력이 비슷해지더군요."

범어사 강원에서 공부를 다 마치지 못하고 은해사에서 각성 스님 문하에서 공부하고, 졸업은 해인사에서 했다. 이것은 스님의 뜻이 아니라 그때는 불교정화운동이 한창이어서 학인으로 차출되어 이리저리 옮겨다닐 수밖에 없었다. 스님은 관응 스님, 탄허 스님, 운허 스님 등 당대 최고의 선지식들로부터 경전을 배우고 전강 스님, 효봉 스님, 성철 스님 등 제방의 훌륭한 선지식들로부터 선을 배웠으니 스승 복이 참으로 많은 분이다. 스님은 이렇게 여러 스승들에게서 배운 지식을 1976년 통도사 강주를 시작으로 수십 년간 후학들에게 아낌없이 베풀었다.

스님은 경학에만 능한 것이 아니라 선(禪)에도 혜(慧)가 밝은 분이다. 해인사 강원을 졸업하고 일주문 밖에도 나가지 않고 곧바로 선방에 들어가서 공부를 했다. 그때부터 10년의 세월 동안 걸망 지고 당대의 큰스님들을 찾아다니면서 공부했다. 스님은 "참선과 경전 공부하는 것을 나누어 생각한 적이 없다. 지금도 내 마음에서는 선방 생활하는 것과 다름이 없다"고 했다.

스님은 화두 참선이 좋긴 하지만 지금 사람들에게는 너무 어렵다고 했다.

"수천수만 가지의 정보가 넘치고 사람들의 정신세계가 산만한 이 시대에는 산만함을 몰아내는 방편이 필요해요. 내가 보기에는 듣고 감동할 수 있는 불조(佛祖)의 말씀이 지름길이에요. 화두 의심이 저절로 되어야 하는데, 안 되니까 염불처럼 외워버리는 것이지요. 이것은 참선도 염불도 아무것도 아닙니다. 그러나 경을 읽어나간다면 맛도 느끼고 감동하면 마음이 움직여서 행으로 실천하고 그러면 깨달음의 길로 가게 되는 것이지요. 부처님은 늘 제자들에게 당신이 설하신 것을 반복해서 합송하는 시간을 많이 갖도록 했어요. 불교에서는 듣고 사유하고 실천하는 문사수(聞思修)가 기본입니다. 부처님 말씀을 귀 기울여 듣다보면 지혜가 생기고 그러다보면 스스로 해답을 얻게 되지요."

사람들이 공부가 된다 안 된다고 이야기하지만 자신의 인생에 불

교 공부가 무엇보다 가치가 있고, 화두 공부가 꼭 필요하다고 생각하면 저절로 공부가 된다고 했다.

스님이 불교적 가치관으로 살고자 하는 사람에게 권하고 싶은 것이 《화엄경》의 〈보현행원품〉이란다. 훌륭한 꿈과 희망으로 많은 사람들에게 큰 이익을 줄 수 있을 때 그 사람의 삶이 빛나게 될 것이라면서 〈보현행원품〉은 불교적인 삶이 무엇인지를 잘 보여주고 있다고 했다. 보현보살의 열 가지 서원 중 불자들이 꼭 새겨들어야 할 몇 가지 서원의 의미를 여쭈었다.

"스스로의 업장을 참회한다는 것은 미혹을 제거한다는 의미입니다. 미혹으로 업을 짓고 업장 때문에 고통이 따르는 것이지요. 사람들이 말하는 죄업이란 독립된 자성이 있는 것이 아니라 사람들의 마음으로부터 일어나는 것입니다. 하지만 그 마음 또한 고정된 존재가 아니기 때문에 마음이 존재하지 않습니다. 이것만 알면 죄업도 존재하지 않는다는 사실을 깨달을 것입니다. 모든 것이 텅 비어 없을 때 이것이 바로 진정한 참회입니다."

스님은 〈보현행원품〉 중 '남의 공덕을 따라 기뻐하라'는 덕목 또한 아주 중요하다고 했다.

"인간으로서 의식이 있는 사람이라면 남의 공덕을 따라서 기뻐할 줄 알아야 합니다. 남이 잘하고 훌륭한 점을 깎아내리거나 시기하고 질투한다면 속된 사람일 뿐만 아니라 불자라고 할 수 없습니다. 남의 공덕을 진심으로 기뻐할 줄 아는 마음은 아름다워요. 남이 한 일

을 긍정적으로 바라보고 적극적으로 찾아내어 찬탄하고 기뻐하는 습관을 기르고 생활화해야 합니다. 남의 잘한 일을 찾아서 긍정적으로 바라보고 진심으로 기뻐한다면 순간순간이 기쁜 순간이며 매일 매일이 기쁜 날이 될 것입니다."

스님은 《화엄경》의 결론이자 불교의 결론인 〈보현행원품〉은 이렇게 간단명료하고 쉽다면서 적극적으로 실천하기를 권했다. 눈이 깨달았으면 손도 깨달아야 한다는 것이 스님의 철학이다.

무비 스님은 《화엄경》, 《법화경》, 《유마경》, 《금강경》, 《금강경 오가해》 등 수많은 경전을 번역했다. 스님의 손을 거치면 아무리 어려

운 경전도 뜻이 적확하면서도 평이한 문체로 탈바꿈하여 대중에게 다가온다. 구마라집 스님은 범문(梵文)을 중국어로 바꾸면 그 아름다운 문채(文彩)를 잃어버릴 것을 염려하면서 "잘 조율된 현악기가 아름다운 소리를 내듯이, 번역이란 문체와 운율도 아름다워야 한다"고 했다. 구마라집 스님의 말씀처럼 무비 스님의 번역은 문체가 유려하여 경전 읽는 재미를 더해준다.

평생을 존경받는 학자이자 강백으로서 살아왔는데, 그 비결이 무엇인지를 여쭈었다. 스님은 호탕하게 웃으면서 그렇게 보이느냐고 되물었다.

"수연무작(隨緣無作)이라, 세상사 모든 것을 물 흐르듯이 살아야 한다는 뜻입니다. 억지로 하지 말고 인연을 성숙시켜 산다면 세상과 크게 다툴 일이 없을 것입니다. 인연을 따를 줄 알아야 해요. 부처님께서 깨달은 것이 연기의 도리 아닙니까? 제가 강단에 서게 된 것도 마치 송곳을 주머니에 넣고 다니면 삐죽이 나오듯이 저절로 그리 되었지요. 인연을 거스르지 않고 순리대로 살아왔을 뿐 달리 비결은 없어요."

스님은 흐르는 물처럼 살라고 강조한다. 그 말에는 '인연 따라 살라'는 의미도 있지만 '물의 본성을 배우라'는 뜻도 내포되어 있다. 물은 높고 낮음을 가리지 않을뿐더러 깨끗하다 더럽다는 분별없이 모두 품어 안고 흘러간다. 스님은 물처럼 분별하지 말고 모든 사람을 부처로 알고 대하라고 다시 한 번 강조한다. 내 눈에는 나쁘게 비

칠지라도 모두가 부처의 가치를 지니고 있기 때문이다.

스님의 묵묵한 열정이 불가(佛家)는 물론이고 우리 사회에 큰 변화를 가져오고 있다. 우리 모두는 '사람이 곧 부처' 라는 인불 바이러스에 노출되어 있다. 이제 감염되는 일만이 남아 있다. 매일 밤 부처님을 안고 자고 매일 아침 부처님과 함께 일어나는 그 짜릿함을 경험하고 싶은가? 답은 인불사상에 있다.

🌸 무비 스님 ────────────────────────────

부산 범어사에서 여환 스님을 은사로 출가. 해인사 강원 졸업. 해인사, 통도사 등 여러 선원에서 안거. 오대산 월정사에서 탄허 스님을 모시고 경전 공부. 탄허 스님의 법맥을 이음. 대강백으로 통도사 범어사 강주, 조계종 승가대학원장, 조계종 교육원장 역임. 지금은 범어사 한주로 인터넷 카페 '염화실' 을 열어 법을 나눔. 저서 및 역서로 《법화경, 이것이 불교다》, 《금강경 강의》, 《금강경 오가해》, 《화엄경 강의》, 《지장경 강의》, 《임제록 강설》 등이 있음.

현 성 스님

고통은 나누고 분별하는 마음에서 시작된다

서울 홍은동에 위치한 현성정사로 가는 길에는 장미꽃이 흐드러지게 피어 오가는 사람들의 마음을 설레게 만들었다. 갖가지 빛깔의 장미꽃들에게 망설임 없이 마음을 내주면서 걸었다. 장미꽃을 보면서 문득 저렇듯 아름다운 꽃에 가시가 있음을 애달파하지 말고 저토록 날카로운 가시나무에도 아름다운 꽃이 피었음을 장하게 여겨야 한다는 시 한 구절이 떠올랐다.

현성 스님은 '백미 스님'으로 널리 알려져 있다. 스님의 눈썹이 하얗다고 해서 백미 스님이라 부르기도 하지만, 양로원을 비롯하여 불우한 사람들에게 쌀 보시를 많이 한다고 해서 붙여진 별칭이기도 하다.

"1980년에 도선사 주지를 맡았어요. 12년간 주지 소임을 맡아 일했는데, 여름철에 홍수가 나서 수재민이 발생하거나 하면 구청장보다 먼저 현장에 달려가서 쌀을 건네주었지요. 그리고 매년 부처님오신날과 추석, 그리고 설날이 되면 도봉구청에 80킬로그램짜리 쌀 50가마를 보냈습니다. 그 쌀이 소년소녀 가장을 비롯하여 불우한 사람들에게 돌아가도록 했고요."

스님은 독거 노인들에게 쌀 70가마를 보시하는가 하면 1978년부터 지금까지 안양교도소에서 한 달에 한 번씩 법문을 해오고 있다. 또 여느 해와 마찬가지로 올해 부처님오신날에도 2,600명의 재소자들에게 빵과 두유를 나누어주었다. 과연 백미 스님이라 불릴 만하다는 생각이 들었다.

짧은 명줄을 잇기 위해 산문에 발을 들여놓은 지 50년의 세월이 흘렀다. 스님에게 출가 동기를 물었더니 가슴 아픈 속가 이야기를 들려주었다. 어린 시절 집에는 아름드리 느티나무 세 그루가 있었다. 어느 날 집을 그늘지게 만든다고 해서 느티나무 세 그루를 베어냈는데, 갑자기 형과 누나가 세상을 떠났다. 동네 사람들은 목신이 화가 났다고 했다. 스님은 어쩌면 자신도 죽을지 모른다는 불안감에 시달렸고, 어머니는 어머니대로 여러 절에 아들을 부처님의 자식으로 팔았다. 이러한 인연이 스님을 출가로 길로 이끌었다.

스님은 부처님의 제자가 되어 귀한 진리 속에서 살아가는 것이 감사한 일이며, 일흔이 넘도록 명을 이어가고 있으니 이것 또한 부처님의 가피이며 감사한 일이라 했다. 그리고 이 우주 법계에 대한 감사한 마음을 주변의 어려운 사람들과 함께 나누고 싶다고 했다.

"남의 행복도 내 행복처럼 생각하여 도와주는 무연 자비행은 내가 행복해지는 지름길입니다. 그런데 우리는 서로 조건 없이 베푸는 것에 인색해요. 인색함이란 한 치 앞을 내다볼 수 없는 자기 사슬에 얽매이게 하기 때문에 사람들 사이의 화합을 깨뜨리는 것은 물론 타인

에 대한 은혜를 잊게 합니다. 관용과 이해로 세상을 바라보면 삼라만상의 온갖 것이 공생공존한다는 것을 깨닫게 되고 그러면 감사하는 마음만이 오롯할 뿐입니다."

감사할 줄 모르고 베풀 줄 모르는 그 자리에는 분함과 노여움, 증오와 원망이 자랄 수 있는 바탕이 되기에 세상을 향하여 감사와 은혜로움을 나타내라고 했다. 스님은 또 '지금 여기에 살 것'을 강조했다. 나중에 돈 많이 벌어서 좋은 일 하겠다는 생각은 버리고 가진 것이 적다고 투정하지도 말고 현재 내가 나눌 수 있는 작은 것부터 나눌 것을 당부했다.

은사인 청담 스님은 정각(正覺)을 이루기 위해서는 행동해야 하며, 정각을 이룬 다음에도 행동하라고 일렀다. 불자라면 승속을 막론하고 육바라밀을 실천해야 한다는 가르침이다. 스님은 은사 스님의 뜻을 이어 소외된 사람들에게 쌀과 함께 웃음과 행복을 선물하는 것이다.

스님은 1960년대 도선사에서 은사 스님을 모시고 시래기죽을 먹으면서 하루에 나무 넉 짐씩 해다 나를 때가 좋았다고 회고했다.

"그때 원주(절의 사무를 주재하는 사람)를 살았는데, 장 보랴 공양간에서 일하랴 눈코 뜰 새 없었어요. 노장님은 공양간에 보살들 들이지 말고 우리에게 직접 공양을 지으라고 했어요. 따를 수밖에 없었어요. 어쩌다 객승이 오면 시래기죽에 물 한 바가지 더 붓고 끓여서 나눠 먹었을 정도로 가난했어요."

스님은 돌이켜보면 시래기죽을 먹으면서 울력하고 살았던 삶이 수행이고 정진이었다고 했다.

"청담 스님이 몸이 아파 한쪽으로 풍이 왔어요. 그래서 외출해서 돌아오시면 내가 우이동까지 마대를 가지고 내려가서 모시고 왔어요. 하루는 깔딱고개에서 쉬고 있는데 스님이 '내가 불교 정화한다고 원결을 맺은 사람이 더러 있다. 만약 그 사람이 이 자리에 나타나 나를 때린다면 너는 어떻게 하겠는가?' 하고 물었어요."

현성 스님은 마치 스승이 맞기라도 한 것처럼 "아니, 스승이 맞고 있는데 가만있을 제자가 어디 있습니까? 때려주어야지"라고 큰 소리로 말했다. 그러자 은사 스님은 고개를 흔들면서 이렇게 말했다.

"맞는다고 해서 때리는 것은 중이 아니다. 너는 합장하고 나무아미타불 염불하고 있거라. 그 사람과 악연이 있어 내가 당하는 것이니 너는 나설 이유가 없다. 앞으로 중노릇을 하려면 남에게 좀 지고 살아야 한다. 내가 보기에 너는 성격이 급하다. 그것은 고쳐야 한다. 지는 순간에는 슬프고 마음 아프지만 나중에는 그것이 이기는 그 도리를 알아야 한다."

"은사 스님의 이 말씀을 평생 가르침으로 받들고 있어요. 남한테 좀 지고 살면 세상에 해결 안 될 일이 없습니다."

현성 스님은 그때는 '지는 것이 이기는 것'이라는 말뜻을 이해하기 어려웠다. 하지만 세월이 흐르고 은사 스님이 떠난 지 한참이 지나서야 비로소 그 의미를 실감했다.

"청담 스님께서 열반하신 후 사리를 수습했더니 온몸이 사리였어요. 셀 수가 없을 정도였지요. 그때 성철 스님께서 청담 스님이 상녈 사람이 아니니 사리가 나왔다는 것을 대중에게 알리지 말라고 했어요. 그러자 노장 스님들께서 안 나온 사리도 나왔다고 속이는데, 이렇게 많이 나왔는데 왜 감추려 하느냐고 했지요. 결국 팔정도를 상징하는 의미에서 여덟 과만 나왔다고 대중에게 알렸어요. 지금 생각하면 참으로 아쉬운 일입니다."

청담 스님의 열반 이야기를 하면서 성철 스님이 도선사에 머물렀을 때의 일화를 들려주었다.

"성철 스님은 청담 스님보다 열 살 아래인데도 은사 스님께 반말도 하고 욕도 하고 그랬어요. 제 눈에는 은사 스님을 막 대하는 것 같아서 하루는 성철 스님께 따졌지요. 그랬더니 성철 스님께서 '지금 조계종단에서 청담 스님만큼 많이 알고 공부가 높은 사람이 없어. 그것을 우리가 배워야 하지 않겠나? 법거량할 사람이 없어 청담 스님이 산중으로 들어가버리면 어쩌겠노. 이것도 다 공부니까 그렇게 이해하라' 라는 말씀에 은사 스님을 더욱 존경하게 되었어요."

현성 스님의 행자 시절 이야기를 듣고 싶다고 했더니 도선사에서 쫓겨난 사건을 들려주었다.

"그때는 절에서 할 일이 너무 많아서 공부를 하거나 정진을 하는 것을 생각조차 못했어요. 냉장고가 없던 시절이니 제사 준비를 위해 거의 날마다 수십 리 길을 걸어서 장을 봐다 날라야 했고, 공양간 일은 해도 해도 끝이 없었어요. 그런데 가만 보니 나만 바쁘게 일하는 것 같았어요. 그래서 하루는 장에 가면서 한 도반에게 바빠서 그러니 장삼을 세탁해주면 안 되겠느냐고 부탁했다가 시비가 붙었어요.”

스님이 서로 돕고 살면 좋지 않겠느냐고 했더니 그 도반이 남한테 폐를 끼쳐서는 안 된다고 하더란다. 그래서 스님은 꿀밤 한 대씩을 때렸는데, 그길로 세 명의 도반이 절 밖으로 나가버렸다.

“며칠 뒤 청담 스님이 그 도반들을 다시 데리고 와서 나를 불러 앉혀놓고 ‘현성아, 너는 여기가 살 곳이 아니다. 주먹 쓰고 살려면 깡패 사는 곳으로 가라’고 하데요. 그제야 정신이 번쩍 들어 ‘큰스님 한 번만 용서해주이소’하고 빌었지만 청담 스님은 단호한 어조로 ‘안 된다! 가거라’고 하시데요. 어린 나이에 눈물이 쏟아집디다.”

스님은 도선사를 나와 영천 은해사로 향했다. 차비가 없어서 몇날 며칠을 걸었다. 하루는 꿈을 꾸었는데 청담 스님이 육환장을 짚고 나타나서는 “중노릇 잘하려면 부산 선암사로 가라”고 선몽을 했다. 스님은 꿈속에서도 “쫓아낼 때는 언제고 여기 가라 저기 가라 하시느냐”고 따져 물었다. 하지만 꿈에서 깨고 난 뒤 은사 스님의 말씀이 머릿속에서 맴돌았다. 스님은 부산 선암사로 갔다.

“선암사 선방에서 공부하기로 마음먹고 석암 큰스님을 찾아갔어요. 석암 큰스님께서 나를 보시더니 여기는 선방이라 하더라도 농사를 지어야 하는데 할 수 있겠느냐, 나무를 해야 하는데 할 수 있겠느냐, 또 참선하다가도 제사가 들어오면 중단하고 《금강경》을 읽어줄

수 있겠느냐, 제사 음식도 가리지 않고 먹을 수 있겠느냐고 묻더군요. 그래서 인간이 할 수 있는 일이면 뭐든지 할 수 있다고 대답했습니다. 방부를 들여도 좋다는 석암 스님의 허락에 어찌나 좋던지……. 그동안 일하느라 참선을 해보지 않아서 정해진 시간에 맞춰 앉아 있는 것도 힘들고 눈알이 빠질 것 같고 얼굴은 벌겋게 상기되는 그런 상태가 되데요. 한 1주일쯤 지나서 내 상태를 알아차린 석암 스님이 공부가 어떠냐고 물으시길래 사실대로 말씀드렸어요. 석암 스님은 그렇게 하면 상기병이 올 수 있다면서 기운을 위로 올리지 말고 밑으로 빼라고 했어요. 스님의 처방대로 했더니 치성한 기운이 아래로 빠지면서 몸이 가벼워집디다. 그때는 가난한 시절이라 몸에 이도 많고 그랬어요. 한겨울에도 누비 두루마기도 없고 내복도 한 벌밖에 없어 추위에 떨면서 공부했어요. 그럼에도 참으로 신심이 절로 나던 시절이었지요."

스님은 그때 공부한 기운을 받아서 바로 21일 용맹정진에 들어갔다. 며칠 동안은 잠을 못 이겨 고생했지만 그 고비를 넘기니 잠을 자나 안 자나 별 차이가 없었다. 27명이 용맹정진에 들어갔는데 끝까지 해낸 사람은 불과 7명뿐이었다.

"21일 용맹정진을 하고 나니 다른 사람이 된 것 같았어요. 선가에서는 선방 문고리 잡아본 사람과 안 잡아본 사람은 다르다고 하는데 그렇게 말하는 이유가 있어요. 한 철 살고 나니 석암 스님께서 산철에 백일기도를 할 수 있겠느냐고 물으시데요. 그 말에 그렇게 기분 좋을 수가 없었어요. 석암 스님께 인정을 받았잖아요."

그 후 스님은 석암 스님 모시고 공부도 계속하고 천일기도도 올리면서 석암사에 11년을 머물렀다.

석암 스님이 열반하실 때 〈범망경강의록〉과 〈오계책자〉를 받았는데, 이렇게 해서 현성 스님은 석암 스님의 법제자가 되었다. 선암사에서 공부한 것이 평생을 두고 수행자로서 살아가는 데 버팀목이 된다고 하니 참선의 힘이 얼마나 큰지 새삼 느낄 수 있었다.

스님은 도선사 주지를 12년간 맡으면서 많은 불사를 한 것으로도 유명하다. 그 이야기를 듣고 싶었다.

"1980년대 초 새마을 교육을 받으러 갔을 때 당시 내무부 장관이던 노태우 씨와 같은 방을 쓰게 되었어요. 그 인연으로 도선사 증축을 할 수 있었지요. 그때 도선사는 군사보호지역에다 그린벨트로 규제를 받았어요. 열 몇 평에 불과한 대웅전과 요사채를 조금 넓힐 수 있었고 일주문을 새로 하나 만들어서 사찰의 모양새를 갖추었습니다."

우리 눈에는 불사가 그냥저냥 이루어진 것 같지만 그 뒤에는 스님

의 이 같은 숨은 노력이 있었던 것이다. 스님은 도선사 주지 소임을 맡았을 때 전방 부대에 법당을 13개 정도 지었다. 국방부에서 지원을 받고 부족한 자금은 절에서 보조를 하는 정도였지만 1년에 80평 되는 법당을 하나씩 만들어내니 주위에서 스님을 두고 "별 3개쯤은 달아도 된다"는 우스갯소리를 했다. 보살들과 함께 밤새도록 떡을 만들어 군부대 일요법회에 가는 등 그때는 참으로 신바람 나게 일했다고 덧붙였다.

스님이 1963년에 출가하여 50여 년간 많은 일을 이룰 수 있었던 것은 모든 일을 순리대로 처리했기 때문이다.

"부처님은 '모든 실상의 성품이 청정하기 때문에 한 몸이 청정하고, 한 몸이 청정하므로 여러 몸이 청정하며, 여러 몸이 청정하므로 시방 세계 중생의 원각도 청정하다. 현 세계가 청정하므로 여러 세계가 청정하고 여러 세계가 청정하므로 마침내 허공과 삼세를 두루 싸 모든 것이 평등하고 청정해서 움직이지 않는다'고 하셨습니다. 우리의 한 마음을 청정히 함으로써 곧 우주가 청정해지는 것이며, 이것은 한 마음 속에 극락이 있음을 말씀하신 것입니다. 사람들은 나와 너, 흰 것과 검은 것, 선과 악 등 모든 것을 분리해서 생각하는 데 길들여져 있어요. 지구상의 모든 어려움과 고통은 따지고 보면 나누고 분별하는 마음에서부터 시작된다고 할 수 있어요. 그런데 욕심이 없는 사람은 세상을 나누어 바라보지 않습니다. 왜냐하면 한 마음 그대로가 청정하기 때문에 하나가 곧 전체요, 전체가 곧 하나인 세계 속에서 살고 있기 때문입니다. 나와 남이 다르지 않고 내가 곧 그요, 그 또한 나일 수 있는 세계 속에서 언제나 편안하게 살 수 있어요."

스님은 "지금 내가 서 있는 이 자리에서 나 자신의 한 마음을 청정히 밝힌다면 세상은 곧 극락이 될 것"이라 했다. 가족간의 화목 또한 아주 중요한 덕목임을 강조했다.

"부모님이나 남편, 아내, 자식에게 화가 나더라도 그 자리에서 화를 내기보다는 화두를 잡고 나를 들여다보십시오. 그러면 모든 일이 잘 풀릴 것입니다. 남에게 좀 지고 살면 참으로 행복해요."

남에게 지고 산다는 것은 아상(我相)을 내려놓는 것이며, 이것이 바로 인욕바라밀이다. 평생을 두고 쌀을 보시하여 '백미 스님'으로 불리는 스님이야말로 육바라밀 가운데 보시바라밀과 인욕바라밀을 몸소 실천하고 있음이 틀림없다.

🌐현성 스님

서울 선학원에서 청담 스님을 은사로 득도. 1965년 부산 선암사에서 동산 스님을 계사로 보살계와 비구계를 수지. 1965년 부산 선암사에서 10안거 성만. 1969년 대율사 석암 스님으로부터 경하(霞)라는 법호를 받음. 동국대학교 행정대학원 행정학 석사 과정과 동대학 불교대학원에서 사회복지학 석사 과정을 수료. 중앙종회의원(4, 5, 6, 8대), 청담학원 이사장, 동국대 이사, 중앙승가대 총장 등을 역임. 제43회 세계인권선언의 날 국민훈장 동백장 수상. 지금은 서울 홍은동 현성정사에 주석.

현해 스님

부처님 마음으로 살면 장애도 사라진다

북한산 자락에 자리 잡은 월정사 포교당 법종사를 찾았다. 현해 스님은 이런저런 소임을 다 놓아버리고 나니 참으로 편안하다면서 환하게 웃었다. 요즘은 소일 삼아 붓글씨를 쓰고 있다지만, 밥 먹고 잠자는 시간 외에는 오롯이 붓과 먹을 대하고 있으니 이것 또한 수행이 아닌가 싶다. 처소를 가득 채우고 있는 은은한 묵향 또한 스님의 수행의 향기로 다가온다. 스님은 견성성불은커녕 출가할 때보다 한 걸음도 더 나아가지 못했다고 한탄했다. 하지만 스님의 이런 한탄은 한탄에 지나지 않는다. 그도 그럴 것이 스님은 《법화경》 연구에 일생을 바친 권위자이다. 중앙승가대학과 동국대 불교학과에서 오랫동안 《법화경》을 강의했다.

스님은 언제 불가와 인연을 맺게 되었을까. 어느 날 스님은 오대산 월정사에 대학생 50여 명을 모아놓고 공부를 가르치는 도인이 있다는 소문을 들었다. 스님은 출가하려는 생각도 없었고 불교도 모른 채 오로지 도인을 만나야겠다는 생각으로 그곳을 찾아갔다. 그러나 도인이라는 탄허 스님은 안 계시고 오대산 수도학교 학생들도 흩어지고 없었다. 오갈 데 없던 스님은 월정사에 눌러앉아 나무하고 밥

하면서 살았다. 주지 스님이 〈천수경〉을 외우라고 해도 마다하고 불목하니처럼 살았다. 그러던 어느 날 월정사 뒷방에 머물던 노인이 원효 스님의 《발심수행장》을 읽고 있었는데 그 내용이 가슴을 쳤다.

'삼일수심천재보 백년탐물일조진(三日修心天載寶 百年貪物一朝塵), 3일간 닦은 마음은 천년의 보배요, 평생 동안 탐착한 재물은 하루아침의 티끌과 같다'는 《초발심자경문》 구절을 듣고 스님은 그 자리에서 발심하고 출가를 결심했다. 그렇게 해서 불가에 발을 들여놓은 지 반세기가 지났다. 스님의 반세기를 돌이켜보면 24년간은 불학 연구에 전념하고 24년간은 사판(事判)에서 일했다.

스님은 6·25전쟁으로 인하여 가세가 기울자 공부를 계속할 수 없었다. 월사금을 내지 못해 고등학교 2학년 2학기 시험을 치르지 못한 채 학교를 그만두었다. 공부에 대한 미련을 떨칠 수가 없어 출가 후에 학업을 이어갔다. 종비 1기생으로 동국대학교 불교학과를 졸업한 것이다. 그 뒤 동국대학교 대학원 과정을 마치고 일본에 건너가 고마자와 대학에서 박사 과정을 수료했으며, 와세다 대학에서 동양철학을 다이쇼 대학에서 천태학을 공부했다. 일본에서 공부할 때 매달 집세를 마련하는 것조차 힘들었음에도 학업을 포기하겠다는 생각은 해본 적이 없었다.

스님은 《법화경요품강의》를 펴낸 것은 물론 산스크리트어본, 한문 번역본, 영문 번역본, 한글 번역본 등을 일일이 대조해가면서 《묘법연화경》을 완간했다. 《법화경》의 사상적 핵심이 궁금하여 여쭈었다.

《법화경》 사상을 한마디로 축약하면 '공즉유(空卽有)'라고 할 수 있어요. 일체의 존재는 자기라 고집할 것이 아무것도 없지만 엄연한 현실은 우리 눈앞에 전개되어 있다는 것입니다. 《법화경》은 중도(中道) 사상의 사회적 실천을 가르치는 경전 중 최고봉이라 할 수 있어요. 또 개권현실(開權顯實)을 가르치고 있고요. 중생을 위해 방편을 열어 중생으로 하여금 진실의 세계로 들어오도록 하려는 것입니다."

　《법화경》은 오히려 부처가 아닌 부처가 못된 중생에게 법을 설하는 것에 그 가치가 있다고 한다.

　스님은 《법화경요품강의》에서 〈상불경 보살품〉을 비중 있게 소개하고 있다. 상불경 보살을 가리켜 법화 세계의 기막힌 파수꾼이라고도 한다.

　……상불경 보살은 비구, 비구니, 우바새, 우바이를 모두 공경하고 찬탄하여 말하였다. "나는 그대들을 깊이 공경하고 가벼이 생각하지 않는다. 왜냐하면 그대들은 모두 보살의 도를 행하여 반드시 성불하기 때문이다." 상불경 보살은 멀리서 사부대중을 보면 또한 쫓아가서 예배하고 찬탄하며 "그대들은 모두 보살의 도를 행하여 반드시 성불할 것이다"라고 말하였다. 사부대중 가운데는 상불경 보살의 말을 듣고서는 성내는 마음을 내거나 마음이 맑지 못한 사람들은 욕하고 꾸짖었다. "이 어리석고 무지한 비구야, 너는 어디서 와서 우리를 가볍게 생각하지 않는다 하며 또 반드시 성불

하리라고 수기까지 하느냐." 어떤 이들은 막대기나 돌로 때리기도 하였다. 그래도 상불경 보살은 굽히지 않았다…….

스님은 〈상불경 보살품〉에 대해 이렇게 말했다.

"상불경 보살은 한 번도 경전을 독송한 적이 없는데 오직 다른 사람들에게 '당신은 부처가 될 것'이라는 말을 한 공덕으로 성불했어요. 반면에 그를 구박한 사람들은 나중에 지옥으로 떨어졌습니다. 이것은 곧 인간의 본성만 믿으면 성불할 수 있다는 이야기입니다. 또 〈상불경 보살품〉은 일체중생은 언젠가는 부처가 될 사람들이기 때문에 함부로 가벼이 할 수 없다는 의미도 내포되어 있음을 알아야 해요."

계성편시광장설 산색기비청정신(溪聲便是廣長舌 山色豈非淸淨身)
계곡의 흐르는 물소리 모두가 부처님 말씀인데
산천초목이 어찌 청정법신 비로자나 부처님이 아니겠는가.

스님은 소동파의 시 한 구절을 읊으면서 "내 자식도 부처요, 내 부모도 부처요, 내 형제도 부처요, 내 이웃도 부처이지요. 더 나아가 냇물, 나무, 돌 등 부처 아닌 것이 없어요"라고 했다.

스님이 적멸보궁에서 단식하면서 3주간 기도했을 때의 이야기이다. 깊은 산중이라 사람들의 왕래가 드물어 동물들과 더불어 살았

다. 법당에서 목탁 소리가 나면 까마귀와 다람쥐가 모여들었는데, 스님이 헌식(獻食)을 가져가면 도망가지 않고 마치 기다렸다는 듯이 스님 주위로 모여들었다.

"그때 짐승이 먼저 사람의 심성을 헤아려 볼 줄 안다는 것을 깨달았어요. 어떤 사람에 대해 미운 감정을 품고 있으면 겉으로는 안 그런 척해도 상대방이 먼저 알고 경계심을 갖습니다. 그렇기 때문에 남을 미워하는 것은 바로 내 악업을 형성하는 것입니다. 이런 마음을 다스리려면 평소에 염불을 하여 부처님을 마음에 새겨야 합니다. 부처 같은 마음으로 사는데 누가 미워하겠어요. 그러면 자연히 장애도 없어지게 됩니다."

사람들은 불교가 어렵다고 한다. 그러나 스님은 생활 속에서 부처님의 법문을 실천하는 것이 불교인데 어려울 것이 없다고 한다. 종교의 목적은 안심입명(安心立命)이다. 교리의 가르침을 밑바탕으로 하지 않고 맹신에 빠진다면 무속 신앙과 다를 바가 없으며, 또 교리에 빠지면 학문에 불과하다. 신심과 수행, 교리를 다 갖추어야 그것이 올바른 신앙 생활이 되는 것이다.

스님의 신념은 검소한 삶이다. 스님은 불가에서 무소유라고 하는 것은 검소함의 절정을 이르는 것이라 한다. 스님이 월정사에서 행자 생활을 할 때는 절 살림이 매우 궁핍했다. 겨울에는 쌀 구경은 할 수도 없었고 알감자와 옥수수만으로 끼니를 때웠다. 어느 날 모처럼 시주로 들어온 쌀 몇 톨을 땅에 흘렸다가 두 시간 넘게 꼼짝 못하고 서서 은사 스님의 법문을 들어야 했다. 검박한 생활이 몸에 밴 스님은 휴지 한 장도 아껴 쓰며 양말도 기워서 신는다. 스님 또한 상좌들에게 검소한 생활을 강조하지만, 요즘에는 이러한 가르침에 한계가 있음을 느낀다. 옛날에는 누구나 할 것 없이 가난했지만, 지금은 모든 것이 풍족하고, 이미 속가에서 풍족함을 누렸던 사람들이 아닌가. 스님이 공부하던 시절의 검소함을 강요할 수는 없다. 그래도 모름지기 풍족함보다는 부족함 속에서 공부가 되는 것이라고 스님은 생각한다. 또한 공직을 맡은 자는 공금을 무섭게 여기고 수행자는 돈을 멀리해야 한다는 스님의 원칙에는 변함이 없다.

용아선사는 "도를 배우려거든 가난부터 배워라. 가난해진 뒤에는 도와 바로 친해지리라"라고 했다.

"가진 것에 대해서 늘 감사하게 생각하고 못 가진 것에 대해서 기도하는 마음으로 선업을 베풀면 모든 것이 자신에게로 돌아갈 것입니다. 가진 것에 대해 감사하라는 것은 자신이 지닌 것이 충분하다고 여기면서 검소하게 살아야 한다는 의미이며, 못 가진 것에 대해서 기도하라는 것은 과욕을 부리지 말고 헛된 꿈이나 망상을 버리라는 것입니다."

스님은 육조선사의 시를 읊어주었다.

자신의 성품 가운데 삿된 소견과 삼독이 생기면
곧바로 마왕이 찾아와 내 집에 머물게 되나니

올바른 소견으로 스스로 탐진치를 없애면

마군이 변하여 부처가 되고 그 가운데 거짓 없는 참됨뿐이로다.

우리 생각 가운데 어떤 것들은 욕심과 삿된 생각을 일으켜 모든 재앙과 환란이 내 집안에 저절로 일어나게 한다. 이에 올바른 생각을 일으켜서 욕심내는 마음, 성내는 마음, 어리석은 마음을 없애면 마구니가 변해서 부처님이 되고 그 가운데 거짓 없는 참됨만이 남게 된다는 뜻이라 한다.

현해 스님은 은사 스님에게 배운 것이 두 가지 있다. 하나는 어른의 말에 절대 복종해야 한다는 것이다. 그 시절에는 어른의 말이 곧 법이요 진리였다고 한다. 다른 하나는 절을 중건하는 데는 어떤 이유가 있을 수 없다는 것이다. 밥을 굶더라도 불사를 해야 한다는 신념을 지녔던 만화 스님은 20년간 월정사 주지 소임을 맡아서 1964년 적광전을 중창한 것을 시작으로 전각 10여 동을 복원했다. 현해 스님은 그런 은사 스님의 뜻을 이어서 12년간 주지를 지내면서 용검루, 삼성각, 범종루, 보장각, 불이문, 성보박물관, 서별당 등을 고치거나 새로 지었다. 이렇게 해서 월정사는 불타기 전보다 훨씬 규모가 커졌다. 이러한 스님들의 숨은 원력이 있었기에 월정사에 들어서는 순간 많은 사람들은 새로이 발심을 하고 아울러 환희심을 느끼게 되는 것이다.

오대산에는 오랜 3대 숙원사업이 있었다. 첫째는 항상 물이 부족

했던 월정사에 수도를 설치하는 것이었고, 둘째는 진부에 유치원을 짓는 것이었고, 셋째는 서울에 포교당을 짓는 것이었다. 이 세 가지를 현해 스님이 모두 이루어냈다.

스님이 월정사에서 공양주 소임을 맡았을 때의 일이다. 저녁 공양 준비를 위해 지장암에서 표고버섯을 따고 있는데 갑자기 비가 억수같이 내렸다. 지장암에서 하룻밤 자고 가도 되지만 은사 스님의 저녁 공양을 지어 올려야 한다는 생각에 공양주 보살이 붙드는 것도 마다하고 부랴부랴 길을 나섰다. 월정사로 가기 위해서는 내를 건너

야 하는데 물이 엄청나게 불어나서 건너가기에는 무리였다. 바지를 걷어붙이고 물속으로 들어가자 보기와 달리 물살이 거세어서 몸을 가눌 수가 없었다. 스님은 몇 번이나 물살에 휩쓸려 물을 들이마시면서도 은사 스님의 저녁 공양이 되어줄 버섯이 든 무거운 바랑을 벗어던지지 않았다. 세찬 물살 속에서 스님은 이렇게 죽는구나 하는 생각이 들었다. 우여곡절 끝에 스님은 무사히 내를 건너 은사 스님에게 저녁 공양을 지어 올렸다. 그날 일을 한참 뒤에 은사 스님에게 말씀드렸더니 "미련한 놈"이라고 한마디 하시더란다.

스님은 은사 스님인 만화 스님이 어떻게 어른을 모시고 수행했는지를 지켜보았다. 한암 스님이 열반하실 때 보름 동안 물도 마시지 않았다. 돌아가시기로 작정한 것이다. 한암 스님은 열반하시는 날 아침 상좌인 만화 스님에게 월정사거리에 가서 약을 지어오라고 했다.

"전쟁으로 상가와 민가가 다 불타버려 약을 구할 수가 없습니다."

만화 스님의 말이 끝나자마자 한암 스님의 호통이 날아왔다.

"어른이 시키면 시키는 대로 해야지 무슨 말이 그리 많아!"

만화 스님은 한약방이 없는 줄 알면서도 다시 산을 넘어서 불타버리고 없는 마을까지 갔다가 왔다. 그 시절에는 은사 스님의 말이 곧 법이고 진리였기에 설령 은사 스님의 말이 틀렸다고 해도 그대로 따랐다고 한다. 현해 스님 역시 은사 스님의 말이라 하면 조금도 틀림없이 행했다.

스님에게 다음 생에도 또 출가하겠느냐고 여쭈었다.

"출가 자체를 후회한 적은 없지만 종단이나 사찰 내 분규가 생길 때는 회의가 들더군요. 한 집안에서 출가한 사람이 나오면 그 길화가 구족(九族)까지 미친다는 말이 있지만 나는 그 말에 수긍하지 않아요. 부처님의 일대기를 살펴보면 부처님께서도 참으로 어려움이 많았어요. 이교도들로부터 끊임없이 시달림을 받았는가 하면 사랑하는 제자이자 사촌이기도 한 제바달다가 부처님을 배신하고 1,250명의 제자들 중 500명을 데리고 나가서 새로이 교단을 만들었어요. 또 석가족이 유리왕에게 몰살을 당하기도 했고요. 부처님께서는 아무리 어려움을 당해도 자비로서 그들을 구해주어야 한다고 생각하셨어요. 그런데 나는 어떤 괴로움을 겪게 되면 그 괴로움에서 벗어나고 싶다는 생각을 해요. 이것이 소승적인 것이지요."

대승적이라면 사람들을 자비로서 구해주어야겠다는 생각을 해야 하는데 스님은 그냥 벗어나고 싶으니 자비심이 부족한 것이라고 자책한다. 스님의 솔직한 그 말에서 인간미가 느껴진다. 그러면서 스님은 다음 생은 태어나고 싶지 않다는 말로 마무리를 한다.

스님은 사회가 아무리 혼탁해도 자신의 심지가 굳다면 흔들릴 일이 없다면서 사람의 마음은 솜과 같다고 했다. 잉크 옆에 가면 잉크를 빨아들이고 먹물 옆에 가면 먹물을 빨아들이는 것이 마음의 속성이다. 쉽게 빨아들이지 않으려면 솜을 기름에 푹 적셨다가 건져내면 어디에도 물들지 않듯이, 부처님 교리로 무장하고 그 속에 푹 젖게 되면 물들 일이 없다. 진흙 속에서 피는 연꽃처럼.

현
해
스
님

상불경 보살이 '당신은 성불할 것입니다' 라고 외쳤듯이 현해 스님 또한 혼탁한 세상에서 물들지 않고 어떻게 살아야 하는지 우리에게 길을 열어 보여주고 있다.

✿ 현해 스님

1958년 오대산 월정사에서 만화 스님을 은사로 득도. 해인사에서 자운 스님을 계사로 비구계 수지. 1968년 종비 1기생으로 동국대학교 불교학과를 졸업하고 동 대학원에서 석사 과정 수료. 이후 일본으로 건너가 고마자와 대학에서 박사 과정, 다이쇼 대학에서 명예 문학박사 학위 취득. 월정사 주지 역임. 조계종 3, 7, 10대 종회의원 역임. 지금은 오대산 월정사 회주이며 월정사 서울 포교당 법종사에 주석. 저서로 《법화경 요품 강의》, 《마하지관 연구》가 있음.

 천제 스님

오직 은사이신 성철 스님의 말씀을 따라 살 뿐

급작스럽게 병사한 아버지의 49재를 치르고 집으로 돌아
온 열다섯 살의 소년은 그대로 짐을 챙겨 성철 스님이 계시는 통영
안정사 천제굴로 갔다. 재를 마친 후 스님이 들려준 자상한 말이 소
년의 삶을 송두리째 바꾸어놓았던 것이다. 육남매의 맏이였던 소년
의 뒤를 이어 1년 후 여동생이 출가를 하고 이어서 어머니가 출가했
다. 이렇게 하여 육남매가 모두 출가하게 되었으니 세세생생 불가와
의 연이 두터운 집안이다. 이 소년이 해월정사의 회주 천제 스님이
다. 중앙승가대 불교학과 교수인 본각 스님이 천제 스님의 속가 막
내동생이다.

하나를 잃으면 하나를 얻는다고 했던가? 천제 스님은 육신의 부친
을 떠나보내고 마음의 부친 성철 스님을 만나게 되었다. 천제 스님
은 이것을 "전생의 인연을 그대로 이어 오늘에 이른 것"이라 믿고
있다.

스님의 책상 위에는 빛바랜 사진 한 장이 있다. 성철 스님이 100일
법문을 하실 때 출가한 육남매가 모두 모이게 되었다. 이때 성철 스
님이 모처럼 가족이 다 모였으니 기념으로 사진 한 장 찍어두라고

해서 성철 스님을 모시고 찍은 것으로 유일한 가족 사진이다.

불명(佛名)인 천제(闡提)의 의미에 대해 여쭈었다.

"성철 스님이 1951~1953년 안정사 토굴에서 수행하실 때 토굴 이름을 천제굴이라 지었어요. 중생의 업이 다하기 전에는 부처가 되지 않겠다는 뜻으로 지은 토굴의 이름이 그대로 내 불명이 되었지요. 높은 차원에서 보면 성불한다, 못한다고 하는 것은 별 의미가 없습니다. 이미 우리는 성불의 조건을 갖추고 있으니까요."

1953년 통영 안정사 천제굴에서 출가한 스님은 1993년 은사인 성철 스님이 열반하실 때까지 40년을 모셨다. 처음 10년은 천제굴에서의 '수행 행자'로서의 시봉이었다. 다음 10년은 성철 스님이 팔공산 성전암에서 은둔했던 시절이고, 그다음 10년은 성철 스님이 가야산 해인총림 방장으로 계시던 때 방장실장 자격으로 모셨다. 마지막 10년은 성철 스님이 조계종 종정으로 취임하여 열반하실 때까지 종정 사서실장 자격으로 시봉했다. 그 오랜 세월을 가까이에서 지켜보았으니 성철 스님의 눈빛만 보아도 그 속내를 알아차렸을 것 같다.

"성철 스님은 평생 동안 상좌를 두지 않겠다면서 상좌가 되려는 사람들을 모두 다른 스님들에게 보냈어요. 그때 저보고도 다른 스님의 상좌가 되라고 하셨으나 저는 계속 행자로 있겠다고 고집을 부렸어요. 1953년에 절에 들어가 1963년 팔공산 성전암을 나올 때쯤 사미계를 받았지요. 행자 생활이 만 10년이 되던 해, 은사 스님은 자운 스님께 계를 받게 하셨습니다."

이렇게 하여 천제 스님은 성철 스님의 맏상좌가 되었다. 해월(海月), 넓은 바다와 밝은 달빛이라는 이름은 불지(佛智)를 의미한다. 이곳 해월정사는 성철 스님이 생전에 비접(避接, 자리를 옮겨 병을 다스리는 일)을 하셨던 곳이자 성철 스님이 이곳을 좋아하여 동안거 해제를 하고 머물던 뜻 깊은 곳이다. 이렇듯 해월정사는 성철 스님의 흔적이 남겨진 곳이기에 천제 스님에게는 더욱 귀하다.

스님이 가장 아끼는 성철 스님의 메모가 있으니 1952년 10월 6일의 기록이다.

'중노릇, 모든 사람들을 부처님과 같이 섬긴다. 세상에서 가장 존경을 받는 위대한 인물은 모든 사람들을 가장 존경하는 사람이다. 受施如箭(수시여전)'

성철 스님의 모든 사람들을 부처님과 같이 섬기는 것이 중노릇 잘하는 것이라는 가르침과 함께 受施如箭(수시여전), 즉 '시주받기를 화살받는 것처럼 두려워하라' 는 가르침은 스님을 평생 동안 청정한 수행자로 살게 하는 버팀목이 되었다.

스님은 성철 스님과 더불어 산중에서 은둔자적인 삶을 살았다. 그러다 성철 스님이 마지못해 조계종 종정직을 수락했지만 행정은 총무원장에게 맡기고 관여하지 않았다. 당시 총무원장이었던 녹원 스님이 원활한 업무 처리를 위해 산에서 내려와줄 것을 몇 번이나 간청했지만 성철 스님은 '산승은 산에 있어야 한다' 면서 산을 내려가지 않았다. 결국 녹원 스님의 간청으로 총무원에 비서실을 두게 되었고, 천제 스님이 종정 사서실장 자격으로 종단에 파견되었다.

　그때 성철 스님은 세 가지 조건을 내세웠다. 첫째는 인사에 개입하지 말 것이며, 둘째는 재산 처분에 관여하지 말 것이며, 셋째는 큰 사찰 주지 하지 말라는 것이었다. 천제 스님이 종정 사서실장을 하겠다고 한 것도 산에서 내려오지 않는 성철 스님을 더 잘 모시기 위해서였다.

　평소 성철 스님은 봉암사 결사의 유래와 활동에 관한 회고, 교리에 대한 나름의 주석(註釋)과 불자들에게 남기는 법문을 틈틈이 적어두었다. 성철 스님은 해인사에 오래 주석했지만 평생 동안 메모한 친필은 해월정사에 두었다. 그런데 하루는 성철 스님이 천제 스님의 상좌를 불러 수십 년간 적은 메모를 건네주면서 아궁이에 넣어 태워버리라고 했다. 상좌가 정말 불에 태워도 되느냐고 묻자 천제 스님은 깜짝 놀라 원고를 받아서 잘 보관해두었다. 성철 스님 자신이 직접 메모들을 아궁이에 넣을 수도 있었는데 손상좌에게 태우라고 한 것은 다른 의미가 있다고 생각했기 때문이다.

　스님은 성철 스님의 가르침을 받들어 수행 정진하는 기념관인 봉훈관(奉訓館)을 개관한 것에 대해 "노장 스님이 안 계시는 시대, 앞으로의 불교는 해월정사가 중심이 되어야 한다는 계시로 생각했기에 건립의 원을 세웠다"고 했다. '부처님 법대로 살자'는 성철 스님의 가르침을 다시 한 번 되새기는 계기가 되었으면 좋겠다는 말도 덧붙였다.

　　성철 스님의 가르침을 실천하는 도량으로 자리매김하겠다는 원을
세운 스님은 중국 오대산 문수전에서 기도하고 나서 성철 스님 열반
10주기인 2004년에 봉훈관 건립을 시작하여 2007년 10월에 개관했
다. 지상 4층으로 된 봉훈관은 4층은 법당, 3층은 시월전(示月殿), 2
층은 선실(禪室)로 사용되고 있다. 스님의 안내를 받아 각 층을 돌아
보았다.

그중 시월전은 성철 스님이 남긴 친필과 소장했던 경전을 전시·보관하는 곳이다. 시월(示月)은 중생이 수행해서 깨달아야 할 성품인 심월(心月)을 보인다는 뜻이다. 심월은 바로 성철 스님의 가르침을 뜻한다. 시월전에는 성철 스님의 메모와 법문 원고, 경전 풀이 등 500여 점에 가까운 유훈이 있으며, 주요 친필은 액자에 넣어서 전시하고 있다. "나를 묻거들랑 나의 친필을 보여주라"는 성철 스님의 부촉(咐囑)이 있었기에 더욱 뜻 있는 일이라고 했다.

성철 스님은 몸소 근검 절약을 실천해서 일력(日曆, 하루에 한 장씩 찢는 달력)의 뒷면이나 공책의 일부, 원고지 등에 기록을 했다. 성철 스님의 진영과 함께 법맥을 이은 용성 스님과 동산 스님의 진영도 나란히 걸려 있다. 성철 스님이 수시로 읽으며 뜻을 새겼던 《신수대장경》, 《속장경》과 같은 경전들도 있고 중국어와 범어로 된 장경들도 전시되어 있다.

"은사 스님은 서구의 학술 자료들을 얻어 보기가 어려웠던 그 당시, 불교의 교리나 윤회설을 뒷받침할 만한 자료가 있으면 사람을 보내서라도 구해오게 하셨어요. 그로 인해 영혼 존재의 설명이나 불교의 물리학적인 논리, 최면술의 잠재 의식 표현과 전생 역행의 시

험 등 시대에 앞서 가는 이론을 정립할 수 있었습니다."

천제 스님은 2년 전부터 매달 음력 초사흘 법회에서 성철 스님의 메모를 한 장씩 복사해 신도들에게 나눠주고 해설을 해주는 등 은사 스님의 가르침을 적극 전하고 있다.

2층 선실에는 '봉암사 결사'에 대한 메모를 크게 확대해서 걸어놓았다. 문경 김룡사에 주석할 때인 1965년 8월 22일자 일력 뒷면에 적은 메모이다. 한국 불교의 정법을 다시 세운 계기가 되었던 봉암사 결사가 어떻게 시작되고 전개되었는지 그 전모를 파악할 수 있는 내용이다. 성철 스님이 스스로 강구하고 제안한 공주규약(共住規約)의 전모와 이를 철저히 지키는 봉암사 대중들의 태도에 대해서도 자세하게 기록되어 있다.

"1950년대 초반 열다섯에 성철 스님을 모시면서 귀에 못이 박이도록 들은 이야기가 봉암사 정해년의 결사였습니다. 스님은 복을 달라면서 절을 찾아오는 신도들에게 '업장이 소멸돼야 복이 온다'면서 '108 대참회'를 하라고 하셨어요. 자신의 죄업을 참회하고 수행 정진하는 것으로 불공을 드려야지 복 달라는 것으로 불공을 해서는 안 됨을 사람들에게 가르쳤지요. 성철 스님이 봉암사 결사 이후 남기신 메모를 보면 공주규약과 맥을 같이하는 내용이 많아요. 스님의 메모 중에 '부처님을 팔고 생계를 도모하는 것은 불법(佛法) 파멸의 근본적인 폐단이니, 복과 명을 구하는 무당들을 축원하는 행위는 단연코 일소하는 것이 과제이고 목적'이라는 구절이 있습니다. 부처님의 계율과 조사 스님의 가르침을 열심히 닦아 원만 달성하라는 문구 역시 봉암사 결사에 이어서 스님이 항상 강조하신 덕목입니다. 결사가 실천으로 이어져야 불교가 새 모습으로 산다고 강조하셨지요."

암자 주변에 철조망을 두르고 살았던 성전암 시절, 성철 스님의 생신을 맞아 신도들이 음식을 준비해왔는데 스님이 음식이 담긴 공양구를 담 너머로 모두 쏟아버렸다. 그러면서 "출가한 수행자는 육신의 생일은 의미가 없다"고 했다. 성철 스님은 평생 생일을 세지 않았다. 성전암에서의 생활이란 설, 추석, 결제, 해제를 전후하여 기도 정진 날짜를 정하고 그날 외에는 신도들은 물론이고 스님들의 출입도 금했다. 문을 여는 날에도 부산이나 서울 등 멀리서 오는 사람들에 한해서 출입을 허락했으며, 대구를 비롯한 근거리에서 오는 사람들은 들어오지 못하게 했다. 그러다보니 끼니조차 제대로 잇기 힘들었다. 하지만 철저하게 신도들을 멀리했기에 성전암에서 10년간 주석할 수 있었음을 천제 스님은 훨씬 뒤에야 알았다.

"성철 스님은 한국 불교의 중흥을 위해 원칙대로 살고 그 원칙을 한 치의 어긋남 없이 지켜온 참도인이셨습니다. 그러면서 자신과의 싸움에서는 늘 이기고 남과의 경쟁에서는 지셨지요. 은사 스님의 마음속에는 일찍이 높고 낮은 자리가 없었습니다. 또 은사 스님은 자급자족의 원칙, 특별 보시 거부, 축원 금지 등 공주규약에 명시된 내용을 수없이 반복해서 제자들과 신도들에게 설법을 통해 말씀하셨습니다. 무속 행위 하지 말라, 부처님 파는 사람도 사기꾼과 다름없으

니 경계하라고 누누이 강조하셨지요. 그럼에도 60년이 지난 지금 은사 스님의 가르침이 제대로 실천되지 못하고 있어 안타깝습니다. 저 또한 반성해야 할 부분입니다."

봉암사 결사가 전란으로 도중에 그친 일을 못내 아쉬워했던 성철 스님은 천제굴에서라도 총림의 일과를 지켜야 한다면서 아침 예불 때는 '능엄신주'를 외우고, 저녁 예불 때는 '예불대참회'를 했다. 성철 스님의 뜻을 받들어서 해월정사 법당에는 비로자나 부처님과 '예불대참회문'에 나오는 88분의 부처님을 모셔놓았다. 그리고 해월정사에는 산신각이나 칠성각이 없으며, 법당에는 그 흔한 탱화 하나 없다. 불교의 근본 정신을 살려 그대로 행하는 것이 불교 중흥을 위한 일이며 불교가 설 자리라 생각한 성철 스님의 정신을 오롯이 살린 것이다.

어떤 질문을 해도 천제 스님은 '성철 스님께서는 이렇게 말씀하셨다'라고 전제하고 나서 말문을 열었다. 성철 스님은 생전에 '내가 하는 말은 내 말이 아니다. 나는 단지 부처님의 가르침에 따라 수행하고 그분의 말씀을 전할 뿐이다' 라고 했는데, 천제 스님도 그대로 닮았다.

"성철 스님께서 평생을 부처님의 말씀을 따라 살아오신 것처럼 저는 스승의 말씀을 따라 살았을 뿐입니다. 그러니 따로 할 이야기도 없고 내세울 것도 없습니다."

스님은 평생을 성철 스님 곁에서 시봉 들 수 있었던 것만 보아도 자신이 전생에 복이 많았던 것 같다면서 흐뭇한 미소를 지었다. 봉훈관을 건립하게 된 것도 불보살의 가피와 많은 사람들의 도움이 있었기에 가능했다면서 스님은 자신을 조금도 내세우지 않았다. 스님의 말씀을 듣고 있으려니 문득 성철 스님의 법문 하나가 떠올랐다.

천하에 가장 용맹스러운 사람은 남에게 질 줄 아는 사람이다. 무슨 일에서든 남에게 지고 밟히는 사람보다 더 높은 사람은 없다. 천대받고 모욕받는 즐거움이여! 나를 무한한 행복의 길로 이끄는도다. 남에게 대접받을 때가 내가 망하는 때이다. 나를 칭찬하고 숭배하고 따르는 사람들은 모두 나의 수도를 방해하는 제일의 마구니며 도적이다. 중상과 모략 등 온갖 수단으로 나를 괴롭히고 헐뜯고 욕하며 해치고 괄시하는 사람보다 더 큰 은인은 없으니, 뼈를 갈아 가루를 만들어 그 은혜를 갚으려 해도 다 갚기 어렵거늘 하물며 어찌 원한을 품는단 말인가?

우리의 상식을 배반하는 이 법문을 천제 스님은 깊이 받아들이고 있음에 틀림없다. 청빈과 가난을 수행자의 덕목으로 내세운 은사 스님의 뜻을 받들어 스님 또한 근검 절약을 수행자의 덕목으로 삼고 있다. 부처님 법대로 거침없이 살다 가신 스승에 대한 예경이 부처님에 대한 또 다른 예경이 아닌가 싶다. 천제 스님의 눈빛은 맑음이다. 그리고 밝음이다.

해월정사 앞에 서니 끝도 그 깊이도 알 수 없는 짙푸른 바다가 한눈에 내려다보인다. 바람이 심한 탓인지 물결이 거침없이 밀려왔다 밀려간다.

✿ 천제 스님

1953년 경남 통영 천제굴에서 성철 스님을 만남. 1966년 해인사에서 자운 스님을 계사로 비구계 수지. 은사인 성철 스님을 40년간 시봉. 중앙종회의원 6선, 종정 사서실장(지금의 종정 예경실장) 역임. 지금은 '성철 문도회' 회장이며 조계종 법규위원장. 부산 해월정사에 주석.

대견 스님

수행자에게 물질은 독(毒)과 같다

차 유리창을 타고 흘러내리는 빗물 때문에 앞이 잘 보이지 않았다. 태풍주의보가 내렸는데도 길을 나선 것이다. 완주군에 들어섰지만 지도에도 없는 요덕사로 가는 길은 쉽지 않았다. 하천은 금방이라도 범람할 것처럼 무서운 기세로 흘러내렸다. 앞으로 더 나아가면 길이 없을 것 같은데도 길은 이어졌고 그 길의 끝에 요덕사가 있었다. 세찬 비바람 속에서 청죽은 몸살을 앓고 있었고, 감국은 이미 고개를 꺾고 말았다. 이렇게 줄기차게 내리는 빗속에 대선 스님을 찾았으니 객이 더 죄송하다.

법문을 요청하자 대선 스님은 "요즘 공부도 별로 안 했고 해서 법문 할 것이 없어요. 그리고 훌륭한 스님들이 좋은 법문 다 했는데, 나같이 어설픈 법문은 안 하는 것보다 못해요"라고 했다. 스님은 한 시대를 풍미했던 기라성 같은 선지식들(성철 스님, 춘성 스님, 금오 스님, 향곡 스님) 회상에서 공부한 분으로 이름이 나 있기에 스님의 수행담이 듣고 싶었다.

"1970년대 성철 스님 회상에서 한 80~90명이 공부했어요. 성철 스님은 용맹정진으로 유명한데 불교정화운동 이후 그렇게 무섭도록 공부한 적이 없었던 것 같아요. 내가 선원장이었는데, 맨 처음에 내가 맞아주어야 젊은 사람들도 별 불평 없이 맞거든요. 노장님이 힘이 좋을 때라 맞으면 아프지요. 그래도 시원찮으면 또 때려달라고 했으니……. 노장님이 힘 있는 대로 열 대에서 열다섯 대를 막 내려치는데 신심과 정신력이 아니면 버티지를 못해요. 나는 더 세게 때려달라고 했는데, 요즘 들어 등이 뻐근하고 아플 때마다 그때 어혈이 들어 그런 게 아닌가 하는 생각이 들어요. 도 닦는 일이고 정진하는 일 같으니까 시비도 없이 그냥 넘어갔지요. 이런 가풍이 1980년대부터 없어졌어요. 성철 스님이 젊었을 때는 공부를 죽도록 시켰고 뼈가 부서지도록 경책을 했어요."

성철 스님 가풍은 장군죽비였다. 용맹정진을 할 때 물푸레나무로 깎은 장군죽비 열 짐이 다 부러졌으니 참으로 치열하게 공부했다. 그때는 깨달음을 얻고야 말겠다는 결연한 의지가 있었기에 그런 장군죽비도 기쁘게 맞았다. 대선 스님은 성철 스님 당시같이 여법하게 용맹정진한 적이 없었다면서 아쉬워했다. 조용한 선방에서 콩 튀기는 소리가 나니까 바깥 관람객들이 놀랐다고 한다. 백척간두에서 진일보해야만 하는 그 긴장감이 오롯이 느껴지는 듯하다.

"지금도 생각나는 노스님이 있어요. 예순이 넘으면 안 받아주었는데, 일흔 넘은 노스님이 방부를 들였지요. 아홉 살에 출가했는데 일흔이 넘은 지금에야 발심했다면서 거듭 요청을 하기에 받아주었어요. 안거도 거의 끝나가고 7일 용맹정진에 들어가려 하는데 노스님

이 일어서지를 못하는 거예요. 그래서 억지로 일으켜 세워보니 엉덩이에 주먹만 한 종기가 나 있었어요. 노스님이 얼마나 지독한지 종기를 떼내고 나서 다음 날 바로 용맹정진을 하겠다고 하데요. 우리가 말렸지만 노스님의 고집을 꺾을 수는 없었어요. 그때 같이 공부했던 수좌들이 그 모습을 보고 더욱 발심했지요. 성철 스님은 우리에게는 변소 갈 기운만 있으면 용맹정진하라고 엄명을 내렸지만 그 노스님께는 하루만 해도 1주일 한 것과 다름없다고 말렸어요. 그럼에도 노스님은 끝까지 해냈어요."

그때 해인사의 용맹정진은 불가의 꽃이었다. 성철 스님은 30년간 해인사에 계셨는데 1970년대가 전성기였다. 근기 따라 다르겠지만, 잠을 못 자는 그런 경계를 이겨내야 하는 용맹정진을 끝내고 나면 은산철벽(銀山鐵壁)이라도 뚫을 수 있는 경계가 많이 생겨난다고 한다. 스님은 이젠 어디서도 그런 고행을 맛보기가 어렵다면서 형식상으로 하는 것은 껍데기에 불과하지 진짜 공부는 아니란다.

스님은 일곱 살에 천자문을 뗄 정도로 영특했다. 중학교 1학년인 열네 살 때 김보광 스님의 《주해강설금강경》 서문을 읽고 정신이 번쩍 들었다. 그때 이후로는 세상이 시시해 보였다. 그러다 열아홉 살에 공주 갑사에서 출가했다. 절의 분위기가 엄숙해서 바로 절로 들어가지 못하고 빙빙 돌다가 겨우 옆문으로 들어갔는데 주지인 혜원 스님(만공 스님의 마지막 제자)을 만났다. 그렇게 해서 혜원 스님을 은사로 하여 공부했는데, 스님은 상좌들에게 옷을 해주거나 용돈을 주는 일이 없었다.

"당시 전국에서 가장 가난한 절이 공주 갑사였어요. 지금 생각하면 사람 만들려고, 강하게 만들려고 그랬던 것이지요. 혜원 스님은 상좌가 100명이었어요. 어찌나 근검절약했는지 빗자루로 마당을 쓸 때도 먼지를 밖으로 쓸지 말고 안으로 쓸어 모으라고 했을 정도에요. 이렇게 근검절약하는 것이 혜원 스님의 가풍이었어요. 중의 법도는 가난한 것이고, 가람을 수호하고 유지하기 위해서는 근검절약하는 수밖에 없다고 입버릇처럼 말씀하셨어요. 스님은 밥을 하다가 손님이 오면 그냥 물만 한 그릇 더 부으라고 일렀지요."

대선 스님은 무를 쓱쓱 잘라서 생강 넣고 소금 뿌려두었다가 몇 달 후에 먹었던 갑사의 섞박지 맛을 잊을 수가 없다고 한다. 모든 것이 귀하던 시절이라 섞박지 하나를 두고 먹는 밥이 그렇게 달고 맛있었다고 회상한다. 은사 스님의 근검절약을 몸에 익힌 스님은 소박한 삶을 수행자의 중요한 덕목으로 꼽는다.

청허선사는 《선가귀감》에서 "출가하여 스님이 되는 것이 어찌 작은 일인가"라고 반문하면서 출가의 목적을 다음과 같이 열거했다. "몸이 편안하려는 것도 아니며, 따뜻이 입고 배불리 먹으려는 것도 아니며, 명예와 재물을 구하려는 것도 아니다. 나고 죽음을 면하려는 것이며 번뇌를 끊으려는 것이요, 부처님의 지혜 목숨을 이으려는 것이며 삼계에 뛰어나서 중생을 건지려는 때문이다."

스님은 이러한 출가의 목적을 한시도 잊은 적이 없으며 위법망구

대
선
스
님

(爲法忘軀)의 정신으로 깨달음을 구했다.

"수행자에게 있어 물질은 독(毒)과 같아요. 내가 산골 중이라 그런지 몰라도 난 그렇게 생각해요. 우리 스님은 헌 고무신 한 짝도 못 버리게 했어요. 그래야 천년 고찰을 지킬 수 있다면서요. 당신은 평생을 누더기 한 벌로 보냈어요. 그래서 종회 회의가 있어 서울에 가실 때는 바지를 빌려 입고 갔지요. 갑사 이야기를 하면 김삿갓 시에 나오는 것처럼 멋이 있어요. 70퍼센트 이상이 수좌였는데, 은사 스님의 지도 방법 자체가 발심하게 만들었거든요. 가르침을 주는 사람도 없이 나무하고 밭 매고 청소만 했어요. 그런 곳에서 선객이 나오고 도인이 나오는 것이지요. 우리 스님은 선방 가라 강원 가라는 말을 일절 안 했어요. 이것이 공부법이에요. 아무리 가난해도 신도에게 굽히는 법이 없었고 그저 공부만 했지요."

가난을 가난으로 여기지 않으니 스님 앞에서 가난을 이야기할 수 없을 것 같다. 스님은 갑사의 북사자암에서 공부할 때 겨울에 불도 때지 않은 차가운 방에서 3년을 보냈다. 공부는 그렇게 해야 하는 줄 알았다. 사람들은 스님이 이미 그때 한 경지를 깨달았다고 한다.

또 스님은 도봉산 망월사에서 욕 잘하기로 유명한 춘성 스님을 10여 년간 모셨다. 조계사의 천일기도에 동참하여 회향 기도를 끝내고 망월사에 도착하니 밤 10시였다. 춘성 스님에게 인사를 드렸더니 스님이 다짜고짜 욕을 했다.

"이 자식아, 오려면 일찍 올 것이지 왜 밤늦게 오는 거야. 좆 같은 놈아!"

대선 스님은 춘성 스님의 욕이 그렇게 다정하게 들리더란다. 수좌는 편하게 잠을 자서는 안 된다는 것이 춘성 스님의 철학이었기에 망월사 선방에는 이불과 베개가 없었다. 춘성 스님은 조실인데도 자신의 방 한 칸 없이 선방에서 대중들과 함께 잠을 잤는데, 그마저도 팔베개하고 두어 시간 잠깐 자는 것이 전부였다. 법도가 엄하기로 서릿발 같았지만 참으로 신심 나게 공부했던 시절이라고 회상했다.

대선 스님은 도봉산 망월사에서 3천 일간 솔잎, 쌀가루, 콩가루 등을 먹으면서 장좌불와 수행을 했다. '몸뚱이를 이루고 있는 오음은 뜬구름이 허공을 오락가락하는 것과 같다' 는《증도가》의 한 구절처럼 육신에 대한 집착과 욕망을 벗어두고 깨우침의 길을 걸었다.

"춘성 스님 문하에서 잠 안 자고 공부하는 법도 배웠지요. 춘성 스님은 중은 그 산에서 나는 쑥과 풀만 뜯어 먹고 살아야 한다면서 바깥에서 들어온 것은 일절 먹지 않았어요. 그래서 나도 이곳에서 키운 채소만 먹어요. 또 춘성 스님은 금식을 주장했는데, 노스님이 고함 한번 지르면 어설픈 병은 다 도망가 버렸어요."

대선 스님은 존경하는 춘성 스님에 대한 이야기를 신명 나게 들려주었다. 춘성 스님은《화엄경》80권을 다 외울 정도로 머리가 뛰어났다고 한다. 정작 자신은 경전의 대가이면서도 경전을 무시했는가 하면, 수좌가 경전이나 어록을 보는 것을 발견하면 그 자리에서 쫓아낼 정도로 선 공부를 엄하게 시켰다. 팔만대장경은 마음 심(心) 자

하나를 설해놓은 것이라 조주 무(無)자 화두만 타파하면 된다고 했다. 춘성 스님은 따로 밥상을 받는 법이 없었고 대중들과 한 상에서 공양했다. 그때만 해도 남녀가 내외하던 시절이었는데도 여자들과도 한 밥상에서 드시곤 했다고 하니 이 또한 분별심 없는 춘성 스님의 일면이 아닌가 싶다.

대선 스님도 그런 춘성 스님을 본받아 대중들과 같이 방을 쓰고, 한 밥상에 앉는다. 스님에게는 춘성 스님의 일거수일투족이 귀감이 되는 것이다.

스님은 30여 년을 선방을 돌면서 공부했는데, 어느 정도 공부가 무르익자 고향에 계신 어머니가 생각났다. 연로하신 어머니를 위해 할 수 있는 효도는 모시고 사는 길밖에 없다는 생각이 들었다. 경허 스님이 어머니를 모시고 수행했듯이 대선 스님은 생가를 절로 만들어 어머니가 아흔아홉 살에 돌아가실 때까지 같이 공부했다. 어머니를 위해 '홍련암'이라는 절을 짓고 어머니가 연꽃을 좋아하기에 연지(蓮池)도 만들었다. 스님은 사람들에게 "부모님께 효도하는 것이 불자의 참된 도리이며 복받고 싶으면 부모님을 잘 모셔라"라는 당부를 잊지 않는다. 스님은 홍련암에서 어머니를 모시고 천일기도를 세 번 했다.

"어머니는 새벽 2시 30분이면 일어나 새벽 예불을 올리고 하루에 사분 정근을 할 정도로 신심을 바쳤어요. 어머니의 영향으로 이곳 마을 사람들 20여 명이 새벽 예불에 동참했고, 어머니와 함께 천일

기도를 한 사람들 중에 두 사
람이 출가를 했지요. 어머니의
신심에 감동해서 나는 마을을
돌면서 두 시간 넘게 도량석을
했는데, 새벽에 교회 가는 사
람들도 고맙다고 인사할 정도
여서 참으로 신심이 났어요."

노인들이 사립문을 열어놓
고 자기 집에도 염불을 해달라
고 부탁하기도 해서 대선 스님은 신심 하나로 버텼다. 스님은 그때
유치원 아이들부터 시작해서 중·고등학생들을 위한 일요 법회를
열었다. 배움에 목말랐던 사람들은 스님의 법문을 스펀지처럼 빨아
들였다.

스님은 홍련암에서 얼마 떨어지지 않은 곳에 천년 고찰 요덕사가
있었다는 것을 알았다. 스님이 이곳에 홍련암을 짓게 된 것도 이 요
덕사를 복원하라는 임무 때문이 아닌가라는 생각이 든다고 했다. 스
님은 전생에 요덕사에서 살았었다는 생각을 떨쳐버릴 수가 없단다.

스님은 홍련암을 짓고 나서는 선원을 열었다. 몇 년간 수좌들 대
여섯 사람이 선수행을 했지만, 절이 마을에 있다보니 조용한 분위기
가 형성되지 못했다. 그래서 재가자를 위한 선방으로 바꾸었다.

요즘에는 그렇게 엄하게 하지는 않지만 얼마 전까지만 해도 청풍

선원은 결제를 해서 용맹정진까지 해냈다. 스님은 비록 재가자들이었지만 성철 스님의 가풍을 이어받아 장군죽비를 사정없이 내려쳤다. 자신을 경책해달라고 어깨를 내미는 사람들의 표정이 마치 석가모니 부처님을 향해서 어깨를 내미는 것처럼 진지했기 때문이다. 선방에 발을 들여놓았으면 재가자라는 생각을 떠나 깨닫고야 말겠다는 굳은 의지로 공부해야 한다는 것이 스님의 생각이다.

"사람들은 참선이 쉬운 줄 알지만 한 번 죽었다가 깨어나야 하는 공부예요. 받아들이는 사람도 죽을 각오를 하고 공부를 해야 해요. 이런 공부는 혼자서는 못하고 대중들의 힘으로 하는 것이지요. 아픔을 이겨내는 것도 화두를 들기 위한 준비 작업이며, 누가 팔뚝 하나 끊어가도 꼼짝하지 않아야 해요. 절에 20~30년 다니면서 진정으로 기도한 사람이 몇이나 되겠어요? 대전에 대보살이 있었는데 그 사람이 죽으면서 후회를 했어요. 시주를 많이 하니까 어디 가서든 대보살이라는 소리를 듣곤 했어요. 대보살이라고 하니 우쭐해가지고는 철야를 할 때도 상(相) 내는 것에 급급해 공부를 못했다고 하면서 헛살았다고 후회하데요. 공부는 죽을 정도로 해야지요."

일흔이 넘은 대선 스님의 눈빛은 눈에서 화두의 불꽃이라도 튀는 듯 빛났고, 목소리는 방 안을 쩌렁쩌렁 울릴 만큼 컸다. 그 옛날 호랑이를 타고 다녔던 선사들의 모습을 보는 듯했다. 스님은 바깥 나들이를 하지 않는 것으로 유명하다. 가까운 전주에 간 것도 맹장염에 걸려 다 죽게 되었을 때였다.

"젊은 스님들이 하도 돌아다니기에 본 좀 받으라고 나들이를 거의 하지 않아요. 중이 자존심이 있어야지. 행자를 모집하는 시대이기는 하지만 상좌 해외여행 보내고 그런 것은 공부 망치는 길이에요. 공부를 야무지게 시켜야 우리 불교가 번창해요. 선사(禪師)는 묵언하고 자기가 깨친 소리를 해야 해요. 아무리 유명한 선사도 자기가 깨친 이야기를 해야지, 남이 침 발라놓은 소리는 하지 말라는 것이지요."

스님의 말은 거침이 없었다. 선방에서 서슬 푸르게 공부하던 그 모습을 쉽게 그려볼 수 있었다. 스님은 '생사의 문제가 중대하니 헛되이 세월을 보내지 말라. 스스로를 속이는 일은 무익하다. 서둘러 선지식을 찾아 배우지 않으면 헛되이 세월만 낭비하고 만다'는 달마대사의 말을 애오라지 가슴에 새기고 낮과 밤을 도와가면서 용맹정진한 분이 아닌가.

바람은 점점 거칠어지고, 청죽은 금방이라도 허리가 끊어질 듯 흔들린다. 저녁 7시가 되니 비가 억수같이 쏟아지는데도 예닐곱 사람이 우산을 받쳐들고 선방으로 왔다. 깨닫고야 말겠다는 그들의 신심이 놀라웠다. 이번 생에 깨닫고야 말겠다는 사람들이야말로 불성에 대한 믿음을 견고하게 지닌 사람들임에 틀림없다.

스님은 반평생 넘게 전국 선방을 돌면서 좌복 위에서 젊은 날을 보냈으며, 20년 넘는 세월 동안 이곳 홍련암에서 재가자들을 지도하고 있다. 스님은 재야에서 비승비속으로 살고 있다고 하지만, 스님의 살아온 발자취 그대로가 산 법문이요, 스님 자신은 근래에 보기

드문 선지식이 아닌가 싶다.

대선 스님은 우산을 받쳐들고 배웅하면서 연밥 다섯 송이를 내 손에 쥐어주었다. 그 연밥을 보면서 문득 가섭존자를 떠올렸다. 부처님이 연꽃을 들자 모든 것을 알았다는 듯이 파안대소했다는 가섭존자. 연밥은 내게 앞으로 열심히 공부해서 이렇게 결실을 맺어야 한다는 스님의 무언(無言)의 말씀처럼 여겨졌다. 숙제 한 가지를 어깨에 메고 온 느낌이다. 누가 알겠는가? 이 연밥으로 인해 나 또한 어리석음에서 벗어날지, 그래서 지혜로운 안목을 갖게 될지. 바람과 달빛과 별빛과 햇살을 품어 안은 연밥을 가만히 들여다본다. 구멍마다 씨앗을 품고 있는 것이 마치 온 우주를 끌어안고 있는 것처럼 보인다.

✿ 대선 스님

14세에 《금강경》을 읽고 발심. 19세에 계룡산 갑사에서 만공 스님의 제자인 혜원 스님을 은사로 출가. 도봉산 망월사에서 10년간 춘성 스님 시봉, 해인사 성철 스님 회상에서 10년간 정진. 그 후 금오 스님, 향곡 스님 문하에서 공부. 갑사 북사자암에서 4년간 불기 없는 방에서 온몸이 언 채로 화두를 잡고 참선. 도봉산 망월사에서 3천 일간 솔잎, 쌀가루, 콩가루 등으로 생식하면서 공부. 20여 년 전 생가에 홍련암을 지어 속가의 어머니를 모시고 정진. 완주군 수봉산 내에 청풍선원을 비롯하여 요덕사 정진원과 오도암 등의 선방을 지어 재가불자를 지도.

태원 스님

남을 위해 회향하는 것이 바른 기도

2월에서 3월로 넘어가는 마지막 날, 한국 정토학의 대가인
태원 스님을 찾아뵈었다.

창가에 놓인 난 화분 위로 따사로운 햇살이 쏟아져내린다. 짙푸른
난 잎사귀 사이로 하얀 꽃이 피어 있고, 그 작은 꽃봉오리는 방 안
가득 진한 향기를 드리운다. 꽃향기를 음미하면서 '사방에서 자연
히 미풍이 불어와서 보배나무에 살랑거리면 다섯 가지의 미묘한 음
악이 울려퍼지고 헤아릴 수 없는 천상의 꽃들이 비 오듯이 온 세계
에 흩날려 춤을 춘다'는《정토삼부경》의 한 구절을 떠올린다.

스님은 30여 년간 불교 연구에 매진했고 지금은 중앙승가대학에
서 후학을 지도하고 있기에 사람들은 자연스럽게 불교학자라고 말
한다. 하지만 스님은 자신은 학자가 아닌 수행자임을 강조했다. 정
토학의 대가인 스님의 수행법은 염불이다.

"염불은 우리나라 불교 역사상 선과 더불어 가장 많이 실천해온
수행법입니다. 선이 스스로 노력해서 궁극적인 깨침에 이르고자 하
는 수행법이라면 염불은 아미타불이나 관세음보살 등 불보살님의
본원력에 의지해 정토에 왕생하여 궁극적으로 성불하는 것을 목적

으로 하는 수행법입니다. 그렇기 때문에 선은 자력 수행, 염불은 타력 수행이라고 합니다. 염불은 불보살님의 본원력에 의지한다는 면에서 외형적으로는 타력 수행법이지만 불보살님을 염하는 것은 자신의 힘으로 하고 수행이 깊어짐에 따라 결국 자신의 마음속에 있는 불성을 깨닫게 하므로 자타불이의 수행법이라고 할 수 있습니다."

자신이 원하는 바를 성취하기 위해 염불 기도를 하는 것도 수행이 될 수 있느냐고 여쭈었다.

"염불 수행자는 서원을 세워야 합니다. 서원은 수행자의 생명입니다. 염불 수행자라면 현생과 내생에 걸쳐 큰 서원을 세우고 이 서원을 실천해나가야 합니다. 사람들 대부분은 어떤 목적을 가지고 삽니다. 돈을 많이 갖기를 원하는 사람도 있을 것이고, 권력을 원하는 사람, 명예를 원하는 사람, 사업가가 되려고 하는 사람도 있을 것입니다. 또 불자들은 깨달음을 얻기 위해 염불, 참선, 주력 등 여러 가지 수행을 합니다. 이렇게 자신의 목적을 위해 목숨이 다할 때까지 꾸준히 노력하여 이룬 사람도 있고 그렇지 못한 사람도 있지만 이것은 모두 자리(自利)적인 것입니다. 하지만 수행의 기본은 이타적인 것입니다. 예를 들면 돈을 많이 벌고자 하는 서원을 세워 돈을 많이 벌었다면 그 돈을 불우한 이웃을 위해 쓴다든가 불사를 위해 헌납하는 것은 돈의 방향을 전환시키는 것으로 이타적인 회향입니다. 회향 정신에 따라 남을 먼저 배려하고 자기의 이익을 나누어준다면 서로가 감사하는 마음을 갖게 됩니다. 감사의 마음이 생기는 그 자리에는

질투와 비방과 시기가 있을 수 없으며, 다시 주위 사람에게 회향하려는 마음이 자연스럽게 우러나올 것입니다."

서원을 갖고 기도하되 자신이 바라는 바가 성취되면 그것은 남을 위해 회향하는 것이 바른 기도라는 말이다. 스님은 회향에 대한 이야기 끝에 부처님의 끝없는 공덕행(功德行)에 대해 들려주었다.

부처님의 십대 제자 중 천안제일(天眼第一)인 아나율(阿那律, Aniruddha) 존자는 부처님의 사촌동생으로, 부처님의 설법을 듣고 출가 수행자가 되었다.

어느 날 부처님이 기원정사에서 설법을 할 때 아나율은 그만 꾸벅꾸벅 졸고 말았다. 설법을 마친 부처님은 아나율을 불러놓고 간곡하게 타일렀다.

"그대는 진리를 찾아 출가하지 않았느냐? 출가한 지 얼마 되지도 않아서 낮잠을 자다니 처음 결심한 마음은 어디로 갔느냐?"

꾸중을 들은 아나율은 크게 뉘우치면서 '이 몸이 썩어 부서지는 한이 있더라도 다시는 잠을 자지 않을 것이다'라고 서원을 세웠다. 그 뒤 한순간도 잠을 자지 않고 정진했다. 수마와 싸워가면서 정진하던 아나율은 그만 심한 눈병을 앓게 되었다. 그 모습을 보고 부처님이 지나친 수행은 잘못된 것이니 잠을 자야 한다고 여러 차례 타일렀으나 아나율은 부처님 앞에서 맹세한 일은 절대로 깨뜨릴 수 없다면서 고집을 부렸다. 지나친 수행으로 아나율은 결국 육안(肉眼)의 시력은 잃게 되었다. 하지만 혹독한 수행으로 지혜의 눈인 심안(心

眼)을 뜨게 되었다.

어느 날 앞을 못 보는 아나율이 바늘에 실을 꿰다가 "누가 공덕을 원한다면 나를 위해 실을 꿰어주지 않겠는가?"라고 말했다. 그 말을 들은 부처님이 다가와서 "내가 복덕을 원하기 때문에 그대를 위해 바늘에 실을 꿰어주겠다"라고 말씀하셨다. 부처님의 목소리를 들은 아나율은 놀라움과 기쁨이 교차했다.

"세존이시여, 더 이상 행복을 추구할 필요가 없는 세존께서 왜 공덕을 쌓으려 하십니까?"

아나율의 물음에 부처님은 이렇게 답하셨다.

"나의 공덕은 원만해서 다시 바라는 바는 없으나, 단 나의 이 몸은 공덕으로부터 생기는 것으로 공덕의 은혜를 알기 때문에 내가 복덕을 원한다."

말씀을 마친 부처님은 눈먼 제자 아나율의 옷을 손수 꿰매주었다.

태원 스님은 "부처님이 쌓은 공덕은 부처님의 공덕이기도 하지만 일체중생을 위한 것입니다. 즉 일체중생에게로 회향되는 것"이라 했다. 공덕 창고가 가득 찼음에도 계속 복덕을 짓는 부처님의 행위는 우리에게 큰 가르침을 준다.

담란 스님은 "보살의 명호를 부르는 사람이나 억념(憶念)하는 사람, 귀의하는 사람, 관찰하는 사람은 《법화경》〈관세음보살보문품〉에 나오는 바와 같이 원을 이룰 수가 있다"고 했다. 〈관세음보살보문품〉에 보면 "어떤 사람이든지 불덩이 속에 떨어지고, 강물에 떠내

려가고, 풍랑을 만나 배가 위험에 처해 있고, 죄를 지어 처형되려고 하는 등 모든 액난에 처해 있더라도 관세음보살의 이름을 들으면 모든 액난에서 벗어난다"고 했다.

특히 극락세계에 있는 보살들은 '모두 뒤로 물러나지 않고 성불할 수 있는 일생보처의 지위에 있으며, 이 보살들은 수승한 공덕을 가지고 있기 때문'에 이 보살에게 귀의하거나 명호를 부르고 생각하면 어떤 어려움도 해결하지 못할 것이 없단다.

스님이 정토학을 연구하게 된 계기는 어머니의 죽음을 접하면서이다. 외동아들인 스님이 고등학교 때 자신만 바라보고 살던 어머니가 돌아가셨다. 그때 죽음이 자식과 어머니 사이를 갈라놓는다는 것을 알았고 죽음에 대해 깊이 생각하게 되었다. 당시 기독교를 믿었지만 죽음에 대한 어떤 대답도 들을 수 없었기에 불교 관련 책을 읽었다. "죽음에 대한 문제는 지금까지도 화두입니다. 과연 인간이 죽으면 어떻게 되는가? 그것에 대해 불교에서는 어떻게 이야기하고 있는가를 깊이 생각하고 정토학에 관심을 갖게 되었습니다. 정토로 가는 길을 준비하는 것이 수행이라 생각합니다."

스님은 깨달음의 길로 가는 방법은 8만 4천 가지인데, 어떤 것이 더 수승하다고 말하는 것은 수행자답지 못하다고 했다. 염불이 최고다 참선이 최고다, 이렇게 주장하는 것은 편협한 사고이며 부처님의 가르침과도 어긋난다는 말을 덧붙였다. 중국의 운서주굉 스님은 "만약 마음을 관하여 자심을 깨달았거나 무생을 관하여 무생법인(無

生法忍)을 얻었다면 이것이 바로 염불인이 말하는 상품상생(上品上生)으로써, 무슨 우열을 논할 것이 있겠는가"라고 했다. 참선과 염불 수행을 두고 우열을 논한다는 것은 어리석은 일임을 깨우쳐주는 말씀이다.

현대인은 바빠서 수행을 하기 위한 시간을 따로 내기 힘들다는 말과 함께 언제 염불을 하면 좋은지를 여쭈었다.

"처음에는 자신이 편한 시간에 하는 것이 좋겠지만 어느 정도 익숙해지면 일상생활을 하면서도 저절로 염불이 됩니다. 옛사람들은 짚신을 삼으면서 아미타부처님께 감사드리며 염불하고, 대장장이는 쇠를 두들기며 염불했다고 하잖아요. 그래서 현생 동안 행복과 평화를 누리다가 최후의 순간까지 염불 소리가 이어져 선 채로 왕생했다는 이야기도 전해지고 있어요. 여기서 한 걸음 더 나아가면 굳이 입으로 명호를 부르지 않아도 마음속에서 염불이 됩니다."

스님이 주석하고 있는 보국사에는 '팔관 염불회'가 있다. 부처님 재세시에는 육재(六齋)일이라 하여 매월 8, 14, 15, 23, 29, 30일을 정진하는 날로 정하여 팔관재계를 받아 지켰다. 팔관재계(八關齋戒)란 재가자들이 하룻밤 하룻낮 동안 여덟 가지 계를 받아 지키는 것을 뜻한다. 여덟 가지 계율은 '살생하지 말라, 음행하지 말라, 거짓말하지 말라, 술 먹지 말라, 꽃다발을 쓰거나 화장을 하지 말라, 유흥을 즐기거나 구경하지 말라, 잘 꾸민 평상에 앉지 말라, 때 아닌 적에 먹지 말라' 등이다. 보국사의 '팔관 염불회'는 한 달에 한 번씩 관음

재일 하루 동안 팔관재계를 받아 계율을 지키고 있다. 스님은 일반 불자들에게도 육재일이 생활화되면 좋은데 그렇지 않은 것이 조금 아쉽다고 했다.

"수행은 하루아침에 이루어지는 것이 아니기 때문에 지속성을 갖고 끈기 있게 노력해야 합니다. 수행뿐만 아니라 어떤 일을 하더라도 중간에 포기하지 않고 열심히 하는 사람이 성공하는 것이지요."

사람들은 끝없이 즐거움을 추구하지만 그 즐거움이 오히려 업이 되어 자신을 괴롭히는 인(囚)이 되기도 한다면서 스님은 우리가 누리는 즐거움에는 세 가지가 있다고 했다.

"첫째는 눈, 귀, 코, 혀 등 우리 몸의 감각기관이 싫은 것은 버리고 좋은 것만 받아들여 느끼는 즐거움입니다. 이런 즐거움은 순간적으로 지나가는 것으로 허망할 뿐입니다. 맛있는 음식을 먹어도 몇 시간이요, 좋은 옷을 입어도 그 즐거움은 며칠을 가지 못하며, 원하는 바를 이루었다 해도 그 즐거움이 오래가지 않습니다. 이 즐거움이 지나가면 다시 노력하여 구해야 하는 수고로움이 따르지요. 둘째는 육근(六根) 가운데 마지막 육식(六識)인 우리의 의식에서 생기는 즐거움입니다. 이는 밖에서 오는 것이 아니라 안에서 느끼는 즐거움이기 때문에 내락(內樂)이라고 합니다. 예를 들면 선정을 닦음으로써 느끼는 즐거움인데, 정신 작용인 내면에서 느끼는 것이지요. 하지만 의식으로 느끼는 천상의 즐거움도 시간적으로 제약을 받아 끝나는 날이 있어 영원한 즐거움이 되지 못합니다. 왜냐하면 이 세계는 윤회라고 하는 세계에 포함되어 있어 즐거움을 다 받고 나면 또다시 고통이 따르기 때문입니다."

셋째는 지혜에서 생기는 즐거움인데, 이는 진리를 깨달아 음미하는 법락(法樂)이란다. 수행하여 지혜를 얻고 진리를 깨달아 자성을 밝히는 즐거움으로, 태양이 언제까지나 빛나듯이 영원히 멸하지 않을 뿐만 아니라 모든 중생에게 베풀어도 조금도 부족함이 없는 즐거움이다. 부처님은 자신의 감각을 다스릴 줄 아는 사람이 지혜로운 사람이라고 설하셨다. 부처님이 영원한 법락을 누리는 방법론을 8만 4천 가지로 설하셨음을 새삼 상기해본다. 지금 자신이 추구하는 기쁨, 행복, 즐거움이 영원한 것인지 허망한 것인지 되돌아보아야 할 것이다.

스님은 극락세계에 대한 믿음을 지니기 위해서는 경전을 읽거나 수행을 통해서 신심을 키워나가야 한다고 했다. 출가자에게 수행은

공기와 같은 것이라 말할 것도 없지만 재가자 역시 수행이 몸에 배어 있어야 함을 강조했다. 불자들에게 스님이 생각하는 극락세계를 말씀해줄 것을 간청했다.

"극락세계는 죽음이 없는 세계이며, 고통이 없고 수행하기에 가장 좋은 환경입니다. 또 수행에 도움을 주는 공간이며 청정하고 좋은 생각만을 하도록 장엄되어 있습니다. 극락세계는 칠보로 장엄되어 있다고 하잖아요. 정토의 사물은 지혜를 일깨우는 역할을 하므로 정토에 있는 사물에 대한 염이 깊어질수록 지혜가 깊어지게 됩니다. 극락세계는 선지식들이 사는 세계이기 때문에 불퇴전의 세계이며, 성불의 길이 빠릅니다. 극락세계는 수승한 세계임을 알아야 합니다."

수행을 열심히 하다보면 언젠가는 청정한 극락세계로 진입할 수 있음을 믿는 그 마음이 바로 진실한 신심인 것이다. 꽃향기는 어딘가에 감추고 싶어도 감출 수 없듯이 수행이 깊어지면 그 덕성은 감추고 싶어도 절로 드러나는 것임을 태원 스님을 통해 알게 되었다.

✿ 태원 스님

1966년 해인사에서 지관 스님을 은사로 득도. 1971년 해인사 강원 대교과 졸업. 1976년 동국대학교 불교대학 졸업. 1988년 일본 불교대학에서 석사 학위 취득. 1997년 일본 불교대학에서 문학 박사 학위 취득. 지금은 보국사 주지, 중앙승가대학교 총장, 재단법인 대각회 이사, 복지법인 승가원 이사장. 저서로 《초기 불교교단생활》, 《염불의 세계》, 《왕생론주 강설》, 《정토교의 본질과 교학 발전》 등이 있음.

차광 스님

인연이 있으면 머물되 시비를 두지 말라

완주 송광사에서 자광 스님의 법문이 있다는 소식을 듣고

새벽길을 내처 달려갔다. 다행히 밤을 도와 내리던 비는 수굿해졌다. 법문이 시작되기 전에 스님과 마주할 수 있었다. 스님에게 절을 하자 "아침 공양은 했느냐?"고 물었다. 따스함이 담긴 스님의 한마디에 이른 새벽부터 허둥거렸던 마음이 위로받는 것 같았다. 비 오는 날은 따뜻한 차가 좋다면서 차를 권했다. 코끝에 와닿는 차 향기가 그윽했다. 출가 동기가 궁금하다고 했더니 "내가 짓고 내가 받는 나의 길을 따라 살고 있을 뿐"이라는 말로 운을 뗐다. 초등학교 6학년 때 부처님과의 첫 만남이 이루어졌는데, 너무 진한 만남이었기에 아직도 전율이 느껴진다고 회고했다.

"우리에게는 두 사람의 아버지가 있어요. 한 사람은 나를 낳아준 아버지이고, 한 사람은 정신세계를 인도하는 아버지입니다. 이곳에는 여러분을 바른 세계로 인도해주시는 아버지 석가모니 부처님이 계십니다."

초등학교 6학년 때 김룡사로 가을 소풍을 온 소년은 안내하는 스님의 말을 듣고 가슴이 설레었다. 첫돌 전에 돌아가셔서 얼굴도 모르는 아버지, 한 번도 불러보지 못한 아버지가 이곳 김룡사에 계신다고 하니 얼른 만나보고 싶었다.

소년은 스님에게 아버지를 불러보고 싶은 마음을 털어놓았다. 스님의 배려로 소년은 친구들이 모두 돌아간 뒤 나한전에 들어갔다. 나한전의 문을 여는 순간 금색 불상이 눈에 들어왔다. 저분이 아버지라 생각하니 반가워서 와락 껴안고 싶었다. 그동안 불러보지 못한 아버지를 몇 시간이고 목 놓아 불렀다. 소년의 얼굴은 눈물과 콧물로 범벅이 되었고, 온몸은 땀으로 흠뻑 젖었다. 불상 옆에 있는 수많은 나한들 또한 아버지로 다가왔으니 소년은 한꺼번에 많은 아버지를 얻은 것만 같았다. 이제 아버지가 계신다고 생각하니 아버지 없던 설움이 씻은 듯 날아갔다.

자광 스님은 아버지의 죽음 속에 이미 자신의 출가가 담겨 있었다면서 먼 기억 속의 한 부분을 들려주었다.

"속가의 아버지는 솜틀 가게를 했어요. 하루는 솜뭉치 속에서 다람쥐 한 마리가 툭 튀어나왔는데, 순간 그 다람쥐를 잡아 생후 8개월 된 아들에게 보여주고 싶다는 생각이 들었다고 해요. 그래서 다람쥐를 잡으려고 솜틀 기계 사이를 오가다 그만 벨트에 몸이 끼어서 심하게 다치고 말았어요. 가족들은 약을 구하기 위해 백방으로 뛰어다녔는데, 마침 외가에서 뱀술을 보내왔어요. 아버지는 빨리 낫고 싶은 욕심에 설익은 뱀술을 마셔버렸어요. 그것이 오히려 독이 되어 아버지는 세상을 떠났어요. 내가 아버지의 죽음을 재촉한 것이지요."

스님은 "나 때문에 아버지는 탐욕업을 짓고, 어머니는 살생업을 지었다"면서 눈물을 보였다.

어머니는 아버지가 돌아가신 후 고리(바구니) 안에 아버지 옷과 실타래를 담고 고리 앞에 작은 쌀 단지를 두고서 신앙의 대상으로 삼았다. 스님이 초등학교 4학년 때 학교에서 돌아와보니 뱀 한 마리가 고리를 향해 벽을 타고 올라가는데 무서운 생각보다는 불쌍한 생각이 들었다. 그것을 본 어머니는 "네 아버지가 죽어서 뱀으로 태어난 것이다. 화장해주어야 좋은 곳에 간다"고 했다. 어머니와 아들은 강가에 가서 '나무아미타불'을 부르면서 뱀을 화장해주었다.

그러나 슬픔은 거기에서 그치지 않았다. 중학교 1학년 때 하늘같이 의지했던 어머니가 교통사고로 왼팔을 잃게 되었다. 스님은 깊은 슬픔에 빠졌다. 어머니는 교통사고를 당한 후 김룡사의 화주보살이었던 시어머니를 따라 열심히 절에 다녔다. 지금은 열반하신 혜암 큰스님을 뵙게 된 어머니는 "내가 왜 팔이 끊어지는 고통을 당해야 하느냐?"고 하소연했다. 그러자 혜암 스님은 "그런 일을 당하는 것이 당연하다"면서 "사람들에게 왼손으로 술집을 가리켜주었으니 그런 일을 당할 수밖에 없었다"고 일침을 놓았다.

혜암 스님의 한마디에 어머니는 모든 것이 운명임을 느끼고 전생 빚을 갚는 것은 물론이고 새로운 삶을 살아야겠다는 일념으로 더욱 부처님께 매달렸다. 성철 스님이 김룡사에 주석했을 때 어머니는 성철 스님으로부터 보살계를 받는데, 그때 불명이 '여래자(如來子)'

였다. 성철 스님에게 여래자의 뜻을 물었더니 '여래의 아들을 낳았다' 는 의미라고 풀이해주었다.

"보살 아들은 출가할 운명을 타고났으니 여래의 아들을 낳은 것이 맞지? 그러니 그 이름을 줄 수밖에 없지."

어머니는 성철 스님의 말씀을 아들을 출가시키라는 의미로 받아들였다. 그렇게 해서 눈에 보이는 그리고 보이지 않는 억겁의 수많은 인연의 고리에 의해 자광 스님은 출가의 길을 걷게 되었다. 스님의 이야기를 듣다보면 이미 세상에 나오기 전부터 출가의 길이 예정되어 있었음을 느낄 수 있다. 스님이 부처님과 첫 인연을 맺은 곳은 김룡사였다. 스님은 13년간 김룡사 주지 소임을 맡아 가람 수호와 문경불교대학을 개설하는 등 포교 활동에 열과 성을 다했다. 혹시 스님이 김룡사 중창 설화의 주인공인 김용이 미처 끝내지 못한 일을 하기 위해 환생한 것은 아닌지 묻고 싶어졌다.

스님은 스물여섯 살에 팔공산 북지장사에서 도봉 스님을 은사로 출가했다. 다음은 은사 스님으로부터 받은 법어인데 이것이 평생의 지침이 되었다고 한다.

유연직주(有緣直住) 인연이 있으면 머물러라
막존시비(莫存是非) 어떤 일이 있어도 시비를 두지 말고
불탐소출(不貪所出) 나오는 바를 탐하지 말라
무연이거(無緣而去) 인연이 없으면 떠나거라.

"은사 스님은 평생을 수행자로서 올곧게 살다 가셨습니다. 인연이 있으면 머물고, 머물러도 시비를 두지 말라고 하셨지요. 또 거기에서 얻어지는 소출을 다 되돌려 회향하고 인연이 없으면 떠나는 마음으로 살라고 가르쳤습니다."

자광 스님은 실상사, 봉암사, 김룡사, 직지사 등 여러 사찰의 주지소임을 맡아 수십 년간 수행과 포교에 매진했다. 또 1985년에 8만 4천 경전 중 불자들이 반드시 알아야 할 수십 편을 묶은 책《성불합시다》를 펴내 10년간 10만 부를 법보시했다. 스님은 은사 스님의 가르침대로 인연 따라 살아왔다. 그리고 법문을 청하는 곳이 있으면 어

디든 달려간다. 스님의 달력을 보면 쉬는 날이 없다. 자광 스님은 이같은 일이 법의 스승인 영허녹원 스님이 계셨기에 가능한 일이라면서 은사 스님의 게송을 들려주었다.

심수만경전(心隨萬境轉) 마음이 여러 가지 경계를 따라 구르나
전처실능유(轉處實能幽) 구르는 곳마다 진실되게 깊숙이 가라.
수류인득성(隨流認得性) 흐름을 따라 가나 자성을 얻어서 가면
무희역무우(無喜亦無憂) 기쁨도 없고 근심도 없으리라.

사람들은 자광 스님을 가리켜 설법제일인 부루나 존자라고 칭한다. 부루나 존자가 어느 곳에서 누구에게나 부처님의 가르침을 올바르고 쉽게 설명해주었기에 부처님으로부터 '설법제일'이라는 인가를 받게 되었듯이 자광 스님 또한 그러하다. 불교TV에서 《원각경》과 《증도가》를 강의했는데, 어려운 내용을 쉽고 재미있게 풀어내서 많은 이들로부터 공감을 불러일으켰다.

자광 스님이 설법제일이라는 칭호를 듣기까지 경상(經床)에서 얼마나 많은 낮과 밤을 맞이했을지 짐작조차 되지 않는다. 스님은 관응 스님을 비롯하여 탄허, 구산, 일우, 각성 스님을 모시고 경학과 어록을 두루 공부했다.

법문 시간이 다 되었기에 자광 스님을 모시고 설법전으로 자리를 옮겼다. 설법전에는 200여 명이 정좌하여 스님의 법문을 기다리고

있었고, 설법전 바깥에는 자리가 없어 들어오지 못한 사람들이 애를 태우고 있었다. 스님의 유명세를 한눈에 확인할 수 있었다. 스님은 법문 내용을 A4 용지 앞뒤로 자세히 적어와서 사람들에게 나누어주었다.

〈청법가〉가 끝나고 자광 스님이 사자좌에 오르자 우레 같은 박수가 터져나왔다.

"여러분, 박수 소리는 어디로 돌아갑니까?"

스님의 질문에 누군가가 "허공"이라 답했다.

"허공이 아닙니다. 박수 소리는 손바닥으로 돌아갑니다."

스님은 주장자를 번쩍 들어 보이면서 말을 이어갔다.

"이 주장자는 죽었다고도 살았다고도 할 수 없습니다. 조실 스님들이 '이 주장자 안에 모든 법문이 들어 있다'라고 말을 마치는데 오늘 그 뜻을 알려주고 싶어서 이 주장자를 들었습니다. 이 주장자가 된 나무는 살았을 때는 꼼짝하지 않고 한 자리를 지켰지만, 죽어서는 이렇게 온 천지를 다니니 죽은 것이 아니지요. 하지만 이 나무는 생명이 없으니 살았다고도 할 수 없어요. 우리 마음도 이처럼 태어나지도 않고 죽지도 않습니다. 심체(心體)를 향하여 정진하며 살아가는 것이 수행자의 본분사입니다. 조실 스님들이 주장자를 들어 보이고 구르는 것은 '보고 듣는 이것이 무엇인가?' 하고 묻는 것입니다. 마음은 몸의 운전수이니 좋은 생각을 하면서 살아야 합니다. 즉 생각을 조심해야 한다는 말이지요. 생각이 곧 말이 되고 말이 곧 행동이 되니 말을 조심해야 합니다. 또 행동을 조심해야 하는 것은 행동이 곧 버릇이 되고 버릇이 곧 운명이 되기 때문입니다. 타고난 운명에 부처님의 기운을 좀 많이 불어넣어서 자신을 완전히 바꾸어야겠지요? 무명을 사랑하면 윤회를 하고, 광명을 사랑하면 그 사람은 불생불멸의 세계에 갈 수 있어요. 마음의 실상을 깨쳐서 무생법인 (無生法忍)을 증득해야 합니다."

스님은 자기 마음을 잘 조절하면 복이 많이 들어온다는 방편불교에 끄달려서 마음 닦는 것을 소홀히 하는 것에 대해 우려를 표했다.

"방편불교보다는 진실불교를 지향해야 합니다. 진실불교란 내 스스로가 부처님의 가르침을 실천하고 행하는 것을 말합니다. 아무리 밥이 많아도 다른 사람들이 먹으면 내 배가 부르지 않듯이 좋은 일을 하지 않고는 복을 지을 수가 없어요. 복 받는 것도 누가 대신해줍니까? 자식들을 위해 절에 와서 시주하는 것을 대신이라고 하면 대신이라 할 수 있어요. 대신 기도해주는 것보다 더 좋은 것은 자식에게 불법(佛法)을 가르쳐주고 불교적인 삶을 사는 방법을 알려주는 것입니다. 이것이 복을 받을 수 있는 지름길이에요. 다음에는 아이들도 데리고 와서 함께 법문을 듣도록 하세요."

스님은 일방적인 법문이 아니라 청중과 함께 소통하기를 원하기에 묻고 답하는 형식으로 이끌어나갔다. 스님은 또다시 "그대는 어디서 왔는가?" 하고 묻는다. 대중들은 "온 곳이 없으므로 갈 곳도 없습니다"라고 답한다.

"우리는 과거가 있으므로 온 곳이 있고 미래가 있으므로 갈 곳이 있기 마련입니다. 그런데 오고 감이 없다는 것은 '지금 여기 이 순간' 밖에는 아무것도 없다는 것이지요. 우린 지금 이 순간을 살고 있기에 내가 살다가 죽는 날도 오늘이요, 내가 다시 태어나는 날도 오늘이기에 오늘 최선을 다해서 살아야 합니다. 모든 만남은 좋은 만남이 되어야 하고 후회 없는 삶을 살아야 합니다."

스님은 불자들의 삶이 어떻게 하면 향기로울 수 있는지를 들려주기 위해 먼저 이미자의 노래〈내 삶의 이유 있음은〉을 음정 박자 무시하고 멋지게 불렀다. 가사 중에서 '……나 아픔 속에서도 살아갈 이유 있음은 내 안에 가득 사랑이, 내 안에 가득 노래가 있음' 이라는 구절이 기억에 남았다. 아픔 없는 사람이 어디 있겠는가마는 그럼에도 다들 꿋꿋하게 살아가는 것은 아픔을 견디면서 살아갈 이유가 있기 때문이 아닐까 싶다.

스님은 사자좌에서 권위를 벗어던진 지 오래이다. 음정 박자 무시하고 부르는 노래는 청중들의 가슴을 후련하게 해준다. 우리의 뇌는 구체적인 정보를 기억하도록 만들어졌음을 간파한 스님은 구체적이면서도 단순한 이미지가 담긴 메시지를 들려준다. 그리고 일상생활에서 일화를 가져오기에 부처님의 가르침이 피부에 와닿는 것은 물론 바로 실천할 수 있다.

"부처님의 가르침 속에서 살면 어떤 어려움이 닥치고 어떤 아픔이 있어도 다 극복할 수 있어요. 나를 비방하는 사람이 있다면 그를 스

승으로 여기고 전생 빚 갚
는다 생각하면 화낼 일이
없지요. 가장 좋은 불공은
남과 다투지 않는 것입니
다. 다툴 일이 생겨도 '그
까짓 것' 하면서 웃어넘
기면 그것이 인욕이고 수
행이지요. 불자들이 이유
있는 삶의 향기를 만들기
위해서는 지구 위의 모든
생명들이 평화롭고 행복

하기를 발원해야 합니다. 피었다가 지는 저 꽃보다 맑고 향기로운 세
상을 만들어가는 데 있어 주인 노릇 하는 것이 향기 있는 삶입니다."

스님은 여기에 한마디를 덧붙였다.

"내 주위가 점점 아름답게 보이고 주위 사물들이 뭔가 인연에 의
해서 만나고 있다는 생각이 솟아오를 때 깨달음을 얻을 수 있습니
다. 아무리 지식이 많은 사람이라도 주위를 볼 때 아름답지 않다거
나 환희하는 마음이 일지 않으면 그건 지식이지 지혜가 아닙니다."

스님은 주제를 바꾸어서 요즘 독서계와 언론매체를 장식하고 있
는 다윈에 대해 언급했다. 창조설을 부인하고 진화설을 주창한 다윈
은 20세기 과학과 예술과 정신적 틀을 바꾸어놓았기에 그의 탄생

200주년을 맞는 감회가 크다.

"부처님께서 설하신 《능엄경》에는 지구가 만들어진 과학적인 원리가 분명하게 나와 있습니다. 지구가 생긴 것을 과학적이고 체계적으로 말한 종교는 불교뿐입니다. 기독교의 성경에서는 하나님이 태초에 하늘이 열리라 하니 하늘이 열렸고, 땅이 있으라 하니 땅이 생겨났다고 합니다. 과학이 발달한 오늘날에 이것을 어떻게 받아들여야 할까요?《능엄경》에 언급된 지구의 탄생을 보면 다음과 같습니다."

원각(圓覺)의 밝음과 허공의 어둠이 만나서 바람을 일으켰고, 밝음과 어둠과 바람 세 가지가 시간과 공간 속에서 서로 사랑하니 불이 생겼고, 불이 있으니 물이 생기게 되었다. 젖은 것은 바다가 되고 마른 것은 땅이 되었는데, 또 바람이 부니 구름이 생기고 구름이 생기니 비가 되고 눈이 되고 이슬이 되는 것이다. 산천초목 등 60만 종류의 생명체가 108가지의 원소로 이루어진 지구 위에 만나고 이별하며 살게 되었다.

스님은 "지구가 한 바퀴 돌면 하루요, 지구가 달을 한 바퀴 돌면 한 달이고, 지구가 태양을 한 바퀴 돌면 1년이 된다" 면서 법문을 이어갔다.

"지구가 생겨난 이치를 정확하게 알아야 지구 속에서 일어나는 모든 일을 이해할 수 있고 과거와 미래를 알 수 있습니다. 천불생무연지인(天不生無緣之人)이라, 하늘은 인연이 없는 사람은 이 세상에 태어나지 못하게 한다는 뜻입니다. 그러니 세상에 태어나고 지구가 생긴 것은 창조가 아니라 인연이라는 겁니다. 이것이 연기법이지요. 불교는 논리적이고 과학적인 종교입니다. 불자인 것에 자부심을 가지고 지금 이 법당에서 나가면 부처님의 가르침을 널리 펴세요."

스님은 대중가요 〈내 마음 별과 같이〉를 일부 개사하여 부르는 것으로 법문을 끝맺었다.

"부처님의 원만덕상 내 마음도 그와 같이~ 부처님의 청정법신 내 마음도 그와 같이~ 부처님의 대자대비 내 마음도 그와 같이~ 부처님의 신통묘용 내 마음도 그와 같이~."

 **자광 스님**

1943년 경북 문경에서 출생. 1970년 팔공산 북지장사에서 취공도봉 스님을 은사로 득도. 1981년 지리산 실상사 주지, 1983년 희양산 봉암사 주지, 1989년 운달산 김룡사 주지, 2002년 직지사 주지 역임. 1989년 직지사 영허녹원 대종사로부터 호산 법호를 받음. 지금은 생명나눔실천본부 부이사장이며, 대구 관오사 불교사회복지회 회주. 저서로 《성불합시다》, 《좋은 만남 멋진 이별》, 《이름 없는 풀이 없듯 인연 없는 중생 없네》 등이 있음.

우송 스님

저 푸른 하늘을 원 없이 누리는데 왜 허전합니까

한국 불교의 중흥조인 경허 스님과 만공 스님이 머물렀

던 수덕사로 가는 길은 언제나 가슴 설렌다. 덕숭산 여기저기에 며
칠 전 내린 눈의 흔적이 남아 있고, 소나무 사이로 보이는 하늘이 더
욱 푸르다. 수덕사 앞마당에는 햇살이 노닐고 있지만 언 땅을 녹이
기에는 역부족이다. 햇살이 언 땅을 녹이고 푸른 잎사귀들이 나직이
생명의 노래를 부르려면 아직도 손가락을 몇 번이나 더 꼽아야 한
다. 우송 스님의 처소에 털신 한 켤레가 놓여 있고 붉은 꽃을 활짝
피운 동백이 겨울을 이기고 서 있다.

스님의 방은 소박하게 살아온 수행자의 공간답게 단출하다. 스님은
먼 길 오느라 힘들었을 거라며 이 빠진 컵에 물을 가득 부어 건네주었
는데, 그 모습을 보니 가슴 한 켠이 서늘하게 내려앉는 것 같았다.

먼저 스님은 새해를 맞아 불자들에게 덕담을 들려주었다.

"눈뜰 때가 내가 태어나는 것이다. 땅도 하늘도 새로 열리는 때이
다. 새날 새 아침에 새로 얻은 몸이요, 새로 얻은 땅이요 하늘이다.
정말 가슴 벅찬 일이다. 새로 태어난 내가 새로 얻은 몸과 새로 얻은
태양으로 모든 이를 안아주자. 뜨겁게 사랑해주자. 모든 것은 흘러

간다. 이 몸도 흘러가고 우주도 삼라만상도 다 흘러간다. 흘러 흘러 가서는 돌아오지 않는다. 흐르는 물이 어제의 물이 아니듯 땅도 어제의 땅이 아니요 어제의 태양이 아니다. 새로 태어난 땅이요 새로 태어난 하늘이요 새로 태어난 몸이다. 이 벅찬 기쁨을 너에게 모두 주겠다."

새해를 맞이한 벅찬 기쁨을 모든 이에게 나눠주고 싶어하는 우송 스님의 마음이 그대로 담긴 말씀이다. 평생을 선수행으로 일관해온 스님의 동체대비심을 느낄 수 있었다.

"사람 몸은 지수화풍 사대로 되어 있어요. 내가 땅이요 물이요 불이요 바람입니다. 우리는 저 툭 트인 하늘을 원 없이 누리고 있으며, 저 우렁찬 산을 누리고 어머니 품같이 든든한 땅의 은혜 속에서 살고 있습니다. 태양을 누리고 걸러진 바람을 누리고 지수화풍의 은혜 속에서 살고 있는 것이지요. 그러니 우리는 내가 땅이요 물이요 바람이요 불이라는 것을 자각하면서 살아야 합니다."

스님의 방에는 초 한 자루가 불을 밝히고 있다. 언제나 밝음으로 살겠다는, 무명(無明)에 떨어지지 않겠다는 스님의 의지를 읽을 수 있다. 스님의 목소리는 나직하면서도 어떤 기운이 느껴졌다. 그리고 말씀 한마디 한마디가 시어(詩語)였다.

"땅의 지혜가 문수보살이요, 땅의 따뜻한 자비가 모든 것을 포용하는 관세음보살입니다. 대지의 품처럼 안아주고 키워주고 내가 땅처럼 안아주는 삶이어야 내가 대지처럼 든든해집니다. 내가 물처럼

만조의 바다처럼 마음이 풍부해야 내 뜻도 풍부해지고 부드러워집니다. 관세음보살을 부르면 자비가 오고 가슴이 따뜻해집니다. 자비는 따뜻한 기운입니다. 그렇게 하다보면 추운 겨울에 불이 필요하듯 심장이 뜨거운 사람이 됩니다. 순환이나 호흡은 바람입니다. 사람은 막혀 있으면 안 됩니다. 확 트여서 통풍이 되어야 합니다. 지수화풍이 자비의 관음보살이요 지혜의 문수보살이요 행원의 보현보살입니다. 태산준령을 누가 봅니까? 산을 깨달으면 저 산이 바로 문수보살이요 보현보살인데 보살이 바로 나요 자신입니다. 지수화풍 사대를 누리고 그 은혜 속에서 살고 있으니, 나 또한 원 없이 보살행을 행해야 합니다."

스님은 통째로 우주를 어루만지고 사랑하는 것이 화두요 '이 뭣고'라고 한다. 사람들은 참선 수행이 어렵다고 하소연한다. 그런데 스님은 '공부가 안 된다고 할 때가 사실은 되고 있는 것이며 다 그만한 인연이 있어 공부를 하는 것이니 결과가 눈에 보이지 않는다고 해서 포기해서는 안 된다'고 조언한다. 스님의 말씀처럼 불가능해 보이는 일들도 열심히 하다보면 어느 순간 이루어질 때가 있지 않은가.

"부처님은 성불하시기 전에 세세생생 보살행을 해서 이미 다 갖추었습니다. 부처님은 세세생생 보살행을 했는데, 그 결과가 바로 부처님입니다. 보살행이 복 짓는 행입니다. 《자타카》를 보면 부처님의 전생 이야기를 알 수 있습니다. 그것은 부처님의 전생 이야기이면서 우리의 전생 이야기이기도 합니다. 보살행을 많이 지은 사람도 있을 것이고 그렇지 않은 사람도 있을 것입니다. 전생의 결과가 지금 우리의 모습이 아니겠습니까?"

스님은 많은 수좌들이 앉고 싶어하는 정혜사 선원에서 선의 종장으로서 10년 세월을 보냈다. 스님의 공부에 대해 들려달라고 했더니 공부는 지금도 진행 상태라서 말할 것이 없다고 한다. 단지 이 말을 할 뿐이다.

"수덕사 큰방에서 잠을 자다가 어머니가 아궁이 속에 내 몸을 집어넣고 활활 태우는 꿈을 꾸었어요. 금강대 바위며 산이며 일체 모든 것이 '이 뭣고' 덩어리데요."

조사 스님들은 우주천지가 화두로 들어차면 깨달은 것이라 했다. 우송 스님은 꿈속에서조차 온 세상이 화두 '이 뭣고' 덩어리였으니 이미 깨달음의 경지를 넘어선 것이다.

원담 큰스님은 우송 스님에게 은사 스님이자 생의 큰 버팀목이었다. 원담 스님이 발심했을 때의 이야기는 우송 스님에게 또 다른 발심을 불러일으켰다. 스님으로부터 다음과 같은 이야기를 들을 수 있었다.

어린 원담 스님이 만공 스님을 시봉할 때의 일이다. 어느 날 원담 스님이 탁자 밑에서 몰래《팔상록(八相錄)》을 보고 있는데, 만공 스님이 가만히 와서 내려다보고는 "그게 무엇인가?" 하고 물었다. 빨리 대답을 못하는 어린 시자에게 만공 스님은 단호하게 꾸중을 했다.

"지나가는 거지가 성불해도 너는 틀렸다."

만공 스님은 그렇게 한마디를 던져놓고는 무심하게도 돌아서 가버렸다. 만공 스님은 모든 이들이 도인으로 받드는 분이며, 원담 스님 또한 하늘처럼 믿고 따르는 분이 아니던가. 게다가 어린 원담 스님의 눈에도 만공 스님은 세상 이치를 통달한 분으로 비쳤다. 그러한 만공 스님이 '너는 틀렸다'고 단언하니 원담 스님에게는 큰 충격이었다. 더 이상 살고 싶은 마음이 없었다.

원담 스님은 어떻게 죽을까 고민하다가 참선하다가 죽기로 결심하고는 잠과 추위를 이겨가며 화두를 들었다. 깜빡 졸기만 해도 쫓겨나는 금오 스님과의 용맹정진에서 가장 나이 어린 납자로서 끝까지 버텨냈다. 불거자거(不擧自擧, 화두를 들려고 하지 않아도 저절로 화두가 잡히는 것)도 그때의 일이요, 삼처전심(三處傳心)의 대답으로 만공 스님에게 칭찬받은 것도 그때의 일이었다.

원담 스님이 참선 공부의 첫째 조건이 발심임을 기회 있을 때마다 말씀하셨기에 우송 스님은 그 말씀을 수십 년이 지난 지금까지 가슴속 깊숙이 새기고 있다.

어느 날 원담 스님으로부터 '하루 24시간 중에 한 물건도 짓지 말라(十二時中 不作一物)'라는 휘호를 받았다. 휘호를 받을 때는 좋은 법문이라고만 생각했는데, 은사 스님이 떠나고 없는 지금 생각하면 당신의 삶을 글씨로 써주신 것이라는 생각이 든단다.

우송 스님이 입산한 지 몇 해 되지 않아 혜륜 노스님이 열반에 들었다. 날마다 뵙던 스님을 다비장에서 한 줌의 재로 날려보내고 돌아오니 허전하고 궁금했다. 옆에 계시는 것 같은데 도대체 어디로 가셨을까? 그래서 원담 스님에게 물었다.

"혜륭 노스님은 어디로 갔습니까?"

그러자 원담 스님은 이렇게 답했다.

"니가 있는 곳으로 갔다."

은사 스님의 이 한마디가 앞으로 어떻게 살아야 하는지에 대한 답이라고 생각하고 있다. 우송 스님에게 '니가 있는 곳으로 갔다' 라는 게 어떤 의미인지를 여쭈었다. 그러자 스님은 "답을 들으려 하지 말고 화두라 생각하고 깊이 참구해보라"고 했다. 태어남에는 이미 죽음이 내포되어 있듯이, 삶과 죽음을 둘로 나눌 수 없음을 뜻하는 것이 아닐까 짐작해본다.

스님은 이번에는 풋풋한 연둣빛이 도는 말차를 내밀었다. 향기로운 차를 마시고 나니 긴장감이 사라지는 듯했다. 스님은 말을 이었다.

"사람은 지혜가 있어야 하며, 몸을 읽어가면서 세상을 살아야 합니다. 우리의 몸이 바로 대법(大法)입니다. 몸을 읽는다는 생각 없이 읽을 줄 알아야 합니다. 심장이 내 것이지만 내 마음대로 할 수 없고 내 몸이지만 내 마음대로 할 수 없습니다. 한다는 생각 없이 읽는다는 생각 없이 읽을 줄 알아야 하며, 한다는 생각 없이 심장의 법을 따라주고 위장의 법을 따라주는 것이 '귀의(歸依) 달마' 입니다. 법을 따라서 심장이 싫어하고 위장이 싫어하는 것을 하지 않아야 합니다. 가령 살생을 하면 심장이 충격을 받아요. 이것은 심장이 싫어하는

일입니다. 그런데 좋은 일을 하면 심장이 기분이 좋아집니다. 기분이 좋으면 심장이 훈훈해지지요. 이것이 조화요 귀의승(歸依僧), 귀의불(歸依佛)입니다. 술을 마시면 간이 알코올을 해독하느라 힘들어합니다. 간은 기쁘고 즐거운 것을 좋아합니다. 간이 좋아하도록 기쁘고 즐겁게 하면 그것이 귀의승입니다. 위장 역시 마찬가지입니다. 과식과 진한 고기 등을 피하고 맑고 적당하게 꼭 필요할 때 먹어주면 위장의 법을 따라주는 것입니다. 위장의 법을 따라주고 심장의 법을 따라주고 간이 병실병실 웃도록 하는 것이 화합이요 조화입니다. 그것이 귀의승입니다. 살생을 하여 남의 몸을 산산조각 낸다면 심장이 충격을 받을 것이며 또 남의 것을 탐내거나 훔치면 가슴이 벌렁거리면서 불안합니다. 이런 사람이 무슨 공부가 되겠습니까? 위장이 좋고 심장이 좋고 그런 생활이 바로 귀의삼보의 생활입니다. 한다는 생각 없이 몸을 읽으면서 귀의불, 귀의법, 귀의승 삼보의 생활을 해야 합니다."

스님은 새벽이면 대웅전 앞마당을 빗자루로 쓱쓱 쓸곤 한다. 그럴 때면 지난 하루 동안 너저분했던 마당이 분단장이라도 한 듯 깨끗해지는 것을 느낀다. 스님은 그것을 두고 "마당이 살아나는 것"이라

했다. 스님은 입었던 옷을 세탁하면 옷이 새로 살아난다고 표현했다. 그래서 스님은 사람을 만나러 갈 때는 깨끗이 세탁해서 손질해 둔 옷을 입고 나간다.

　신발을 닦거나 설거지를 할 때도 정신을 집중해서 하면 기분이 좋아지고 마음이 정돈되는데, 이것이 바로 법이요 조화라고 한다. 또 일거수일투족이 바로 불법승 삼보의 생활이니 멀리서 삼보를 찾지 말라고 한다. 밥 못 먹는 사람이 없는데도 사는 것이 힘들다고 하는

데, 좀더 겸허해질 것을 당부했다. 삶이 힘들다고 느끼는 것은 자신이 지닌 절대가치를 알지 못하기 때문이란다.

"우리가 살아갈 수 있는 필수 조건인 자연환경이 이미 갖추어졌는데도 사람들은 자각하지 못합니다. 비록 똥을 치고 살더라도 행복을 느끼는 나라가 잘사는 나라입니다. 자기 일에 행복을 느끼고, 날마다 흐뭇하게 미소 지을 수 있어야 합니다."

스님은 작은 것의 절대가치에 눈을 떠서 신비함을 느끼고 그것을 만끽하며, 앞만 바라보고 경쟁할 것이 아니라 자신이 지닌 내면의 가치를 들여다보라고 한다.

"만공 스님은 '하나하나가 완성이고 하나하나가 부처님이며 한발 한발이 대작불사'라고 했습니다. 저 넓은 바다와 저 푸른 하늘을 원 없이 누리며 사는데 왜 허전해합니까? 피가 뚝뚝 흐르고 김이 무럭무럭 나는 진짜 삶을 살아야 합니다. 그러기 위해서는 보고 듣는 주인공을 찾는 참선을 해야지요."

그러면서 스님은 "어둠의 삶을 살 것인지 광명의 삶을 살 것인지는 자신의 선택에 달렸다"고 한다.

우리는 자신이 지닌 가치를 발견하기보다는 멀리서 구하려고 한다. 자신의 절대가치가 멀리 있는 것이 아니라 내 안에서 피고 지는 그 모든 것에 천상천하의 절대가치가 있음을 깨달아야 하는 것이다. 헛되이 보내는 시간도 내 삶의 일부요, 망상 피우면서 사는 것도 내 삶의 일부라고 생각하면 몸과 마음, 행위와 생각 그 어느 것도 함부로 움직여서는 안 됨을 알 것이다.

　'원망도 미움도 다 걸러져서 크게 한바탕 놓아버려야 날벼락이 떨어져도 마음 다칠 일이 없다'는 스님의 말에 갑자기 가슴이 쿵 내려앉는 것 같았다. 칠십 평생을 오로지 깨우치겠다는 일념 하나로 미움도 원망도 다 내려놓고 물같이 바람같이 살아온 스님의 삶을 말하는 것 같아 자꾸 목이 메었다.

　"베푸는 마음, 주는 마음은 시비가 끊어진 성현의 덕성입니다. 마음이 꽁꽁 닫혀 있으면 방해가 많아서 공부가 되지 않아요. 자비와 보시는 내 마음이 하늘과 통하게 하는 무한의 힘을 실어줍니다. 기도가 일념이 되고 화두가 잡힐 때는 호흡이 미세하게 걸러져서 있는 듯 없는 듯 가늘고 고요해집니다. 호흡이 깊은 하늘과 통하고 있습니다."

　자연을 노래하고 일상의 소중함을 일깨워준 우송 스님이 한없이 크고 위대한 스승으로 다가왔다.

 우송 스님

　수덕사 정혜사에서 원담 스님을 은사로 사미계 수지. 용주사 강원에서 관응 스님을 모시고 《서장》, 《대승기신론》 등을 공부. 동화사에서 향곡 스님, 청계사에서 금오 스님, 망월사에서 춘성 스님, 동화사에서 서옹 스님, 범어사에서 설봉 스님과 동산 스님, 인천 용화사에서 전강 스님을 모시고 정진 수행. 수덕사 정혜사 선원장 역임. 지금은 덕숭총림 유나로 주석.

혜인 스님

백만 배 수행보다 정성과 공경의 마음이 더 값지다

비가 내린 다음 날이라 그런지 온 산천이 맑은 빛이다. 거침없이 흘러내리는 계곡의 물소리는 귀에 와 걸리고 산란한 빛 사이로 흐르는 바람은 온몸에 휘감긴다. 이렇게 물과 바람과 나무와 조우하면서 단양 도락산 산길을 걸었다. 산 중턱쯤 올라가자 나무 사이로 공사 중인 콘크리트 건물이 눈에 들어왔다. 이 건물이 완공되면 금동대불과 백만 부처님이 모셔지게 될 것이다. 혜인 스님은 제주도에 동양 최대 규모라 할 수 있는 웅장하고도 장대한 약천사를 중창했다. 약천사는 제주도의 불교 역사를 바꾸어놓았을 뿐만 아니라 제주도 관광의 필수 코스가 되었다. 그래서 광덕사 불사에 대해서도 사람들의 기대가 크다.

혜인 스님의 거처에 들어서자 그윽한 참나무 향이 먼저 반긴다. 평생을 절수행으로 일관해온 스님의 작은 체구 어디에서 그런 에너지가 나오는지 궁금했다. 스님에게 출가 동기를 여쭈었더니 "해묵은 이야기인데……" 하면서 말문을 열었다.

스님은 열네 살에 출가를 결심했다. 가난하여 끼니 잇기도 힘들었지만 부처님 법을 만나면 밥을 먹지 않아도 배부를 것 같았다. 모두가 가난하던 시절이라 절에서도 풍족하게 먹는 것은 꿈도 꾸지 못했다. 게다가 머리가 나빠 〈천수경〉을 비롯한 의식을 위한 기본 경전도 암송하지 못해 구박받기 일쑤였다.

"지금 사람들이 들으면 이해할 수 있을지 모르겠어요. 우표 값이 없어 다 써놓은 편지를 부치지 못했을뿐더러 차비가 없어 이삼백 리 길을 걸어가야 하는 일도 많았어요. 그래도 이 정도는 아무것도 아니었지요."

절에서 행자 생활도 마쳤으니 이제는 정진을 해야겠다 싶어 부산 묘관음사로 갔다. 결제일보다 훨씬 앞서 온 스님에게 절에서는 결제일에 맞추어서 오라고 했다. 이것도 식량이 부족했기 때문이었다. 마땅히 갈 곳도 없고 여비라고 해봐야 돈 200원이 전부였던 스님은 한때 머물렀던 강원도 백운사로 가기로 했다.

"이틀을 걷고 나니 고무신 밑창이 뚫어져버리네. 처음에는 새끼손가락 굵기만 한 구멍이었는데 한나절을 걷고 나니 엄지손가락보다 더 큰 구멍이 되어버립디다. 그렇다고 전 재산인 200원을 새 신 사는 데 쓸 수는 없었어요. 헝겊에 초를 칠하여 신발 밑창에 대고 기워 신었어요. 백운사에 도착할 때까지 밤마다 고무신을 기웠지요. 모양새는 좋지 않았지만 흙이 신발 속으로 들어오지 않은 것만도 다행이었어요. 도중에 어렵게 밥을 동냥하거나 개미가 잔뜩 들러붙은 사과를 주워 먹기도 하면서 겨우 강원도 백운사에 도착했어요."

그러나 그렇듯 어렵게 찾아간 백운사에서도 참선 공부가 별 진전

이 없었다. 그러던 어느 날 《법화경》을 읽다가 〈관세음보문품〉에서 눈이 번쩍 뜨였다. 스님은 '관세음보살'을 부르면 자신의 고통이 해결될 것 같았다. '모든 고통을 없애주고 재난을 물리쳐주는 관세음보살님, 온갖 소원을 성취해주는 만병통치약과도 같은 관세음보살님을 왜 아직 몰랐을까' 하고 자신을 탓했다. 그날부터 그동안의 서러움과 힘든 일을 모두 관세음보살 염불에 담아 열심히 '관세음보살'을 불렀다.

"그렇게 몇 달이 지나자 스스로도 머리가 좋아졌다는 것을 느낄 수 있었어요. 그리고 필요한 만큼의 재물도 들어와서 박복한 신세를 면하게 되었지요."

다음에는 해인사 장경각에서 백만 배 기도를 하기로 결심했다. 처음에는 하루에 3천 배를 하다가 다음에는 4천 배, 좀더 몸에 익숙해지자 하루에 5천 배를 했다. 그렇게 백만 배를 마치고 나니 자신은 물론 세상도 달라 보였다.

무릎에서 고름이 나오고 코피가 쏟아지는 고통 속에서도 백만 배 수행을 마친 스님의 이야기는 지금도 전설처럼 전해지고 있다. 5척 단구의 몸 어디에서 그런 에너지가 나오는지 궁금했다. 스님은 우리가 늘 하는 절에 대해 이렇게 정의했다.

"절이란 가장 짧은 말로 종교 전체의 사상과 핵을 함축해놓은 것입니다. 절에는 상대에 대한 존경과 공경, 약속, 맹세 등 모든 것이 들어 있어요. 우리가 절에 간다는 것은 절을 통해서 마음을 수행하

＿

는 곳에 간다는 말입니다."

오체투지에는 '존경하는 당신이 밟고 다니는 땅에 몸을 던짐으로써 내 자신을 최대한 낮춘다' 는 뜻이 들어 있다고 한다. 스님은 백만 배를 할 때 두 가지 마음으로 했다. 모든 것을 갖춘 부처님께 드릴 수 있는 것은 절밖에 없었기에 스님은 부처님에 대한 공경과 감사의 마음을 담아서 절을 했다. 또 하나는 서른 살에 백만 배를 했는데, 30년간 신구의(身口意)로 지은 죄를 참회하는 의미로 한 것이다.

스님은 시간이 지나면서 무엇이 그렇게 급해서 백만 배를 채우려고 서둘렀던가 하는 생각이 들었다고 한다. 정성과 공경의 마음으로 하는 것이 절인데, 스스로 생각해보면 부끄럽기도 하고 죄송하기도 하단다.

"백만 배를 했기 때문에 백만이라는 숫자가 별 가치가 없음을 알게 된 것이 아닌가 싶습니다. 요즘에는 새벽 예불 때 108배를 합니다. 백만 배를 할 때는 제불보살에게 뉘우치는 마음과 감사의 마음뿐이었는데, 108배를 할 때는 우주만물에 감사하는 마음, 행복하기를 바라는 마음, 불행을 당한 사람들이 불행을 극복할 수 있도록 기원하는 마음을 담습니다."

혜인 스님은 백만 배보다 아침마다 올리는 108배를 더 귀중하게 생각한다. 스님은 땀 흘려 고생하는 노동자를 위해서, 나라를 지키는 군인과 경찰을 위해서, 교도소에 있는 사형수를 위해서, 충신이었던 성삼문을 위해서, 억울하게 죽은 단종대왕 내외를 위해서, 오

늘 나를 만나는 모든 사람이 행복하기를 바라는 마음을 담아서 절을
한다. 또 사상과 종교와 피부색이 달라도 서로 포용하고 같이 지낼
수 있기를 염원한다. 스님의 108배에는 보살의 동체대비 정신이 담
겨 있음에 틀림없다.

"이렇게 절을 하다보면 이 세상에 존귀하지 않는 자도 없고 고마
워 아니할 대상도 없음을 깨닫게 됩니다."

절에 어떤 정신을 담아서 어떤 마음으로 누구에게 하느냐에 따라
서 절은 백 원짜리가 되기도 하고 백만 원짜리가 되기도 한단다. 수
자영가를 위한 일 배가 백만 배보다 더 가치 있다는 스님의 말은 자
신의 절 수행이 어떻게 회향되어야 하는가를 깨닫게 해준다.

"모든 인류와 만물에게 고맙다는 감사의 예를 올리는 것이 절이지
만, 이것은 또 참회의 정신이기도 합니다. 참회는 나를 낮추고 상대

를 공경하는 것이 근본입니다. 내가 남보다 똑똑하다는 생각, 내가 남보다 돈이 많다는 생각 등 거만한 생각과 상대를 무시하는 마음에서는 자비가 싹틀 수 없어요. 남보다 좀 나은 지위에 있거나 돈을 가졌을 때는 남에게 혜택을 주어야 합니다."

아무리 돈이 많고 학식이 높아도 남에게 혜택을 주지 못했을 때 그것은 독이 될 뿐이란다. 보살이란 인류에게 기쁨과 혜택, 고마움을 주는 사람을 뜻한다. 스님은 갑자기 카메라를 가리키면서 "이것은 카메라 보살입니다. 우리 주위에는 채소 보살, 쌀 보살, 볼펜 보살 등 많은 보살이 있습니다"라고 하면서 이러한 사물들처럼 사람도 다른 사람에게 기쁨과 이익을 주기 위해 노력해야 함을 강조한다.

"날마다 참회를 하세요. 그릇된 업, 잘못된 업을 녹이는 데는 참회보다 더 좋은 것이 없습니다. 할 수 있다면 매일 108배를 올리며 참회를 하십시오. 108배가 힘들면 일곱 번을 절하는 '오분향 예불'을 올리며 참회하는 것도 좋습니다."

그릇을 깨끗하게 씻은 다음 음식을 담듯이 참회는 기도를 하기 전에 자신의 마음을 깨끗이 하는 행위이다. 잠깐이라도 참회하는 삶과 그렇지 않은 삶은 하늘과 땅만큼의 차이가 있다. 죄업이 굳고 찌들기 전에 그때그때 씻어내고 닦아주어야 한다. 속상한 일이 있으면 술이나 오락으로 풀려 하지 말고 참회로써 풀어나가는 것이 바람직하다는 스님의 말에 삼배를 올리고 싶어졌다.

사람들은 자신의 잘못을 반성하는 것을 참회라고 하는데 내가 잘

못하지 않았다 하더라도 잘못했다고 말하는 것이 참회이며, 내 기분을 앞세우기보다는 상대방의 기분을 먼저 생각하는 것이 또한 불교라고 한다. 상대방의 기분을 맞춘다는 것은 아부와는 다른 하심과 무아의 실천이 아닐까 싶다. 아상을 버리라는 또 다른 말이다.

"기도 속에 참회와 정진의 의미가 다 들어 있어요. '기복(祈福) 불교는 별것 아니다' 라고 말하는 사람이 있는데 이러한 생각이 불교를 망하게 합니다. 일체중생은 자신이 행복하기를 바라고 좀더 잘되기를 바라는데 기복이 왜 필요 없어요? 기복이 없으면 불자들이 절에 올 필요도 없어요. 기복이 있어야 작복(作福)도 있지요. 불교가 기복에서 탈피하고부터 신자들이 추풍낙엽처럼 떨어져나가고 사찰 재정이 힘들어졌으며 사람들의 호응도가 낮아졌어요. 기도나 기복에서 탈피해야 한다고 말하는 사람은 기독교인들이 불교를 두고 미신이라 말하는 것과 같습니다."

스님은 백만 배를 하고 나서 자신이 변화된 것을 느꼈다는 말과 함께 기도를 통해서도 자신을 얼마든지 변화시킬 수 있음을 강조했다.

스님의 법문은 우리의 생활과 유리되지 않아 큰 감동을 준다. 이제까지 스님의 법문을 듣고 신심을 냈으니 어떻게 하면 기도가 헛되지 않는지를 여쭈었다. 스님은 빙긋이 웃더니 말을 이어갔다.

"관심일법(觀心一法)으로 정진해야 합니다. 관세음보살을 외우든 대비주 주력을 하든 화두 참선을 하든 경전을 외우든 어떤 방법이든 상관없어요. 오직 한 가지 수행법을 구심점으로 삼아 꾸준히 하는 것이 관심일법입니다. 어렵지 않아요."

화두 참선을 하는 사람은 '이 뭣고'나 '무(無)자' 등의 화두를 잡고 그것에만 매달리면 된단다. 밥 먹을 때나 목욕할 때, 잠자리에 들 때 쉬임 없이 화두를 생각하고, 근심스러운 일이 생기거나 일이 잘 풀리지 않을 때도 화두에 집중하라고 한다. 화두를 하는 사람에게는 화두를 놓치지 않는 것이 관심일법이요, 관심일법이 되면 근심도 사라지게 된단다. 또 '관세음보살'을 외우는 사람은 '관세음보살' 염불을 놓치지 않는 것이 관심일법이란다. 염불을 열심히 하는 사람에게 나쁜 마음, 삿된 마음이 생길 수 없으며, 그 대신 고요와 평화가 깃들고 지혜가 발현되어 모든 문제가 저절로 해결되는 것이 세상의 이치란다.

스님은 부처님께서 이처럼 여러 가지 방법을 열어놓은 까닭은 사람마다 인연과 근기가 다르기 때문이라고 한다. 모두가 부처님 법이니 높고 낮음을 따져서도 안 될뿐더러 최고로 좋은 수행법은 없단다. 자신의 근기에 맞고 인연이 된 수행법 한 가지를 정해서 매가 꿩을 잡을 때처럼 집중하여 수행해보란다.

"내가 정진하고 있는 그 일법(一法)이 최상의 법입니다. 한 생각 놓치지 말고 열심히 하세요."

혜인 스님의 쉽고 명쾌한 법문은 많은 대중에게 인기가 있다. 성 안 내는 얼굴도 값진 공양이요, 부드러운 말 한마디도 복과 상이 된다는 말씀 또한 자주 하는 법문 중 하나이다. 사람들은 행복이 저 멀

리 있는 줄 알고 높은 곳을 쳐다보지만 행복은 우리 가까이 있음을 알아야 한다. 행복이 가까이 있는 만큼 불행도 가까이 있다는 것 또한 간과해서는 안 된다. '한번 성내는 마음을 일으키면(一念瞋心起) 온갖 장애의 문이 한꺼번에 열린다(百年障門開)'고 하지 않는가.

스님이 불자들에게 또 하나 해주고 싶은 법문은 '평생을 함께하기로 약속한 사람에게 최선을 다해야 한다'는 것이다. '남편은 아내의 가슴과 머리에, 아내는 남편의 가슴과 머리에 고맙고 감사한 사람으로 이름을 새기는 것이 진정한 불자요 성공한 불자'란다. '남편 또는 아내의 마음을 편하게 해주지 못하는 사람이 어디 가서 성공에 대해 따질 것인가'라고 반문한다. 스님의 이러한 말은 상대방에게 최선을 다하고 있는지, 가정의 진정한 행복을 위해서 노력하고 있는지 다시금 돌아보게 만든다.

이제 우리가 할 일은 스님이 가르쳐준 대로 행복하게 사는 법을 익혀 실행에 옮기는 것이다.

🌼 혜인 스님

1943년 제주도 화순에서 출생. 팔공산 동화사에서 일타 스님을 은사로 사미계를, 해인사에서 자운율사를 계사로 구족계를 수지. 해인사 승가대학을 졸업하고 제방 선원에서 10안거를 성만. 30세에 해인사 장경각에서 백만 배 절기도를 성취. 1981년 제주 약천사 중창 불사를 시작하여 1996년에 완공. 지금은 단양 광덕사에 주석. 저서로 《신심》과 《원력》이 있음.

혜거 스님

원망과 미움은 내 스스로 만드는 것

여름 해는 길었다. 텅 빈 골목 한 켠에 쪼그려 앉은 소년은 스쳐가듯 배운 오언율시와 칠언율시를 가락에 맞추어 몇 번이고 반복해서 읊조려보았다. 서당에 간 친구들이 빨리 돌아오기를 기다렸다. 형편이 어려워 서당을 줄곧 다닐 수 없었던 소년은 서당에 가는 날보다 쉬는 날이 더 많았다. 공부가 너무나 하고 싶었던 소년은 친구들로부터 글 동냥을 하다시피 해서 《소학》, 《논어》, 《맹자》를 익혀나갔다. 굶주림으로 인한 허기보다 배움에 대한 허기가 소년을 슬프게 했다.

어느 날 잿빛 승복을 입은 삼촌이 왔는데 참으로 멋져 보였다. 또 학식이 높아 모르는 것이 없었다. 어린 소년의 눈에는 승복을 입으면 삼촌처럼 세상의 모든 것을 알 것만 같았다. 배움에 대한 열망으로 가득 찬 소년의 마음을 감지한 삼촌 김지견 박사는 소년을 탄허 스님에게 보냈다. 김지견 박사가 써준 추천장을 들고 속초 영은사로 간 열다섯 살 소년은 절에 발을 디딘 순간 환희심에 젖었다. 이 방 저 방에서 흘러나오는 글 읽는 소리에 '여기가 바로 내가 살 곳이구나' 하는 생각이 들었던 것이다.

탄허 스님은 소년에게 점심 공양하면서 〈천수경〉을 외우라고 주
었는데, 그날 저녁 공양 전에 다 외워버렸다. 소년의 뛰어난 한문 실
력과 영특함을 한눈에 알아본 탄허 스님은 이 신참에게 '화엄경 3년
결사'에 동참할 것을 명했다. 당대 최고의 학자인 탄허 스님을 만난
소년은 스승의 가르침을 그대로 이어받았으니 그 소년이 바로 혜거
스님이다. 3년간의 행자 시절에 탄허 스님을 모시고 사교와 사집을
배웠고, 출가자가 익혀야 할 공부의 반을 마쳤다. 당시 스님은 나무
하고 채마밭 가꾸느라 차분히 앉아 경전 외울 시간이 없어 돌아다니
면서 경전을 외우다보니 '수보리 행자'라는 별명을 얻기도 했다.

스님은 스스로를 "스승 복이 많은 사람"이라고 한다. 스승과 제자
의 연도 억겁의 세월을 거쳐 만들어지는 것. 스님은 자신을 추어올
리는 것을 질색하지만 사람들은 그를 우리나라에서 몇 손가락 안에
드는 강백으로 꼽고 있다.

스님의 처소에 들어서자 묵향이 먼저 반긴다. 책상 위에는 벼루와
붓이 가지런히 놓여 있다. 수행삼아 《금강경》 열 폭 병풍을 800벌이나
써보았지만 글씨가 마음에 들지 않아 지금도 계속 연습 중이라 한다.

스님이 서울 개포동에 금강선원을 개원한 지도 20년이 넘었다. 매
년 1만 5천 명 정도가 수강하고 이곳을 거쳐간 사람만도 27만 명이
라고 하니, 강남 일대에 불교와 공부 열풍을 불러일으켰다는 소문이
괜한 소리가 아님을 알 수 있다. 금강선원에서는 한문 원전으로 경
전을 공부하는데 보통 700~800명이 모인다. 금강선원에는 한자능력

시험 2~3급 합격자가 수백 명이 넘는다고 하는데, 한자 공부를 적극 장려하는 이유가 무엇인지 궁금했다.

"이곳에 오는 사람들 대부분은 주부입니다. 그들의 신앙 생활이 사치성과 오락성에 그치게 해서는 안 되겠다는 생각이 들었어요. 또 그들에게 자신감을 심어주고 싶어서 자신이 가장 잘할 수 있는 기능을 한 가지씩 가지라고 했지요. 가령 일본어나 영어를 잘하는 사람은 그것을 발전시켜나가고, 그마저 없는 사람은 한문을 공부하라고 했어요. 절에 나오는 사람은 가정에서 존경받는 사람이 되어야 합니다. 할머니나 어머니가 공부를 하고 있으면 자식과 손자들이 존경해요. 두 번째는 경전을 원문으로 공부하지 않으면 머리에 남지 않을 뿐더러 깊은 맛을 몰라요. 더구나 우리는 한자 문화권이기에 한문을 공부해두면 여러모로 유용합니다."

한문 실력을 갖춘 사람과 그렇지 않은 사람을 가르쳐보면 이해의 폭이 확연히 차이가 난다고 한다. 한문을 모르는 사람에게는 더 많은 설명이 필요하고 구구절절 설명하다보면 불교의 핵심을 놓칠 때도 있어 불교 공부를 하려면 한문이 필수란다.

스님은 남에게만 배우라고 하는 것이 아니라 자신 또한 배움의 끈을 놓지 않는다. 역경을 공부하다가 한자의 어조사 쓰임이 분명하지 않아 중국어를 배울 필요성을 느끼고 2004년에 중국 하얼빈으로 반년 동안 어학 연수를 다녀왔고, 지금도 매일 새벽 두 시간씩 학원에서 중국어 공부를 한다. 중국어를 읽고 쓰는 데는 별문제가 없지만 사람마다 억양과 발음이 달라 듣는 데 어려움을 느끼기에 계속해서 공부하고 있단다.

"나는 대충 하는 것은 용납하지 않아요. 하나를 하더라도 분명하게 해야 합니다. 금강선원에 오는 사람들은 적어도 내 취지를 받아들이는 사람들이지요."

스님은 금강선원에서 매주 월요일, 수요일, 금요일, 일요일에 경전 강의와 참선 지도를 하고 있으며, 불교TV와 서울불교전문강원에서도 강의를 하고 있다. 스님의 강의가 인기 있는 것은 어려운 경전을 쉽고 명쾌하게 설명하기 때문이다.

스님은 교학을 공부하여 경전 공부가 깊어진 다음 1964년 김제 홍복사 선방에서 처음으로 결제를 했다. 화두를 들면 번뇌망상이 치성했지만 선 공부 또한 누구보다도 치열하게 했다. 금강선원에서는 선과 교를 적극적으로 가르치고 있다. 선을 하는 사람이 교를 배우면 공부에 방해되는 것은 아닌지를 여쭈었다.

"방해가 되는 것은 사실입니다. 공부한 것을 버리지 못하고 붙잡고 있는 사람은 방해가 되지만 배운 것을 버리면 버린 자체가 참선을 다시 하지 않아도 됩니다. 경전을 통해서 공부한 개념, 관념, 지식 등을 버릴 수만 있다면 그것이 공부이지요. 가부좌를 틀었다고 다 공부가 되는 것은 아닙니다. 사람들은 조사선을 중국선이라 하지만 그것은 잘못 알고 있는 것입니다. 《화엄경》〈입법계품〉을 보면 선재동자가 53선지식을 찾아다니면서 문답을 나누는데 그것이 조

사선의 가풍입니다. 선재가 찾아가 묻고 답하는 것이 바로 선문답이며,《화엄경》〈입법계품〉 자체가 선의 진면목입니다."

머릿속에 각인된 것을 어떻게 버리느냐고 했더니 부처님 가르침대로 따라가기만 하면 저절로 버려진다고 한다. 아난존자는 부처님의 사촌이자 왕족 출신이었기에 참으로 오만했다. 하지만 부처님의 가르침을 받으면서 자비관을 통하여 그 오만함을 버릴 수 있었다. 오만함을 버리고 탁발을 나갔더니 누구보다도 탁발이 쉬웠다는 이야기를 예로 들어 설명해주었다. 내가 없으면 버릴 것조차 없다고 한다.

"지적소유권이니 뭐니 해서 자신의 지식을 철저히 자기 것이라 생각하는데, 알고 보면 다 세상으로부터 얻은 것이지 자기 것이 아닙니다. 세상으로부터 얻은 것을 혼자만 알겠다고 움켜쥐고 있으면 그것은 스스로가 손해입니다. 그것을 빨리빨리 여러 사람이 공유할 수 있도록 해야만 발전할 수 있어요. 공부하는 사람이 자꾸 나 또는 내 것을 앞세워서는 안 되지요."

스님이 직접 운전을 한 지 15년이 넘었다. 그동안 스님이 남의 차를 들이받아본 적은 없는데 다른 차가 스님의 차를 들이받은 적은 세 번 있었다. 그때마다 스님은 '내 차가 당신 차 앞에 있어서 사고가 났으니 정말 미안하다'는 말과 함께 스님의 차를 들이받은 그 차의 수리비를 다 지불해주었다. 말을 앞세우기보다는 몸소 무아(無我)를 실천하는 스님의 성품을 알 수 있는 부분이다. 스님의 이야기

를 듣는 순간, 자비보살로 통하는 지월 스님의 이야기가 떠올랐다. 어떤 사람이 지월 스님의 뺨을 때리자 스님은 그 사람의 손을 감싸면서 얼마나 아팠겠느냐고 위로했다고 한다.

참선은 이 세상 지식으로 더 이상 알 수 없을 때, 풀어야 할 사무친 의문을 어느 곳에서도 해결할 수 없을 때 하는 것이라고 한다. 스님

은 세상에서 배울 수 있고 해결할 수 있다면 무엇 때문에 참선을 통해서 배우고 해결하려 하겠는가 하고 반문했다. 참선은 실제로 부딪쳤을 때 이상 없이 자신을 잘 다스릴 수 있을 때 공부가 깊어지는 것이다.

"원망심을 품은 사람이 아무리 원망을 하지 않으려 해도 원망은 자꾸 가지를 치고 끊임없이 나와요. 상대에 대한 원망심이 스스로 없어졌을 때 그 생각이 다시 일어나지 않게 됩니다. 미워하는 마음이 생기는 것은 상대에 의해 미움과 원망이 나오는 것이 아니라 전부 내 스스로가 만들었다는 것을 빨리 깨달아야 합니다. 참선은 내 마음을 다스려야겠다는 생각이 간절히 솟구칠 때 잘할 수 있어요. 그때는 참선 방법을 따로 누구에게 물을 것이 없고 스스로에게서 나오게 됩니다. 참선을 하되 반드시 중생을 구제하겠다는 원을 세워야 합니다."

스님은 경전 공부로 기초를 다진 후에 참선문에 들라고 당부했다.

"어렸을 때 먹어야 할 게 있고 어른이 되어 먹어야 할 게 있습니다. 초심자가 참선문부터 들어가는 것은 어린아이에게 녹용을 먹이는 것과 같습니다. 초심자는 경전 말씀을 통해 발심을 견고하게 하고 나서 참선 수행을 해야 합니다."

경전을 공부하지 않고 참선만 하면 진전이 없단다. 참선을 해서 한 경지를 얻었을 때 그 경지에서 나온 말이 부처님 말씀과 똑같아야지, 부처님 경지는 얻었지만 그 말이 부처님 말씀과 다르다면 그것은 불교가 아니란다. 스님은 참선과 경전 공부를 함께 하라고 당부했다.

"탄허 스님의 지도 방침은 공양주든 행자든 공부하고 싶은 사람은 모두 해야 한다는 것이었습니다. 공양주가 《화엄경》 공부를 하는 바람에 탄허 스님을 비롯한 전 대중이 3년간 점심 공양은 찬밥을 먹어야 했지요. 나중에는 부목(負木)까지도 공부를 하는 바람에 영은사 주지 스님이 나무하고 등짐 나르고 했어요. 주지 스님이 바로 보살이라 생각합니다. 탄허 스님은 저녁 9시만 되면 방문객이 있든 없든 잠자리에 들어서는 새벽 1시든 2시든 늘 첫잠이 깨면 일어나서 정진하셨어요. 공부를 하려면 먼저 몸을 조복받아야 합니다. 몸을 조복받는다는 것은 오욕을 다스린다는 것인데, 이것이 결코 쉽지 않습니다."

중생은 몸과 마음이 분리되어 몸이 해서는 안 될 일을 마음이 하고자 하며, 마음으로는 하지 않아야 함을 알지만 또 몸이 자제되지 않으면 이성과 감성의 갈등이 일어나게 된단다. 만약 몸과 마음이 하나되어 순수한 마음으로 일관한다면 그 사람이야말로 세상을 마음대로 할 수 있고 세상의 주인이 될 수 있다고 하니 몸과 마음을 일치시키는 것 또한 중요함을 알게 되었다.

혜거 스님은 지금 우리는 지식이 포화 상태이니 지식을 더하려 하지 말고 오히려 하나씩 버리라고 했다.

"이제는 지식을 인격화해야 할 때입니다. 인격화의 첫걸음은 '아

상, 인상, 중생상, 수자상'을 다 없애는 것입니다. 경전 하나하나를 인격화하는 것이지요. 지식을 인격화하는 데 불교와 불자들이 앞장 서야 합니다."

스님은 불교가 우선적으로 해야 할 일 세 가지를 꼽았다.

"첫째는 우리의 전통 관혼상제를 살려내는 데 불교가 앞장서야 합니다. 둘째는 각 기업체마다 불자회를 만들어서 활성화되도록 해야 합니다. 불자회가 잘 되어 있는 곳은 노사 분쟁이 잘 일어나지 않아요. 불교 신도는 양보를 잘합니다. 1960년대 서울 세검정에서 수십 채의 절이 기독교인에 의해 불태워졌을 때도 불자들은 그에 대해 아무런 보복을 하지 않았어요. 이것만 보아도 불교 단체가 나라에 얼마나 안정을 주고 있는지 알 수 있어요. 셋째는 전 국민에게 참선을 보급해야 합니다. 참선은 세상을 살아가는 데 필요한 양식이므로 모두가 참선을 해야 합니다. 자꾸 도통하는 데 초점을 맞추는데, 몸과 마음을 극복하는 순간 도는 열리게 되어 있어요. 도란 사람이 가는 길입니다. 내가 나를 극복하고 나면 그 길이 저절로 보이는데 자꾸 허깨비 같은 이야기를 하고 있으니 답답해요."

중국의 장사(長沙)화상에게 한 스님이 물었다.

"어떤 것이 사문의 눈입니까?"

"깊고 깊어서 드러낼 수 없느니라. 부처나 조사가 되어도 드러낼 수 없고 육도를 윤회해도 드러낼 수 없느니라."

"무엇이기에 드러낼 수 없다 하십니까?"

"낮에는 해를 보고 밤에는 별을 보는 것이니라."

"학인이 잘 모르겠습니다."

"묘고산(妙高山)의 빛이 푸르고 푸르니라."

선은 특별한 것이 아니라 평이한 것이며, 일상이 바로 도임을 드러내주는 법문이다. 혜거 스님은 장사화상의 가르침을 예로 들면서 "참선 수행을 통하여 신통을 얻게 되거나 남의 마음을 읽는다거나 전생을 알게 되는 등 어떤 특별한 능력을 얻을 것이라 기대한다면 그것은 자신을 망치는 것"이라 했다.

'어떻게 해야 부처를 만나고 볼 수 있을까?' 라고 의문을 품는 것이 바로 참선이라고 한다. 사실 부처 아닌 사람이 없으며 부처가 존재하지 않는 곳은 어디에도 없다. 왜냐하면 부처는 바로 진리이기 때문이다. 무지(無知)라고 하는 어둠에 가려 있기 때문에 보지 못하는 것이다. 스님은 "말과 행동 속에서 진리를 실천해갈 때 무지가 사라지고 비로소 부처가 드러나는 것"이라 했다.

스님은 대만의 자광사라는 절을 예로 들면서 실천 수행을 강조했다. 자광사는 병원을 열어 극빈자들에게 무료 진료를 해주는가 하면 세계 60개국에 학교를 세우는 등 국경을 초월하여 적극적으로 복지 사업을 벌이고 있다. 이것이 대만이 유엔에서 쫓겨났지만 세계에서 고립되지 않는 이유라고 한다. 스님은 불자들도 "자신의 향상된 기운을 나라에 쏟아야만 나라가 발전하고 나아가 후손들이 잘살 수 있음"을 강조했다.

소아(小我)로 살지 말고 대아(大我)로 살라는 스님의 말씀이 참으로 귀하다. 이미 우리는 부처 성품을 지니고 있는데도 중생 노릇을 하고 있으니 곧은 것을 휘어서 다시 구부리는 우를 범하는 것과 같지 않나 싶다. 봄은 아직 저 멀리 있건만 봄을 노래하고 싶다.

비에 젖은 붉은 복사 꽃잎이 여리고
바람 맞은 푸른 버들 실낱처럼 가볍구나.

혜거 스님

1959년 영은사에서 탄허 스님을 은사로 득도. 1961년 월정사에서 범룡 스님을 계사로 사미계를, 1963년 해인사에서 자운 스님을 계사로 비구계를 수지. 탄허 스님 회상에서 사교와 사집을 수료했으며, 영은사에서 화엄경 3년 결사에 동참. 1978~1982년 탄허 스님의 역경을 보조. 1992년 한암대종사문집편찬위원장 역임. 1988년 금강선원을 개원하여 경전 강의와 선 수행 지도. 저서로 《참나》, 《혜거 스님의 금강경 강의》, 《15분 공부 집중법》, 《가시가 꽃이 되다》 등이 있음.

 묘허 스님
빈 그릇은 담기고 가득 찬 그릇은 넘치게 마련

단양으로 가는 길은 참으로 야단스러웠다. 여름 내내 품고 있던 홍화빛과 겨자빛을 아낌없이 풀어내고 있는 산색의 화려함을 그 어디에 비하랴 싶었다. 억새는 하얀 꽃을 머리에 이고 바람결 따라 노닐고, 보랏빛 쑥부쟁이와 노란 산국은 앞다투어 피어 가을빛을 더했다. 화엄 법회가 따로 없었다.

구불구불한 산길을 따라 수십 번을 돌아가면 단양팔경의 하나인 사인암(舍人岩) 팻말을 볼 수 있다. 사인암은 늙음을 한탄하는 시조를 남긴 고려 말의 유학자 우탁(禹倬)의 행적이 어린 곳이다. '……찾아오는 백발은 막대로 치려고 했더니 백발이 먼저 알고 지름길로 오더라'라는 우탁의 시 한 구절을 떠올려본다.

사인암을 지나 한참을 올라가자 산그늘 짙은 이곳에 절이 있을까 싶은데 저 멀리 지장보살상이 지남처럼 우뚝 서 있다. 방곡사는 지장 도량으로 가꾸어져서 다양한 지장보살들을 만나게 된다. 묘허 스님이 불사한 신탄진 신흥사와 김해 원명사도 지장 도량인데, 은사 스님의 뜻을 받들어 머무는 곳마다 지장 도량으로 일구어나간다. 묘허 스님은 지금의 자신을 있게 한 화엄 스님에 대한 보은의 길은 지장 신앙을 널리 펴는 것밖에 없다면서 은사 스님의 이야기를 이어갔다.

"은사 스님은 평생을 수좌로 살다 가셨지만, 선방에서 가부좌하고 앉아 '이 뭣고' 하는 것만을 권하지는 않았어요. 살아가는 순간순간에 나의 참모습에 대해 의심을 품고 그것을 풀어보는 것도 화두요, 관세음보살이나 지장보살을 열심히 부르는 것도 화두이니 놀지 말고 무엇이든 부지런히 할 것을 권했습니다."

화엄 스님은 어머니의 권유로 일본 오사카 의대를 다녔는데, 2차 세계대전 때 군의관으로 남양군도에서 근무했다. 화엄 스님의 어머니는 매일 등을 밝혀놓고 지장보살님에게 지극정성으로 아들이 무사하기를 기원했다. 그러던 어느 날 군대 막사에서 잠을 자던 화엄 스님은 어머니가 부르는 소리를 듣고 막사 밖으로 뛰쳐나왔다가 의대 다니던 시절 자신이 만든 등이 불을 환하게 밝힌 채 떠 있는 것을 보고 그 등을 따라 발걸음을 옮겼다. 잠시 후 막사는 미군의 폭격으로 산산조각이 났고 화엄 스님만 목숨을 건졌다. 스님은 그 후 어머니의 뜻을 이어 일생 동안 지장기도를 했다.

"은사 스님은 전쟁이 끝나고 서울대 병원에서 의사로 근무했어요. 그러던 중 범어사에서 100일간 지장기도를 하면서 출가의 뜻을 굳혔고, 동산 스님의 상좌가 되었어요. 은사 스님은 지장기도에 얽힌 일화와 선에 대한 에피소드도 많아요. 그중에서 동산 스님으로부터 조주 무자 화두를 받아 첫 안거를 마치고 도반들과 기장으로 만행을 나갔다가 도인을 만난 이야기가 가장 기억에 남아요."

화엄 스님은 세 스님과 함께 기장 바닷가를 거닐었는데, 어찌나 좋았던지 해가 지고 버스가 끊긴 줄도 몰랐다. 그래서 민가에서 하룻밤을 자게 되었다. 다른 스님들은 잠이 들었지만, 화엄 스님은 첫 안거를 마친 것이 너무 좋아 밤바다를 걸었다. 그때 집주인인 백발의 노장이 다가와서 선방 수좌냐고 물었다. 그렇다고 대답했더니 노장이 "부처님께서 영축산 영산회상에서 연꽃을 들어 보이시니 가섭이 그 뜻을 알고 파안대소했다 하더군요. 또 부처님께서 늦게 도착한 가섭을 위해 당신이 앉아 계시던 탑의 반쪽을 내어주어 나란히 앉았다고도 합니다. 그런가 하면 슬피 우는 가섭에게 열반하신 부처님께서 관 밖으로 두 발을 내밀어 보이셨다고 하더군요. 이 세 가지 이야기는 무엇을 의미하는 겁니까?"라고 조용히 질문을 던졌다.

　　"백발의 노장이 부처님께서 삼처전심한 도리를 물었는데 은사 스님은 대답 한마디 못했어요. 은사 스님은 다음 날 아침 그 노장 대할 일이 부끄러워 그길로 밤새도록 걸어 범어사로 왔다고 합니다. 그러고는 두문불출하고 삼처전심을 화두로 해서 3년간 파고들었더니 어느 날 눈앞이 밝아지면서 답을 얻었어요."

　　화엄 스님은 자신의 공부도 웬만큼 익고 해서 그때 같이 간 도반들과 기장의 백발 노장을 찾았다. 그런데 노장은 죽어 입관을 앞두고 있었다. 화엄 스님은 이미 죽은 분이지만 뵙기를 요청하여 대면했는데 노장이 생전 모습대로 앉아서 눈을 뜨고 있었다. "노장께서 저에게 나고 죽는 것이 본래 없는 것이라 하더니 어째서 이렇게 죽은 몸을 뵙게 됐습니까?"라고 시신을 향해 물었다. 그랬더니 시신이 손가락을 까딱하기에 "손가락이 없으면 무엇으로 대답하겠습니까?"라고 다시 물었더니 이번엔 팔을 번쩍 들어 보였다.

이처럼 화엄 스님에게는 쉽게 믿을 수 없는 기이한 일들이 많았지만, 은사 스님은 "그런 일들은 심심파적은 될 수 있을지 몰라도 깨달음과는 상관없는 일"이라고 일축했다.

묘허 스님은 "속세의 모든 반연을 끊어야 출가가 주어지는데, 출가해서 필연적으로 맺어야 하는 인연이 은사와 상좌의 인연이니 얼마나 귀중합니까? 은사 스님은 당신 수행에는 혹독했지만 무애자재하게 세상과 가까이 하면서 중생들을 교화하셨던 따뜻한 분이었어요"라고 회고했다.

묘허 스님은 불교를 알고 도를 깨닫기 위해서가 아니라 오로지 살겠다는 일념으로 동진 출가했다. 본래 손이 귀한 집안이라 어머니가 부처님께 기도해서 낳은 아들인데, 큰집에 대를 이을 손이 없어 양자로 가게 되었다. 그때가 일곱 살, 어머니가 보고 싶고 집이 그리워 큰집에 마음을 붙일 수가 없었다. 아이가 정을 못 붙이니 큰어머니는 큰어머니대로 정붙이라고 교회를 데리고 다녔다.

"중학교 1학년 때 병이 났는데 마음의 병이라 어떤 약도 소용없었어요. 병원에 입원해 있으니 친척들이 병문안 와서는 '절에 가서 공들여 낳은 자식인데 교회 다녀서 병에 걸렸다'라고 한마디씩 툭 던지고 가데요. '절에 다녀야 하는데 교회 다녀서 벌 받았다'는 사람들

의 말이 어린 마음에 깊이 박혔어요. 살고 싶은 마음이 간절했고 절에 가면 살 수 있겠다는 생각이 들었지요. 그래서 홀로 찾아간 곳이 상주 남장사였고, 그곳에서 화엄 스님을 만났습니다. 그렇게 내 갈 길을 가니 병이 씻은 듯이 나았고 칠십 평생 살면서 치과 외에는 아파서 병원 간 적이 없어요."

묘허 스님은 출가 후 10년 넘게 보광전의 마루를 하루에도 수십 번씩 닦았다. 마음 닦는 일을 게을리해서는 안 된다는 화엄 스님의 가르침을 실천하기 위해서였다. 마음의 때는 수행을 통해서 깨끗해질 수 있으며, 설사 깨끗해졌다 하더라도 끊임없이 닦지 않으면 곧 더러워질 수 있음을 깨우쳐준 은사 스님의 깊은 뜻을 출가한 지 20년이 지난 후에야 알고는 감사의 예를 올렸다고 한다. 그때가 바로 묘허 스님이 견처를 확인한 때가 아닌가 싶다.

스님은 '영가 법문'을 잘하기로 소문이 나서 이미 불교TV에서 〈묘허 스님의 49재 특강〉이라는 테마로 24회에 걸쳐 강연을 하기도 했다. 스님의 49재 법문은 논리정연하여 듣는 이로 하여금 49재에 대한 의문을 풀어줄 뿐만 아니라 그 중요성을 깨우쳐준다.

"사람이 죽고 나면 육체 없이 머무는 기간이 49일입니다. 다시 새로운 몸을 받는 데 49일이 걸린다는 말이지요. 우리가 일생 동안 선업, 악업, 좋지도 나쁘지도 않은 무기업을 한량없이 짓잖아요. 안이비설신의(眼耳鼻舌身意) 육식에다 말나식을 더해서 칠식이라 해요. 이 칠식 작용에 의해서 선업과 악업을 짓게 되고, 지은 모든 업이 팔식인 아뢰야식에 잠재됩니다."

육체의 생명이 끝났다는 것은 칠식 작용이 멈추었다는 것을 뜻한다. 의식이 없어지니까 오관(五官)인 안이비설신이 작용을 못하고, 오관이 작용을 못하니까 칠식 작용도 소멸되고 죽음을 맞이하는 것이다. 그러면 아뢰야식에 잠재되어 있는 업식만 남게 되는데, 이 업식이 둥둥 떠서 염부로 가게 된다.

"숨 떨어지는 그날부터 1주일 되는 날까지는 제1진광대왕(秦廣大王)전에 가서 눈으로 물질과 모양과 빛깔을 대상으로 해서 지은 선업과 악업을 가려내고 재판을 받아요. 14일째 되는 날은 제2초강대왕(初江大王)전에 가서 귀로 듣고 지은 업이 선인지 악인지를 재판받아요. 21째 되는 날은 제3송제대왕(宋帝大王)전에 가서 코로 냄새를 맡아서 좋은 향기 풍기면 좋아하고 나쁜 냄새 풍기면 싫어한 업을

재판받아요. 27일째 되는 날은 제4오관대왕(五官大王)전에 가서 입으로 지은 업을 재판받아요. 35일째 되는 날은 제5염라대왕(閻羅大王)전에 가서 몸으로 지은 업을 재판받아요. 염라대왕은 염부 10대왕 중에 수석대왕이라 5재를 잘 지내주어야 해요. 7재까지 안 가고 5재 때 윤회전생을 하는 경우가 많기 때문에 중요해요. 42일째 되는 날은 제6변성왕(變成王)전에 가서 마음으로 지은 업을 재판받고, 49일째 되는 날은 제7태산부군(泰山府君)전에서 엄정하게 재판을 받습니다. 그러고 나면 선업과 악업과 무기업이 얼마나 되는지 가려집니다. 그 업에 따라서 미래세를 확정짓고, 확정지어진 판결문에 도장하나 쾅 찍으면 영가들이 풀려나게 됩니다."

영가들은 자기의 업식대로 암소 자궁이든 암돼지의 자궁이든 찾아들게 된다. 스님은 수태되는 순간을 두고 "이 집에 들어가면 되겠다 싶어 들어갔다가 한숨 돌리고 눈을 떠보니 아무것도 없는 캄캄한 암컷의 자궁 속인 것이지"라고 재미있게 표현했다.

"새로운 몸을 받기 전에 나쁜 업이 있더라도 잘 판결하여 좋은 세상으로 보내달라고 염부시왕님전에 부탁드리는 것이 49재입니다. 49재를 모시나 안 모시나 99.9퍼센트는 49일 만에 윤회전생을 해요."

밖은 어둑어둑해지고 묘허 스님으로부터 49재 전 과정을 자세히 듣고 나니 염라국에 붙들려와서 일곱 번의 재판을 다 받은 것처럼 전율이 일었다. 그래서 스님에게 혹시 전생에 염라국에서 대장 노릇

하다가 오신 것 아니냐고 했더니 "이것은 내가 지어서 한 말이 아니라 《지장경》, 《시왕경(十王經)》 등 경전에 다 나오는 이야기"라면서 활짝 웃었다. 문득 영가들이 스님의 법문만 듣고 갈 것이 아니라 환하게 웃는 스님의 얼굴도 보고 가면 좋을 것 같다는 생각이 들었다.

"불자라면 인과법을 철저히 믿어야 해요. 선악의 원인은 우리가 일으키는 한 생각에 있습니다. 한 생각 일어나는 마음, 이것이 선악의 원인이 된다는 것을 알아야 해요. 악한 마음이 일어나는 순간이 바로 죄가 되는 순간이요, 착한 생각이 일어나는 순간이 바로 복이 되는 순간입니다. 아예 이 생각 자체를 끊어버리면 죄도 없고 복도 없습니다. 그런데 이것이 말처럼 간단하지 않아요. 수행을 해야지요. 살아간다는 것 자체가 업을 짓는 것이기에 일생 동안 우리가 지은 업은 끝이 없어요. 신구의(身口意) 3업을 통해서 한 번 짓고 저질러놓은 업은 백겁 천겁 만겁이 지나더라도 없어지지 않고 시절인연이 도래하면 자신이 다 돌려받게 됩니다."

돌려받을 때 선업은 선보(善報)를 받게 되는데, 좋은 일을 하면 좋은 결과를 불러올 수 있는 힘과 능력이 생긴단다. 반대로 악업은 악보(惡報)를 받는데, 나쁜 일을 지어놓았으면 나쁜 결과를 가져오는 힘과 능력은 있지만 좋은 결과를 가져올 수는 없단다.

스님의 인과 법문을 듣고 난 후 가장 많이 던지는 질문 중 하나가 어떤 사람은 남에게 해만 끼치는데도 부자로 살고, 또 어떤 사람은 남에게 나눠주기 좋아하고 착한 일을 많이 하는데도 가난하게 사느

냐는 것이다.

"악한 사람이 잘사는 것은 잠시 동안이나마 그 사람의 전생 선업의 열매가 이어지기 때문입니다. 하지만 지금 선업을 짓지 않는다면 악업의 열매가 익었을 때 그 사람의 복덕은 거기서 끝나는 것이지요. 반대로 선한 사람이 못사는 것도 지난 업의 결과입니다. 지금 짓고 있는 업은 아직 익지 않은 설익은 업이지만 전생에 지어놓은 공덕으로, 지금은 비록 악한 자라도 잘살고 있는 것이지요. 좋은 업을 짓다보면 언젠가는 좋은 결과가 오니 좋은 일 하는 것에 게을리하지 않아야 합니다."

살다보면 언제 어느 때까지는 돈이 술술 잘 모이다가도 어느 땐가부터는 아무리 노력해도 사업이 번창하지 않고 자꾸 돈 쓸 일만 생기면 '내 복이 이것이구나' 생각하고 그때부터는 자꾸 베풀어야 한다는 것이 고난에 대한 스님의 해법이다.

"자꾸 베풀다보면 복그릇이 차츰 커지게 됩니다. 원래 빈 그릇은 담기고 가득 찬 그릇은 넘치게 되어 있는데 사람들은 그 이치를 모릅니다. 내가 지어온 나의 본업에 의해서 빈부귀천과 희로애락이 좌우되기 때문에 좋고 나쁜 모든 일들이 다 내가 지어온 내 인생이고 내 탓이라 믿어야 해요. 인과법만 확실히 믿는다면 상대가 나에게 잘못해도 상대의 잘못하는 그 모습이 전생의 '내 모습'이라 여기게 됩니다. '내가 예전에 너에게 주었던 것을 오늘 내 가까이 와서 나에게 돌려주는구나' 하고 생각해야 해요. 그럴 때 업장소멸이 되는 것

이지, '네가 나한테 그런 짓을 해' 하면서 마음에 독을 품으면 악업이 되어버려요."

스님은 자신을 괴롭히는 사람이 있다면 '덕분에 업장소멸 잘 하고 빚 잘 갚았다, 빚 갚게 해주어서 참 고맙구나' 하는 생각을 품을 때 행복이 오며, 행복하기를 원하면 인과를 믿으라고 다시금 강조했다. 스님은 어떤 말을 해도 인과 법문이 되어버린다고 했더니 곧 불교TV에서 '인과 법문'을 강연하게 된다면서 웃었다.

"차신불향금생도(此身不向今生度)하면 재등하시도차신(再等何時度 此身)이라. 금생에 사람 몸 받아 불법(佛法)을 만났을 때 내가 나를 구제하고 제도해서 생사윤회를 해탈해야지, 어느 생에 또다시 사람 몸 받을지를 기약할 수 있겠느냐는 말입니다. 금생에 사람 몸 받았을 때 열심히 공부해서 스스로를 구제하고 제도하는 것이 불교입니다."

방곡사에서 30분 정도 올라가면 무문관 공사가 한창이다. 내년 동안거에 맞추어 개원할 예정인데, 방곡사 무문관은 좀 특별하다. 각각 독립된 수행 공간으로 방갈로를 연상케 하는 11채의 건물들로 이루어져 있다. 보다 많은 수좌들이 정진할 수 있도록 방부를 들이면

두 번의 안거와 한 번의 산철 정진을 하게끔 무문관의 방부 기간을 9개월로 한정할 예정이다.

"각자의 수행 공간을 마련한 것은 아무래도 방이 붙어 있으면 공부에 집중하기 어렵잖아요. 수좌들이 다른 일에 신경 쓰지 않고 오로지 화두 참구에만 몰두할 수 있는 환경을 만들어주고 싶어요."

무문관 스님들을 외호하며 정진하는 수좌들을 위해 일반 선원도 같이 개원할 것이라 하니, 무문관에 대한 묘허 스님의 애정과 기대를 느낄 수 있었다.

그렇게 좋은 법문을 들려주고도 뭔가 미진한지 "한 생각으로 지은 업이 오늘의 내 인생을 만들어왔기에 오늘 내 인생의 창조주는 바로 '나'입니다"라는 귀한 말을 가슴에 새겨주었다. 산그늘이 깊은 만큼 방곡사에는 어둠이 빠르게 밀려들었다. 사위는 불빛 하나 없이 칠흑같이 어둡고 하늘엔 어스름 달빛만이 가득했다.

✿ 묘허 스님

1957년 상주 남장사에서 화엄 스님을 은사로 득도. 1963년 월하 스님을 계사로 비구계 수지. 불교전문강원 대교과 졸업. 성암 강백으로부터 대교이력 및 《전등록》을 이수. 통도사 보광선원 수선 안거 이래 제방 선원에서 11하안거를 성만. 신탄진 신흥사 주지 역임. 불교TV에서 〈묘허 스님의 49재 특강〉, 〈묘허 스님에게 듣는 인과〉를 강의. 지금은 단양 방곡사에 주석.

정관 스님

마음 에너지도 모으면 무형의 금싸라기가 된다

부산 망미동 배산 꼭대기에 자리 잡은 영주암은 정관 스님이 혼자 힘으로 일구어온 사찰이다. 배산 자락을 깎고 주춧돌을 놓고 기와를 올리고 그렇게 한 가지씩 이루어온 것이기에 눈 가는 데마다 스님의 열정과 정성이 배어 있다.

관세음보살을 모신 원통보전의 단청이 아름답다. 백화(百花)가 그려진 법당의 문을 열고 들어서면 관음의 세계가 펼쳐진다. 천수천안 관세음보살상 양옆으로 삼십이응신 관음상이 도열해 있다. 중생들의 고통이 있는 곳이면 어디든 달려가서 그 고통을 낱낱이 해결해주신다는 관세음보살. 그 앞에 서니 말할 수 없이 평안해진다. 정관 스님을 뵙고 나서 원통보전에 스님의 수행관과 원력이 오롯이 담겨 있음을 알게 되었다.

스님에게 법문을 청하자 대뜸 선문(禪問)을 던진다. 마음을 채 가다듬기도 전에 날선 물음이 날아온 것이다.

"허공 끝이 어디인가?"

"허공은 끝도 없고 시작도 없습니다."

"서울시는 어디로 누워 있나?"

"서울시도 허공도 내 안에 있습니다."

"화두선은 논리적인 것이 아니라 직관입니다. 논리적인 것은 고정된 것이며 사구(死句)입니다. 화두는 직관이 답이 되어야 활구(活句)가 됩니다."

스님이 따라주는 구기자차를 한 잔 마시고 나니 당황스러웠던 마음이 조금 가라앉는다.

"마음은 묘하고 묘하여 있다고도 할 수 없고 없다고도 할 수 없고, 있으면서도 없고 없으면서도 있는 것이니, 있다 해도 수십 방(棒)이요 없다 해도 수십 방입니다. 입을 떼어도 허물이요 입을 다물어도 허물이지요."

스님은 참선 공부를 원하는 불자라면 누구나 참여할 수 있도록 30년 전부터 시민선원을 운영하고 있다. 그동안 시민선원을 거쳐간 사람은 200명이 넘고 지금은 40명 정도가 토요일마다 화두 참선을 하고 있다. 스님은 《선문촬요》, 《육조단경》 등 옛 선사들이 참선 공부의 지침으로 삼았던 글을 강의하기도 한다. 사람들이 독거유희락(獨居遊戲樂)을 누리기를 바라는 스님의 마음을 읽을 수 있다.

"스님의 처소에 '본래지당(本來知堂)'이라는 현판이 걸려 있는데 어떤 의미인지요?"

"우리 마음은 본래지(本來知), 습성지(習性知) 두 가지입니다. 본래지의 마음이 대자연의 마음이요 천연의 마음이라면, 습성지의 마음은 세세생생 본인의 습관이 쌓여서 만들어진 마음입니다. 본래지는

정관스님

천지가 생기기 이전부터 있었던 것이며, 시방법계 두두물물 산하대지 어디에도 꽉 차 있는 신령한 에너지입니다. 그런데 중생들의 마음은 다겁생으로 익혀온 습성지의 마음입니다. 탐진치, 거짓말, 양설(兩舌), 악구(惡口), 시기와 질투, 어리석음, 명예욕이 습성지의 마음이지요."

인연 이전 본래지는 식(識)도 아니고 습(習)도 아니며 업(業)도 아니고 텅 빈 적적(寂寂)이며, 이를 가리켜 청정법신이라 한단다. 본래지가 차가운 연(緣)을 만나면 차갑다는 반응을 하고, 따뜻한 연을 만나면 따뜻하다는 반응을 한다. 이처럼 본래지가 연을 만나 반응하면 식이 되고 식이 모이면 습이 되고 습이 쌓이고 쌓이면 중업(重業)이 되는 것이다.

"마음은 본래지에서 출발해서 본래지로 돌아와야 합니다. 습성지의 마음을 벗어나고자 하면 분발하고 대발심하여 수행해야 합니다. 자기 수행과 성찰은 자기 제도입니다. 샘의 물이 아무리 좋다 해도 퍼 써야 다시 좋은 물이 나오는 것이지 그렇지 않고 고인 그대로 두면 좋은 새 물이 될 수 없습니다. 우리의 마음도 닦지 않으면 오염되고 노쇠해지며 탐진치에만 빠져드는 병든 마음이 됩니다. 사람이라면 누구나 자기의 마음을 퍼 쓸 수 있는 수련장이 있어야 하는데, 그것이 바로 참선이고 염불이지요."

정관 스님은 마음 공부하는 데 필요한 것으로 화두선과 송화두를 꼽는다. 스님은 염불을 송화두(誦話頭)라고 칭한다.

"자기 인식 밖의 의문을 밖으로 던져놓은 것을 화두라고 합니다. 낚시하는 사람이 낚싯대를 강에 던져놓으면 고기가 낚싯바늘에 걸려들듯이 화두 공부하는 사람은 화두 의문을 밖으로 던져놓고 걸려들기를 기다리는 것과 같아요. 지식과 인식의 틀을 벗어나게 하는 것이 선의 참뜻입니다. 그런데 자기가 지어놓은 알음알이의 틀에서 벗어나지 못하는 것이 범부들의 삶이지요. 화두 공부는 화두 의문에 착(着)이 되어야 하고, 화두 의심이 깨달아진다면 대자유를 얻는 것입니다. 간화선이 잘 안 되는 사람은 우선 송화두로서 발심해야 합니다. 송화두라 해서 가볍게 여기지 말고 지극한 신심으로 최선을 다하면 송화두 공덕이 결국은 간화화두(看話話頭), 의정화두(疑情話頭)로 발전하게 되지요. 의정 없는 화두보다 오히려 처음부터 송화두로 신심을 다하는 것이 공부에 더 도움이 된다고 생각합니다. 나도 처음에는 송화두로 시작하여 나중에 의정화두로 발전했지요. 화두선이든 송화두선이든 간절해야 하고 물러서지 않아야 합니다."

스님은 출가사문은 출가하는 그 순간부터 뼈에 사무치는 간절한 신심이 자기 집이고 자기 절이라 했다. 구도자는 물러서지 않는 지극한 신심이 중요하며 깨달음은 그다음 일이란다.

스님은 졸음을 쫓기 위해 서서 '관세음보살' 주력을 일심으로 했다. 염주를 돌리면서 관세음보살 주력을 하다보니 염주 줄이 자꾸 끊어져 나중엔 철사로 바꾸었지만 그것마저 끊어질 정도였다. 범어사 원효암에서 1주일간 단식 기도를 하며 주력을 하던 어느 순간

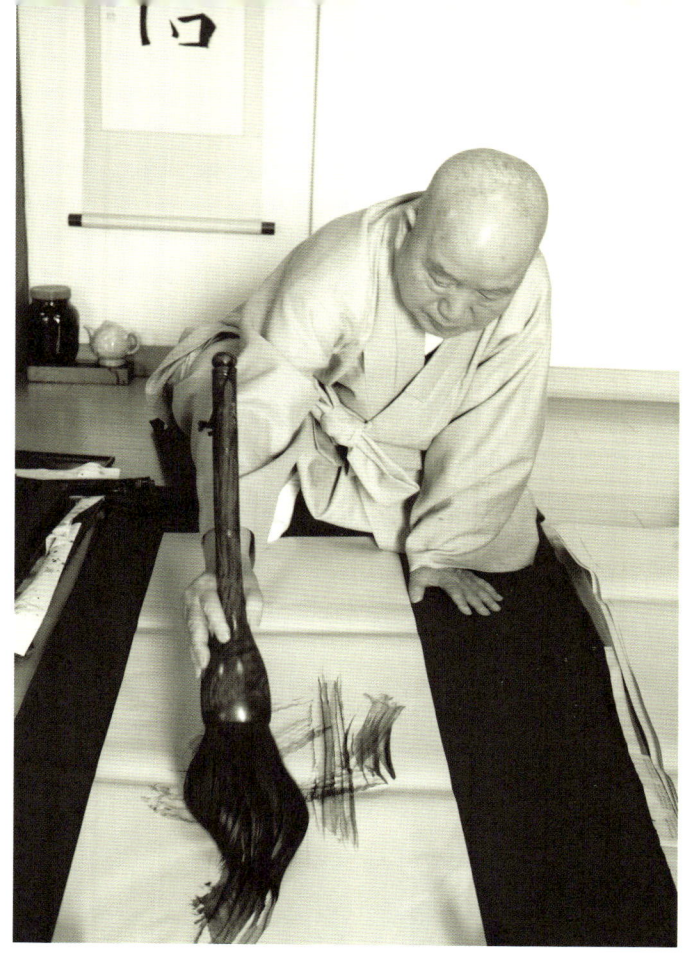

'관세음보살 하는 이놈이 무언가' 하는 의심이 올라왔다. 그길로 동산 스님에게 달려가 여쭈었다. "그대로 하면 돼." 은사 스님의 그 말 한마디에 힘을 얻었다.

　스님은 "송화두도 끊어지지 않는다면 자기의 내면성이 항상 밝고 깨어 있지 않겠느냐" 면서 활짝 웃었다.

스님은 세수 여든을 눈앞에 두고 있지만 아직도 하루에 9시간씩 목탁을 치면서 '관세음보살' 송화두를 한다. 주력으로 하루를 열고 주력으로 하루를 마감하는 일과를 수십 년 넘게 이어온 것이다. 젊은 스님들도 사분 정근이 힘들다고 하는데, 어디에서 그런 힘이 나오는지 궁금했다.

　"수행은 마음 에너지로 하는 것이지 육신 에너지로 하는 것이 아닙니다. 저는 다음 생까지 이어지는 불퇴보리심이 결국 도(道)를 이룬다고 생각해요. 믿는 마음에는 한계가 없어요."

　계곡에 그저 흘러가는 냇물을 그대로 둔다면/ 억만 겁이 가도 저수지가 될 수 없듯이/ 우리들 마음 에너지도 육신 요구대로/ 생각 없이 쾌락 쪽으로 흘려보낸다면/ 남는 것은 늙음의 슬픔과 허무뿐// 하지만 마음 에너지도 모으면 무형의 금싸라기가 된다네/ 염파(念波)도 금싸라기라네.

　"화두 공부의 낙을 법열(法悅)이라고도 하잖아요. 법열은 어떤 물질을 바탕으로 하여 받은 것이 아니고 자기가 분발하여 정진한 자기 제도의 결과입니다. 법열의 즐거움은 조건부도 시한부도 아니며 다음 생으로까지 이어지는 영원한 낙이지요. 그런데 우리의 육신이 잠깐이듯이 세속의 낙은 조건부이고 시한부입니다. 좀 깊이 생각해보면 현재 우리 앞에 100년 전 사람들은 거의 없어요. 마찬가지로 100

정관스님

년 후가 되면 지금 우리와 같이 사는 사람들을 만나볼 수 없을 것이니, 우리가 애지중지하는 육신은 뜬구름 같고 아침 이슬 같고 꿈과 같이 허망하고 그림자같이 잠깐입니다."

스님 처소에는 다양한 계층의 사람들이 찾아오는데, 요즘은 하소연하는 사람이 부쩍 많아졌다고 한다. 부귀를 누리는 사람도 어렵다고 하소연하고 그날 벌어서 그날을 사는 사람도 힘들다고 하소연하니 행복은 바깥에 있는 것이 아니라 각자의 마음속에 있는 것이 틀림없단다.

"사람들 육신의 골절은 360골이나 되는데, 360마디마다 근심 걱정이 사무치지 않은 골절이 없을 것이며, 번뇌 망상이 사무치지 않은 골절이 없을 것입니다. 360골절마다 사무친 근심 걱정과 번뇌 망상을 깨끗이 씻어내는 약은 수행 정진밖에 없어요. 자기 수행이 결국은 자신을 행복의 길로 이끌어주지요."

스님이 일관되게 주장하는 것은 자기 수행이다. 스님은 평생을 철저한 자기 관리로 살아왔기에, 또 그로 인해 무량한 법열을 느꼈기에 수행을 강조하는 것이다. 송화두 외에 철저한 자기 관리를 위한 스님만의 방편이 하나 더 있다. 매일 불(佛) 자를 열 번 쓰는 것이다. 벌써 30년을 한결같이 이어온 일과이다. 그만큼 스님은 깨어 있는 정신으로 스스로를 살피는 것이다.

스님은 남보다 앞서 가겠다고, 또 명예를 높여보겠다고 공부하는 것은 속된 것이라 여긴다. 어떤 결과에 집착하지 않고 '부처님 말씀대로 진실된 공부자가 되겠다'는 신심으로 공부를 해나가는 것이 중요하단다.

"불자들에게 현재 하고 있는 것이 진실로 자기 것이며, 노력 끝에 부수적으로 따라오는 결과는 자기 것이 아니라고 말해줍니다. 진실로 수행 정진하여 내면이 항상 밝고 깨어 있다면 그것보다 더 좋은 결과는 없겠지요."

스님은 스물한 살에 범어사로 출가하여 동산 스님의 상좌가 되었다. 은사 스님으로부터 받은 '시심마' 화두를 놓지 않고 지금까지 하루 9시간 넘게 정진하고 있다. 스님의 정진 수행은 송화두에만 머무는 것이 아니라 보현보살의 행원품을 그대로 실천하고 있다. 스님은 어린이 포교 조직의 효시라 할 수 있는 '대한불교 어린이지도자연합회'를 창설하여 2세 교육과 포교에 열정을 쏟았다. 또 복지재단 '불국토'를 설립하여 개금복지관, 두송복지관, 몰운대복지관 등을 운영하며 사회복지사업에도 헌신했다. 영주암의 상락전에는 거동이 불편한 무의탁 노인 100여 명을 모시고 있다.

"우리는 몸으로 마음으로 물질로 베풀어야 합니다. 베푸는 공덕이 바로 복을 짓는 것입니다. 작복(作福) 없이 복을 바라서는 안 되지요. 자기 제도를 위한 공부도 작복이 먼저입니다."

씨는 뿌리지 않고 열매만 따 먹겠다는 생각은 애당초 하지 말라는 경책이다. 스님은 중생들이 겪는 고난과 슬픔에 대해 진실로 가슴 아파한다. 그리고 당신의 염불 공덕이 사회와 중생에게 회향되기를

간절히 염원한다.

"요즘 힘들다고 자살하는 사람들이 많은데 오죽하면 그랬을까 싶어 안타깝습니다. 하지만 자살은 생각이 어리석어서 그래요. 내가 이 세상에 있어 마음이 있다고 생각하겠지만 마음은 내가 있기 전부터 존재했어요. 내가 있으므로 마음이 있다고 생각해서 자살하겠지만 육신은 죽어도 마음은 죽지 않는다는 것을 알아야 해요. 마음은 죽고 싶다고 해서 죽어지는 것이 아닙니다. 고통의 과보를 받지 않으려면 절대로 자살하지 않아야 합니다. 자살한다고 해서 고통이 끝날 것 같지만 또 다른 고통이 시작되는 것이지요. '나'라는 주인공은 역시 마음이지 다른 법이 아닙니다."

대통령이 국민소득 4만 달러를 약속하지만 외형적으로 커진다고 해서 우리가 행복해지는 것은 아니란다. 사람들은 자신의 욕구가 충족되는 것을 행복이라 여기지만 결코 물질로만 살아가는 것이 아니라고 거듭 강조한다.

"인생에 실패는 없습니다. 설령 실패했다고 해도 밑바닥부터 다시 시작하면 됩니다. 요즘 실업자는 많아도 3D 업종에는 인력이 부족하다고 해요. 우리나라 사람들은 자신의 직분에 대한 자긍심이 너무 없어요. 미국이나 일본을 비롯하여 선진국 사람들은 어떤 일을 하더라도 자신의 직분에 대한 긍지가 있어요. 물질 못지않게 생각이 선진국이 되는 게 중요합니다. 우리나라의 많은 엄마들은 자식이 판·검사, 의사, 장군이 되기를 바랍니다. 그러니 아이들이 공부하느라고 얼마나 힘이 듭니까? 구두닦이를 하더라도 직분에 긍지만 있으면 기죽을 이유가 없습니다. 스스로 열심히 노력하는데 왜 기가 죽어요? 남이 무시하더라도 자기 스스로가 당당하면 무시당하지 않아요. 불교는 당당하게 사는 것입니다."

정관 스님은 남에게 보이기 위해 사는 것은 과시적인 삶에 불과하며 진정성이 없다고 한다. 그러면서 "마음이 건강하면 못할 것이 없고 안 될 것이 없으며 겁날 것이 없다"면서 세세생생 이 말을 전할 것이라고 했다.

🌼 정관 스님

1954년 범어사로 출가하여 동산 스님을 은사로 사미계 수지. 1957년 동산 스님을 계사로 비구계와 보살계 수지. 범어사 불교전문강원 수료. 범어사 선원에서 14안거 성만. 대한불교 어린이지도자연합회장, 조계종 중앙종회의원 역임. 2006년 제18회 조계종 포교대상 수상. 쌍계사, 범어사 주지 역임. 지금은 부산 영주암에 주석. 저서로 《죽음이 없는 선의 길》, 《인도 성지 참배》, 《간화선의 길》 등이 있음.

명선 스님

좋은 것과 나쁜 것을 모두 포용할 수 있어야

우수도 경칩도 지났건만 홍국사 가는 길에는 겨울 냄새가 묻어났다. 아치형 홍교를 지나 홍국사 일주문에 들어서면 곧바로 경내가 나오고 거기에서 조금 더 가면 수십 기의 부도가 모여 있는 부도밭이 있다. 이곳에는 홍국사를 창건한 보조국사 지눌 스님의 부도가 있어 지나가는 이의 발길을 멈추게 한다.

홍국사 사명(寺名)에는 '나라가 홍하면 홍할 것이요 나라가 망하면 함께 망할 것'이라는 의미가 담겨 있다. 홍국사는 이름 그대로 우리 민족의 홍망성쇠에 따라 영광과 고난의 역사를 면면히 이어온 호국 불교의 성지이다.

경내에 들어서니 빛바랜 대웅전 단청이 눈에 들어온다. 화려함에 익숙해져서인지 색깔 없는 단청에 왠지 가슴 한 켠이 서늘해지는 느낌이다. 화려하기는 쉽되 소박하기는 어렵고 소박함 속에 지나가는 색향을 머금기는 더 어렵다고 했던가.

명선 스님이 1985년 주지 소임을 맡아 왔을 때 홍국사는 비가 오면 빗물이 새서 양동이를 받쳐놓아야 했을 정도로 쇠락한 도량이었다. 스님은 먼저 문화재청의 자문을 받아 대웅전과 심검당 등 보물을 복원하고 적묵당과 봉황루를 비롯하여 웅진전, 팔상전, 원통전, 불조전, 법왕문, 천왕문 등을 보수하여 지금의 사격을 갖추었다.

대웅전 뒤 해동선관(海東仙觀)이라는 편액이 걸린 당우가 명선 스님의 거처이다. 스님은 일흔이 넘은 지금까지도 해인사 강원에서 공부하던 시절이 가장 기억에 남는다고 했다.

"해인사 강원에서 공부할 때 지월 스님의 배려로 학인들도 결제 때 용맹정진을 할 수 있었어요. 그때 《능엄경》을 공부했는데 몇 번을 봐도 잘 몰라 애를 먹었지요. 그런데 밤 12시에서 1시 사이에 화두가 잘 들리고 배우지도 않은 부분이 눈앞에서 술술 읽혀지고 그래요. 용맹정진이 끝나고 나니 그 공부가 남아 있지 않았는데, 그것이 환(幻)인 거라. 참선할 때 자신이 부처를 그리고 있으면 부처가, 조사 스님을 생각하면 조사 스님이 눈앞에 어른거리게 되어 있어요. 이것이 환인 것을 알아야 깨달음의 길로 나아갈 수 있습니다. 임제 스님이 부처가 나타나면 부처를 치고 조사가 나타나면 조사를 친다고 한 것은 어느 것에도 집착해서는 안 된다는 뜻입니다. 환상은 영원하지 않지만 깨달음을 얻으면 그것은 변하지 않아요."

명선 스님은 십수 년의 세월을 해인사, 오대산 상원사, 통도사, 관음사, 도리사, 범어사, 보광사의 선방에서 보냈다. 평생을 선승으로 살아온 스님은 육바라밀 중에서 무엇을 으뜸으로 삼는지 궁금했다.

"정진만 잘하면 육바라밀이 저절로 됩니다. 지월 스님은 '도를 닦는 사람은 방심하지 말고 항상 손님으로 갈 때의 마음을 유지하라'

고 하셨어요. 또 사람으로 태어나기 어렵고 사람으로 태어나도 정법 만나기 어려우니 사람으로 태어났을 때 촌음을 아껴 공부해야 한다는 말씀도 자주 하셨고요. 옛 선사들은 해가 지면 벌써 하루해가 졌다면서 두 다리를 뻗고 울었다고 하잖아요. 금생에 도를 얻지 못하면 다음 생에 축생으로 태어날지 모르니 열심히 공부하라는 말씀을 아직껏 품고 있어요. 절에서 스님들이 조석으로 예불 올리는 것도 처음 발심한 그 마음을 잃지 않기 위해서입니다. 나태는 내리막길과 같습니다. 어떤 일이 있어 예불을 하루라도 빠지게 되면 그 다음부터는 이런저런 핑계를 대서 빠지게 됩니다. 재가자로서 게으름을 피우면 가난을 면치 못하고, 의식을 걱정해야 합니다. 또 출가자로서

게으름을 피우면 윤회의 괴로움에서 벗어날 수 없게 됩니다. 온갖 일은 정진하면 다 해결되는 것이니, 재가자나 출가자 모두에게 필요합니다."

스님의 출가 인연이 궁금했다. 스님은 웃으면서 별 사연이 없다면서 운을 뗐다.

"십대 때 6·25전쟁을 겪었지요. 그때 평소 형 아우 하며 지내던 마을 사람들이 서로 원수가 되어 죽고 죽이는 참혹한 현실을 보았고, 산다는 것에 대한 고뇌가 컸어요. 그러다 외삼촌 손에 이끌려 열일곱 살에 담양 보광사로 출가했어요. 보광사는 속가 외할아버지가 창건한 사찰이기도 해요. 그러고 보면 우리 집안이 불연이 깊어요."

속가 외삼촌을 따라 출가했지만 스님의 행자 생활은 고난의 연속이었다.

"일이 많아 잠시도 쉴 수가 없었어요. 잠도 4시간 이상 못 잤고요. 그러다보니 앉아서 염불을 한다는 것은 생각할 수도 없었어요. 도광 스님이 〈천수경〉을 하루 3줄씩 적어가지고 다니며 외우라고 해서 그렇게 했어요. 칼질을 하다 손톱이 떨어져나가고 밥하면서 졸다가 부뚜막에 머리를 부딪히기 일쑤였어요. 하루는 피곤에 지쳐 지대방 영단 앞에서 잠꼬대를 했는데, 그걸 보고 보살들이 간질에 걸렸다고 소란을 피워 곤욕을 치렀어요. 시키면 무엇이든 복종하고 죽는 시늉까지 했던 행자 시절의 그 모든 것이 출가자로서 살아갈 수 있는 밑바탕이 되었지요."

스님은 행자 생활을 마치고 태고사의 도천 스님을 은사 스님으로 하여 사문의 길로 들어섰다. 은사 스님의 "출가 본분을 잃지 말고 갈 때까지 열심히 잘하자"는 말씀을 수행의 뼈대로 삼아 살고 있다. "도천 스님은 백수(白壽)를 눈앞에 둔 노장이지만 아직까지 인부들과 함께 일을 할 정도로 평생을 노동으로 살아왔고, 선농일여(禪農一如)의 삶을 실천해온 분"이라면서 은사 스님에 대한 존경심을 표했다.

명선 스님은 새벽 3시에 예불을 올리고 예불 후 아침 공양 전까지 참선을 한다. 날마다 새벽 예불에 참석하는 것은 스님의 수행이기도 하지만 아랫사람들의 교육을 위한 것이기도 하다. 흥국사에서는 누구를 막론하고 공양 시간을 놓치면 공양을 할 수가 없다. 여러 대중들이 살고 있기 때문에 이런 규칙을 정해놓아야 절의 질서가 흐트러지지 않는다고 한다.

현대 사회는 우리에게 끝없는 분별심을 요구한다. 자신이 원하든 원하지 않든 무언가를 분별하고 차별하여 판단해야 하는 것이다. 스님에게 분별하지 않고 살 수 있는지, 그렇다면 그 해법이 무엇인지 여쭈었다.

"조금 전에도 말했지만 정진만 잘하면 모든 것이 긍정적으로 보이고 분별심이 없어져요. 분별심을 내면 끝이 없고 분별심을 내는 사람만 괴롭지요. 조사 스님들은 24시간 일을 하고 대화를 해도 함이 없다고 합니다. 함이 없다는 것은 어떤 행위를 해도 그것에 집착하지 않는다는 뜻이지요. 소달구지가 가지 않으면 수레를 때려야 하는가,

소를 때려야 하는가? 해제를 하면 스님들이 걸망을 메고 만행을 합니다. 만행은 자기가 수레를 때리고 있는지 소를 재촉하고 있는지를 시험해보는 또 다른 공부입니다. 어떤 사물을 대했을 때 자기 마음이 그것에 끄달리거나 착심이 있는지 지켜보는 것이지요. 집착이 없다는 것은 당처에 만족하고 열심히 사는 것을 말합니다. 입차문래 막존지혜(入此門內 莫存知解), 이 문에 들어올 때는 알음알이를 갖지 말라는 뜻입니다. 자신이 알고 있는 것을 모두 버리면 흰 천과 같습니다. 흰 천은 무엇이든 그릴 수 있지 않습니까? 우리가 입고 있는 옷이 괴색인데 그것은 모든 것을 포용한다는 의미입니다. 좋은 사람을 취하면 나쁜 사람과는 적이 되고, 나쁜 사람을 취하면 좋은 사람과는 적이 됩니다. 그러니 좋고 나쁜 것을 다 수용하고 포용할 수 있어야 해요. 유(有)도 포용하고 무(無)도 포용하는 것이 중도인데, 도(道) 속에 모든 불법(佛法)이 있고 선(禪)이 있습니다. 공부할 때는 날카롭게 하되 어느 것 하나 버릴 것도 취할 것도 없어요."

작설차를 마시며 주위를 둘러보니 방에 액자가 여러 개 걸려 있었다. 그중 누더기를 걸친 스님 옆에 호랑이가 음전하게 앉아 있고 어깨 위에 까치가 날아다니는 민화풍의 그림이 눈길을 끌었다. 그림 한쪽에 '수월당음관 대선지식 진영(水月堂音觀 大善知識 眞影)'이라고 적혀 있었다. 스님은 이 그림을 금강산 표훈사 마하연에 모실 계획이라고 했다. 수월 스님 영정을 그리기 위하여 화상 화가를 데리고 수월 스님과 인연이 있는 방씨 노인을 찾아 북간도를 오갔다고 한

다. 수월 스님이라면 경허선사의 제자인데 어떤 이유로 명선 스님이 진영을 모시는지 궁금했다.

"저의 은사가 도천 스님이고, 도천 스님의 은사가 묵언 스님이고, 묵언 스님의 은사가 바로 수월 스님입니다. 그러니 수월 스님이 저에게는 증조할아버지가 되는 셈이지요. 수월 스님의 흔적을 찾아 1990년대 초반부터 간도와 흑룡강성을 십여 차례 다녀왔어요. 다행히 1990년대 초까지만 해도 일광산과 송림산에서 수월 스님을 직접 뵈었던 노인들이 있어서 많은 증언을 채록할 수 있었습니다. 특히 흑룡강성 태평촌에 살던 방씨 노인의 말에 의하면 수월 스님은 매일 아침 공양을 하고 나서 산에서 내려와 탁발을 하거나 들판에서 이삭이나 무시래기 등을 주워서 짊어지고 올라갔다고 그래요."

스님에게 수월 스님에 대해 좀더 들려달라고 청했다.

수월 스님은 어려서 부모를 잃고 남의 집 머슴살이를 했다. 하루는 탁발승이 그의 방에서 하룻밤을 묵었는데, 탁발승이 밤새 들려준 이야기에 머슴살이 총각은 출가를 결심했다. 서산 천장암으로 경허선사를 찾아갔을 때가 스물아홉이었다. 일자무식꾼인 수월 스님은 자나 깨나 천수경을 외웠다. 천수경이 스님의 '화두'였다. 스님은 '천수대비주(千手大悲呪)'로 확철대오했고, 그때 수차례 방광(放光)을 했다. 전깃불도 없던 시절, 마을 사람들이 밤에 불이 난 줄 알고 달려왔다가 합장을 하고서는 돌아갔다. 스님은 산에서 나무를 해서 대중을 돌봤고, 일하다 낫자루를 든 채 3일씩 삼매에 빠지기도 했다.

배움이 없는 '까막눈 선사'였음에도 금강산 마하연 선방의 조실을 지냈다.

홀연히 자취를 감춘 스승 경허 스님을 찾아 함경북도를 떠돌던 수월 스님은 북간도로 건너갔다. 당시 간도에는 흉악한 비적(匪賊)들에 맞서 집집마다 사나운 도사견을 키웠는데, 도사견들조차 스님 앞에선 짖지도 않고 엎드렸다. 스님은 함경도 삼수갑산에 은거해 살던 경허 스님을 찾았지만, 스승의 뜻에 따라 먼발치에서 지켜보아야 했다. 경허 스님이 열반하자 스님은 장례를 치른 뒤 옛 고구려 땅인 흑룡강성 왕청현 송림산에 들어가 3년을 보내다 1928년에 열반에 들었다.

명선스님

명선 스님은 "당시 수좌들 사이에서는 수월 스님의 회상에서 한철 나는 것이 꿈일 정도로 뛰어난 선기를 보인 분"이라면서 그동안 수집한 자료를 토대로 수월 스님의 평전을 집필 중이라고 했다. 수월 스님의 행적을 찾아내어 세상에 알리는 것이 후학들이 할 일이라고 했다. 명선 스님은 어디에도 뿌리를 내리지 않고 걸망 하나 메고 물같이 바람같이 떠돌면서 자비를 베풀었던 수월 스님의 일생이야말로 수행자의 삶이라 생각한다.

스님에게 어떻게 공부하면 좋은지를 여쭈었더니 수월 스님의 법문을 내민다.

"도를 닦는다는 것이 무엇인고 허니 마음을 모으는 거여. 별거 아녀. 이리 모으나 저리 모으나 무얼 혀서든지 마음만 모으면 되는겨. 하늘 천 따 지를 하든지 하나 둘을 세든지 주문을 외든지 마음만 모으면 그만인겨. 나는 순전히 '천수대비주'로 달통한 사람이여. 꼭 '천수대비주'가 아니더라도 '옴 마니 반메 훔'을 혀서라도 마음을 모으기를, 아무리 생각을 안 하려고 혀도 생각을 안 할 수 없을 맨큼 혀야 되는겨."

무엇을 하든 한결같은 마음으로 하라는 수월 스님의 가르침이다.

"아무리 공부를 하고 무엇을 한다 해도 깨닫지 못하면 소용없는 일이기에 깨달음을 얻을 때까지 수행자의 길을 가고 싶은 것"이 명선 스님의 원력이다. 원한다고 해서 모두 얻을 수 있는 것은 아니지만 간절히 원하고 노력하면 얻을 수도 있는 것이 세상사라고 한다.

스님의 처소 앞에는 가지가 무겁도록 꽃을 피우고 있는 매화나무 한 그루가 있다. 매화나무는 겨울 추위를 오롯이 견디면서 꽃피우고 열매 맺기를 열망했기에 저토록 아름다운 꽃을 드리우고 있는 것이 아닌가 싶다. 열망하지 않는 자에게는 우주의 기운이 도움을 주고 싶어도 줄 수 없다고 했던가. 깨달음도 열망하는 사람에게만 오는 것, 그렇다면 우리의 목표가 무엇이 되어야 하는지는 자명하다.

　'참선을 해야 하고 깨달음을 얻어야 하는 것은 우리도 부처님처럼 행동하기 위해서' 라는 명선 스님의 말씀을 어디에 걸어둘까.

 명선 스님

　1936년 전남 담양에서 출생. 1953년 광주 동광사에서 전강 스님을 계사로 사미계를, 1958년 양산 통도사에서 자운 스님을 계사로 비구계를 수지. 해인사, 상원사, 범어사, 통도사, 묘관음사 등 전국 제방에서 15안거 성만. 중앙종회 수석 부의장, 화엄사 주지 등을 역임. 2007년 대한불교 조계종 원로의원에 선출되어 2008년 대종사 법계를 품수 받음. 지금은 여수 흥국사에 주석.

혜능 스님

불교는 시작도 과정도 결과도 기쁨이다

금빛 햇살이 내려앉은 소나무 숲은 적요로 가득했다.

햇살이 만들어낸 그림자가 일렁이는 것을 보고 바람이 있는 것을 알았다. 산길을 따라 올라가자 훤칠한 삼층석탑이 눈에 들어왔다. 삼층석탑 아래에는 하양과 분홍의 물봉숭아와 붉은 사루비아꽃이 활짝 피어 고요한 절 안에 야단스럽지 않게 생기를 불어넣어주고 있었다. 말 없는 말로 건네는 꽃들의 인사가 반가웠다.

한쪽 벽면을 한글 대장경으로 가득 채운 혜승 스님의 거처에 들어서자 수행자의 서늘한 기운이 느껴졌다. 스님은 "오늘 집을 나올 때 기쁜 마음으로 나왔느냐?"고 물었다. 이런 느닷없는 질문을 받아본 일이 없기에 머뭇거렸다. 그러자 스님은 "불교는 시작도 기쁨이요, 과정도 기쁨이요, 결과도 기쁨이어야 합니다"라고 했다.

"원력을 세우면 결과가 보이기 때문에 그 순간부터 기쁨입니다. 자식에 대한 믿음과 희망이 있기에 부모는 아이 공부시키려고 힘든 일 마다 않고 하잖아요. 그처럼 성불에 대한 확신을 가진 사람은 믿음 그 자체가 희망입니다. 그런데 우리는 스스로의 능력에 대해 자신 없어해요. 부처님이 너도 부처 될 자질을 충분히 갖추고 있다고 했는데 왜 깨닫지 못할까요? 부처님 말씀만 확실히 믿어도 원력이 생기고 자신이 생기고 그 순간부터 기쁨입니다. 깨달음을 멀리서 찾지 마세요. 예불 때마다 〈천수경〉과 〈반야심경〉을 반드시 독송하는데, 아무 생각 없이 독송해서는 안 됩니다. 〈반야심경〉을 외우면서 부처가 되겠다는 원력을 세우는 사람을 아직 못 봤어요. 깨달으려고 하면 누구나 깨칠 수 있고 이루려고 하면 누구나 이룰 수 있는데 강인한 원력이 부족한 것 같습니다. 마음만 결정하면 모든 것을 이룰 수 있는데 마음을 내지 않으니 그것이 문제 아닌가요?"

스님의 따끔한 한마디 한마디는 오랜 경험에서 비롯된 것이리라.

태산같이 믿었던 어머니가 세상을 떠났다. 열여섯 살 소년에게는 감당하기 힘든 일이었다. 소년이 세상사에 흥미를 잃어가고 있을 즈음에 출가한 조카가 잠시 집에 들렀다. 조카는 윤포산 스님의 상좌가 되었다는데, 입고 있는 승복이 어찌나 환해 보이고 또 아는 것은 얼마나 많던지 시골에서만 줄곧 살아온 소년은 부러웠다. 소년은 그 길로 윤포산 스님이 계시는 논산 개태사로 가서 부처님께 귀의했다. 스님은 이를 두고 전생부터 불가와의 인연이 지중하기 때문이라 한다. 윤포산 스님의 시중을 6년간 들었는데, 행자 생활이 수행 자체였기에 그때 평생 동안 꾸려나갈 수행자로서의 면모를 갖추었다. 윤포산 스님은 당대의 선지식으로, 내방객이 끊이지 않았다. 그중에는 사회적으로 지위가 높은 사람들도 드나들었는데, 스님은 그들에게 상좌들은 물론 행자인 혜승 스님까지도 소개했다. 소탈하면서도 부

드러운 윤포산 스님을 영원한 스승으로 가슴에 품고 산다는 혜승 스님 또한 자비롭고 소탈한 인품의 소유자로 정평이 나 있다.

새벽 도량석으로 시작된 행자 생활의 하루는 밤 9시는 되어야 잠자리에 들 수 있었다. 힘에 부칠 정도로 고단한 생활은 아니었지만 공부할 시간이 없는 것이 안타까웠다. 그래서 낮에는 점심 공양 시간을 이용하여 《금강경》과 《법화경》을 공부하고, 밤에는 남들이 잠든 후 빈방에서 낮에 공부한 것을 복습했다. 하루에 자는 시간이 두세 시간이 채 못 되었다. 이런 여러 가지 요인들로 인해 건강을 해쳤고, 급기야 폐병에 걸렸다. 그때만 해도 폐병쟁이라고 모두 멀리할 때여서 스님은 병을 치료하기 위해 절을 나와야 했다. 하지만 출가인은 죽어도 절에서 죽어야 한다는 생각으로 완치되지도 않은 몸을 이끌고 절로 돌아왔다. 혜승 스님의 신심에 모두 놀랐다.

스님은 아픈 몸을 조복받고자 혹독하게 기도했다. 하루 한 끼만 먹고 7일간 꼿꼿이 선 채로 용맹정진을 했는가 하면 10일간 물도 먹지 않고 좌선을 하기도 했다.

"그때 문밖에서 개미가 움직이는 소리, 솔잎을 스치는 바람 소리까지도 느낄 수 있었어요. 정신이 맑아지니 한 번 들은 것은 잊혀지지가 않았어요. 우주와 내가 하나임을 느꼈지요."

이렇게 수행 정진하는 동안 폐병은 더욱 깊어졌다. 게다가 약물 복용으로 위장병까지 얻어 생사의 기로에 서게 되었다. 총명하고 법문 잘하고 성실한 혜승 스님을 안타깝게 생각한 사람들이 도움의 손

길을 내밀었다. 스님은 그들의 은혜를 갚기 위해서라도 살아야겠다는 마음으로 몸을 돌보면서 기도에 들어갔다. 의정부 원각사에 머물면서 1천 일간 하루에 8시간씩 기도했으며, 나머지 시간은 쑥뜸을 비롯한 육신의 보를 위하여 애썼다. 이렇게 천일기도를 두 번이나 해냈다. 스님은 투병 중에도 원각사와 회암사를 크게 일으켰으니, 무서운 병마도 굳건한 정진과 포교 원력을 꺾지 못했다. 스님은 병고로 고생도 많이 했지만 좋은 인연들이 있었기에 가능한 일이었다고 회고했다.

"자신의 노력으로 좋은 결과를 얻었다면 베풀어야 하는 것이 불자의 도리입니다. 기술이든 지식이든 내가 가진 모든 것을 나누는 것이 회향입니다. 자신의 소질과 능력에 따라 나누면 되는데 사람들은 나눌 수 없다고 하면서 나누려 하지 않더군요. 좋은 말을 건네는 것도 상대방을 기쁘게 해주는 것이고 사람들에게 자판기 커피 한잔 사주는 것도 나누는 것입니다. 서로가 나누려고 한다면 세상은 화기애애해지고 다툼이 없을 것입니다. 부족한 것을 채워주고 서로 도와주는 것이 극락세계라면 자기 욕심만 채우려고 하는 것이 지옥입니다. 좋은 생각으로 작은 것부터 나눈다면 얼마든지 즐겁게 살 수 있습니다. '고통스럽게 살지 말고 즐겁게 살라'는 것이 바로 부처님 가르침입니다."

스님의 가르침은 결코 거창하지 않다. 하지만 철저히 실천을 바탕으로 하고 있다. 조개 속의 진주는 감추어도 빛이 나듯이 스님의 수

혜
승
스
님

행 정진과 투명한 사찰 경영은 많은 사람들의 이목을 끌었다. 의정부 거사회는 의정부에 번듯한 포교원 짓는 일을 스님에게 맡겼다. 스님은 속가의 아버지로부터 물려받은 유산 전부를 의정부 포교원 불사에 보태고 많은 사람들이 동참하여 1991년에 포교원이 완공되었다. 이제 포교원은 의정부 불자들의 자부심이 되었다.

스님은 주지 소임을 맡아 일할 때 사찰의 재정을 대중에게 낱낱이 공개하는 것으로 유명하다. 자신이 내는 보시금이 어디로 가서 어떻게 쓰이는지를 투명하게 알 수 있으니 사람들은 스님을 믿고 보시하는 것이다. 수행자는 물질에 집착해서는 안 된다는 것이 스님의 확고한 철학이다. 스님은 주지가 열 번이 바뀌어도 진행하던 사업은 그대로 시행되어야 하는데 주지가 바뀌면 전에 소임을 맡았던 사람이 애써 해놓은 것을 뜯고 새로 하는 병폐가 있음을 지적했다. 멀쩡한 것을 뜯어내고 새로 한다면 그때 불사한 사람의 성의는 무엇이 될 것이며 얼마나 낭비가 심하느냐는 말은 불가뿐 아니라 우리 사회가 반성해야 할 일이기도 하다.

포교당이 '새싹 포교'를 펼치며 안정적으로 자리를 잡자 다음으로 관심을 기울인 것은 노인 요양원이었다. 지금은 연화재단을 설립하여 생활보호대상자 무의탁 노인들을 모시고 있다.

"임종을 앞둔 노인들을 찾아다니면서 염불을 해준 것이 계기가 되었어요. 노인들이 병원에 입원했을 때 기독교인들이 병실을 들락거리면서 손도 잡아주고 하다보니 정이 들어서 개종하는 것을 자주 보았는데, 이것이 너무 가슴 아파서 우리 절에 오시는 노인들은 그런 일을 당하지 않게 해야겠다 싶어 연화사를 지었어요. 지금은 규모가 작지만 앞으로 증축해서 많은 사람들이 행복한 노후를 보낼 수 있도록 할 것이고, 무엇보다 마음껏 신앙 생활을 할 수 있도록 도와주고 싶어요."

법문을 청하는 사람에게 잊지 않고 당부하는 세 가지가 있다.

"첫째는 화를 내지 말고 나를 만나는 사람들의 마음을 편안하게 해주어야 합니다. 남에게 바라는 마음이 없으면 우선 내 마음이 편하고 원망심도 줄어들어요. 내 마음이 편안해야 다른 사람을 편하게 해줄 수 있으니 날마다 자신의 마음 상태를 점검해야 하는 것은 자명한 일이지요. 두 번째는 욕심을 내지 말아야 합니다. 욕심을 내지 않고 상대방에게 바라는 마음이 없으면 빼앗길 염려가 없으니 사람들이 다 좋아하게 되어 있어요. 세 번째는 만나는 사람에게 이익되

게 해주라는 것입니다. 다른 사람에게 이익되게 해주라고 하면 크게 생각하는데 그럴 필요 없어요. 시든 나무가 있으면 물을 주고, 버스를 탈 때 자리를 양보하는 것도 남을 이익되게 하는 것입니다. 인연 따라 고통받는 사람들에게 도움을 주라는 것입니다. 물론 큰 보시행, 자비행을 하면 더 좋지만 작은 것부터 실천해나가는 것이 우선이지요. 복을 지어놓고 복받을 생각을 해야 행복한데 복은 짓지 않고 받을 생각만 하니 괴로운 것입니다."

철학자 사르트르는 '타인은 지옥'이라 했지만 지옥은 스스로가 만드는 것이니 자신의 마음을 어떻게 다스리는가에 따라 지옥도 되고 극락도 된다. 혜승 스님의 법문은 달마대사의 안심법문(安心法問)과 같다는 생각이 들었다.

혜가는 달마대사의 명성을 듣고 가르침을 얻고자 소림사로 찾아갔다. 이미 마흔이 넘은 혜가는 학문과 불교에 관한 많은 서적을 읽고 배웠다. 하지만 그것이 불안한 마음을 해결해주지는 못했다.

혜가는 달마대사에게 청했다.

"저는 마음이 편안하지 않습니다. 부디 제 마음을 편안하게 해주십시오."

"그 마음을 가지고 오너라. 내가 편안하게 해주리라."

"마음을 찾아도 얻을 수가 없습니다."

"내가 네 마음을 이미 편안하게 했다."

불안하고 괴롭고 힘든 삶의 언저리를 조금만 들여다보면 그 원인은 자신에게 있음을 깨닫게 된다. 행복하기를 원한다면 밖으로 향한 원망과 기대를 안으로 돌려 자신의 마음을 들여다보아야 할 것이다.

"자신의 뜻대로 살고 싶다면 하루하루 계획을 세워 실천해야지요. 시간이 없다면 3분 정도라도 염불하면서 하루의 계획을 세우고, 날마다 되풀이되는 일이라도 어떤 마음으로 할 것인지를 아침에 생각해본다면 헛된 하루가 되지 않을 것입니다. 그리고 성불하겠다는 소원은 불자들의 본원이기에 일생을 통해서 성불하겠다는 서원을 세워야 합니다."

복 짓는 일이 높고 멀리 있는 것이 아니라고 하지만 그 밑바탕에는 작은 선행도 남을 배려하는 마음이 자리 잡고 있어야 실천 가능한 일이다. 혜승 스님의 가르침 세 가지를 실천하다보면 사람들은 스스로를 신뢰하게 될 것이고 그러면 세상살이가 즐겁고, 산다는 것이 기쁨으로 다가올 것이다. 기쁨이 화두가 될 수 있는 세상을 꿈꿔본다.

혜승 스님

1951년 논산 개태사로 입산하여 윤포산 스님을 6년간 모심. 1956년 해인사에서 정영 스님을 계사로 사미계를, 1970년 남양주 봉선사에서 석암 스님을 계사로 비구계를 수지. 의정부 원각사, 양주 회암사, 고운사 주지 역임. 2007년 대한불교 조계종 원로의원에 선출되어 2008년 대종사 법계를 품수 받음. 지금은 연화재단 이사장이며 의정부 포교원에 주석.

월성 스님
참선은 팔식의 컴퓨터를 지우는 것

복천암 가는 길은 초록의 잔치였다. 복천암 초입에 이르자 남새밭이 눈에 들어왔다. 고랑마다 상추, 쑥갓, 고소, 열무, 고추 등이 자라고 있었다. 여름 내내 선방 스님들의 찬이 되고 약이 되어 줄 공양물이었다. 복천암은 고려 공민왕과 조선의 세조가 잠시 머물다 간 곳이며, 현대에는 성철 스님과 청담 스님이 배곯아가면서 공부했던 곳이다.

월성 스님의 거처에 들어서자 새소리가 요란하다. 깊은 산중에 산다는 방아새가 '두두두~' 하고 느린 네 박자로 울음을 토해내고, 목탁새와 딱따구리도 목청을 돋운다.

스님의 수행에 대해 듣고 싶다고 전화는 드렸지만 와도 좋다는 시원한 답은 듣지 못했다. 그럼에도 내처 달려온 걸음이다.

스님은 연둣빛 가득한 말차를 주시더니 맛이 어떤지를 물었다. 내가 쌉싸름하고 달콤하다고 했더니 스님은 정확한 답이 아니라고 했다. 그래서 한 모금을 더 마셔보았다. 그새 혀가 감각을 잃어버렸는지 무미(無味)했다. 무미하다고 답했더니 그것도 답이 될 수가 없다고 했다. 입안의 혀가 느끼는 맛을 정확히 모르겠는데 어떻게 답을 내놓아야 할지 참으로 난감했다.

그때 스님이 한마디 했다.

"내가 지금 차 맛을 물었는데 그것에 대한 정답이 어디 있겠어요? 그 맛을 글로 표현할 수가 있나, 그림으로 그릴 수가 있나? 몸이 다른데 어떻게 전달이 되겠는가? 차 맛이란 각자 다른 것, 정답은 직접 마셔보라는 것이지요. 마찬가지로 참선도 해본 사람만이 알 수 있어요."

참선 수행은 해본 사람만이 알 수 있는 선의 세계이니 남에게 들으려 하지 말고 자신이 직접 해보라는 주문이다.

잠시 후 스님이 또 질문을 던졌다.

"절에서는 스님들이 울력을 하고 나면 차담이 뒤따라요. 철따라 감자나 고구마를 삶기도 하고 국수를 내오기도 해요. 초봄에 밭을 갈고 나니 연시를 차담으로 내놓았어요. 그런데 어떤 것은 씨가 있고 어떤 것은 씨가 없어요. 그렇다면 씨 있는 감은 씨 있는 데서 생겨났는데 씨 없는 감은 어디서 생겨났을까요? 이것에 대해 답해보세요. 이 물음은 학식하고는 아무 상관이 없어요."

아무런 답도 떠오르지 않는다. 나의 답변에 대해 스님은 분별사량(分別思量)으로는 답을 찾을 수 없다고 한다.

"다른 스님들은 그냥 먹는데 한 스님이 '이 감에는 씨가 없네' 라고 말했어요. 씨에 대한 관심을 가졌기 때문에 씨가 있다 없다고 분별하는 것이지요. 마음은 원래 밝은 것인데 분별을 하면 점점 어두

워져요. 그러니 사량하고 분별하지 마세요."

　우리가 인식하는 시간은 과거, 현재, 미래로 나뉘어 있다. 지금은 현재세를 살고 있지만 죽음 이후에는 미래세라고 했던 것이 현재세가 되고 현재세는 과거세가 된다. 우리가 과거라고 했던 것이 미래가 되는 것이다. 이렇게 우리는 삼생(三生)을 끊임없이 윤회한다. 그런데 참선하고 염불하는 것은 바로 과거, 현재, 미래로 나누는 벽을 없애기 위해서라고 한다. 이 벽을 없앤다는 것은 생각을 일으키지 않는 것이란다.

　"모든 것은 스스로가 원인을 조성해서 결과가 오는 것이고, 원인은 종자(種子)이지요. 모든 것이 내가 원인을 조성해서 일으키는 것, 아무리 좋은 원인도 조성하지 않으면 열매가 달리지 않아요. 우리에게는 육식(六識), 칠식(七識), 팔식(八識)이 있어요. 구식(九識)은 부처님의 경지이고요. 우리가 말하고 행동하는 것 모두가 팔식에 입력되어 있어서 나온 것입니다."

　대상을 보는 마음을 안식(眼識), 소리를 듣는 마음을 이식(耳識), 냄새를 맡는 마음을 비식(鼻識), 맛을 아는 마음을 설식(舌識), 몸에 접촉하여 아는 마음을 촉식(觸識), 보거나 듣는 것 모두를 또는 본 적도 들은 적도 없는 것을 끊임없이 생각하는 마음을 의식(意識)이라 하며, 이 안이비설신의(眼耳鼻舌身意)가 작용하는 것을 묶어서 육식(六識)이라 한다. 칠식은 말라식이라 하여 본래 갖추어진 마음의 심층에서 활동하는 자아의식이고, 팔식인 알라야식은 일곱 가지의 식을 생기게 하는 근원적인 마음이다.

"지금 컴퓨터의 시대라고 하지만 컴퓨터도 인간의 인성에서 나온 것입니다. 컴퓨터는 바이러스가 침범하면 저장된 것이 모두 사라져 버리지만 팔식에 입력된 것은 없어지지 않아요. 팔식에는 자신이 생각하고 말한 것이 모두 입력되어 있어요. 입력된 것을 업식이라 하는데, 자신이 익힌 업을 모두 업식이라 하지요. 팔식이 살아 있으니 입력된 테이프 그대로 지니고 또다시 다른 곳에서 새 몸을 받아 태어나는 것입니다. 죽음은 헌 옷을 벗고 새 옷으로 갈아입는 것과 같

으며, 우리는 이렇게 해서 세세생생 윤회의 쳇바퀴에서 벗어날 수 없어요. 참선은 바로 팔식의 컴퓨터를 지우는 것입니다."

스님은 왜 참선을 해야 하는지를 간결하게 짚어주었다. 칠식과 팔식은 24시간 작동하지만 육식은 잘 때는 멈춘다고 한다. 자면서 꿈을 꾸는 것은 칠식이 작동하고 있기 때문이며, 육식에서 일어난 사건이 칠식에게 보고되며 칠식을 통해서 팔식에 입력된다. 마음을 통해서 일어나는 모든 작용은 팔식에 입력되지만 재산이나 물질 등은 입력되지 않는다. 육식과 칠식까지 소멸되면 죽었다고 하는데 팔식은 죽지 않는다. 죽는다는 것은 육신이 죽는 것이지 정신은 죽지 않는다. 팔식이 살아 있는 한 윤회의 수레바퀴는 멈추지 않는다.

"팔식을 지닌 영혼은 자신이 좋아 보이는 태(胎)에 들어가서 새로운 생명으로 태어납니다. 지옥 가고 싶어서 가는 것이 아니듯 돼지 몸으로 태어나고 싶은 것도 아닙니다. 자신의 업식대로 보다보니 그러한 세계가 좋아 보여서 동물의 몸을 받아 태어나는 것이니, 평소에 탐욕스러웠던 사람은 돼지의 몸이 좋아 보여서 그 속에 자리를 잡는 것이지요. 사람 몸 받아 태어나는 것은 다행한 일입니다."

모차르트같이 천재로 태어나는 것은 세세생생 많이 듣고 보아서 팔식에 그 자신의 재능이 그대로 입력되어 있기 때문이란다. 스님은 죽은 후 시다림[尸陀林]을 하고 천도재를 지내는 것이 중요하다면서 "육신은 고통의 근본이기에 몸을 벗어나면 가린 것이 없어 투시가 가능하며 원근이 없어요. 태 속에도 들어갈 수 있고 한국에서 미국까지도 금방 갈 수 있습니다"라고 했다.

집착하지 않으려는 과정이 참선 과정이다. 자성을 완전히 깨닫게 되면 자유자재로 생사를 넘나들 수 있으며 사람 몸 받지 않는다. 물론 중생을 제도하기 위해서 사람 몸을 나툴 수도 있지만. 부처와 중생이 따로 있는 것이 아니라 깨치고 살면 부처요, 못 깨치고 살면 중생이다. 사람 몸 받아 태어나서 좋은 법문 듣고 실천하고 그렇게 수행하다보면 자성을 완전히 깨달아 생사해탈을 할 수 있는 능력이 우리에게 잠재되어 있다. 달마대사는 오성론(悟性論)에서 이렇게 말했다.

"제불은 본래부터 삼독 속에 계시면서 청정한 법을 기르면서 마침내 세존이 되셨다(제불종본래 상처어삼독 장양어백법 이성어세존 諸佛從本來 常處於三毒 長養於白法 而成於世尊)."

월성 스님에게 복천암에 머문 지 얼마나 되었느냐고 여쭈었더니 "언제 왔는지 기억이 나지 않는다"고 했다. 문득 용산 스님의 진흙소 일화가 떠오른다.

용산 스님에게 한 수좌가 물었다.

"화상께서는 몇 살 때 이 산으로 들어오셨습니까?"

"나는 세월을 떠나서 살기 때문에 내 나이를 모른다."

"무슨 도리를 터득하셨기에 이 산에서 그렇게 살고 계십니까?"

"진흙소 두 마리가 바다로 들어가는 걸 보았는데 지금껏 소식을 모른다."

진흙으로 만든 소는 물속에 들어가면 그 형체가 녹아 없어져 자취가 남지 않으니 다시 돌아올 수도 소식이 있을 수도 없다. 과거, 현재, 미래라는 시간 개념을 없애고 생각이 일어나는 마음자리조차 없애려고 깊은 산중에 들어와서 365일 오롯이 화두 하나만 챙기는 스님에게 시간을 물은 것이 잘못이다. 스님에게는 세월을 따진다는 것은 진흙소가 물에 들어가는 것마냥 아무 의미가 없다.

스님은 과학이 발달하면서 2500년 전에 부처님께서 하신 말씀이 그대로 증명되고 있어 참으로 다행한 일이라 한다. 수천 년을 앞서가는 말씀이었기에 신심 부족한 중생들은 받아들이기 힘들었다는 것을 부인할 수 없다.

"부처님은 삼천 대천세계가 있다고 했어요. 옛날에는 그러한 세계가 있음을 믿지 않았는데, 현대과학이 이 우주의 비밀을 밝혀내고 있잖아요. 또 부처님은 한 방울의 물에도 8만 4천의 균이 들어 있으니 염불하고 나서 마시라고 했어요. 사람들은 그것 역시 믿지 않았어요. 하지만 과학이 발달하면서 물에도 수많은 대장균이 있음을 밝혀냈어요. 구식(九識)이 갖추어지면 육안으로 볼 수 없는 삼천 대천세계부터 미시(微視)의 세계까지 다 볼 수 있어요."

스님의 수행 이야기를 들려달라고 하자 해줄 말이 없다며 손사래를 친다. 스님이 출가한 지 60년이 넘는다. 그 세월 동안 가보지 않은 선방을 세는 것이 쉬울 만큼 전국의 선방을 두루 다녔건만 당신의 살림살이를 일절 내놓지 않는다. 이것도 스님의 성품이니 지켜드려야 할 것 같았다. 스님은 자신의 수행담 대신 조선시대 때 복천암에 머물렀던 신미대사에 대한 이야기를 몇 시간에 걸쳐 들려주었다. 스님이 신미대사에 대해 이렇게 관심을 갖는 것은 한글 창제를 주도한 인물이었기 때문이다.

신미대사의 부친은 태종 때 영의정까지 지낸 사대부였다. 신미대사의 출가 동기는 기록된 바가 없지만 그는 출가 전부터 사서삼경을 두루 섭렵했고 불가에 들어와서 대장경을 공부했다. 그러다 대장경이 본래 범어(梵語)로 기록된 것임을 알고 원전을 보기 위해 범어 공부를 했다.

세종대왕은 만백성 누구나 읽을 수 있는 우리글이 절실히 필요함을 느끼고 전국의 숨은 인재들을 발굴하여 집현전으로 불러들였다. 그때 복천암에 주석하고 있던 신미대사도 집현전으로 가게 되었다. 애석하게도 이 사실은 〈영산김씨세보(永山金氏世譜)〉에만 기록되어 있고 《조선왕조실록》에는 누락되어 있다고 한다. 이것은 아마도 유생들의 장난에 의한 것이라고 짐작해볼 수 있다.

신미대사는 소리글자인 범어에서 착안하여 한글 창제를 진행했다. 세종대왕은 신미대사의 생각을 높이 사서 수양대군과 안평대군의 주관 아래 신미대사와 학조 스님, 학렬 스님 등이 중심이 되어 극비리에 진행하게 했다. 집현전의 학자들도 제대로 모를 정도로 이 일은 일사불란하게 진행되었다고 〈영산김씨세보〉에 전하고 있다. 신미대사는 범어에서 착안하여 자음 모음 소리글을 만들어냈고, 해

인사에서 장경을 미리 간인(刊印)했다. 《법화경》, 《지장경》, 《금강경》, 《반야심경》 등을 간인했는데 여기에 토도 달아보고 번역도 하여 시험을 끝낸 후 세종대왕에게 보고하니 임금은 매우 기뻐했다. 세종대왕은 집현전 학자들의 반발을 우려하여 '한글 창제는 전적으로 나의 주관하에 이루었노라' 하고서는 형식적으로 집현전 학자들과 함께 다듬고 고치는 작업을 했다.

복천암에 보관되어 있는 《복천보장》에 의하면 '세종대왕은 신미대사의 수고를 치하하고 보답으로 주석하고 있는 속리산 복천사에 주불 아미타불과 좌우보처 관음세지 양대보살을 금동으로 조성 시주했다' 라고 적고 있다. 또 《조선왕조실록》에 '세종 28년 12월 2일 부사직(副司直) 김수온(金守蘊)에게 명하여 《석가보(釋迦譜)》를 증보 수찬하게 했다' 고 기록되어 있다. 김수온은 신미대사의 동생이다. 월성 스님은 '불교 문학의 정수인 《월인천강지곡》이 지어진 배경에는 한글 창제를 주도한 신미대사가 있음을 알아야 한다' 고 했다.

숭유억불 시대에 한글 창제를 기념하는 노래들이 석가모니 부처님을 찬탄하는 내용인 것에 대해 의문을 품었는데 오늘에야 그 의문이 풀렸다. 스님은 앞으로 불교계와 학계에서 신미대사에 대한 연구가 체계적으로 이루어지기를 바라는 마음에서 〈영산김씨세보〉와 《복천보장》, 《조선왕조실록》의 기록을 바탕으로 해서 얇은 책자도 만들었다.

스님의 방에는 유화로 그린 금오 스님의 영정이 걸려 있다. 은사인 금오 스님에 대한 존경심은 월성 스님의 한마디 한마디에 그대로 배어나온다.

"우리 스님은 참선하는 사람을 좋아하셨고 계율에 어긋나는 일을 하면 바로 불벼락이 떨어졌어요. 내일 떠난다고 날을 받아놓아도 오늘 밤까지 지게 지고 나무하게 했어요. 여기에 대해 토를 달면 '네가 이곳에 나무를 해놓으면 네가 가는 그곳에 나무를 해놓는 것과 같다. 이곳에 나무를 해놓음으로써 그곳에 가서도 누릴 수 있다'고 했어요."

은사 스님의 이 말은 월성 스님에게 수행의 길잡이가 되었다. 절에 사는 사람이 아홉이면 지게가 아홉 개였으며, 금오 스님 역시 상좌들과 같이 지게를 졌다. 금오 스님이 말보다는 행동으로 보여준 것처럼 일흔을 바라보는 월성 스님 또한 아직도 도량석을 하고 새벽 예불을 올린다. 이것이 불제자의 도리라 한다.

월성 스님과 이야기를 마치고 신미대사 부도탑을 참배했다. 대웅전 뒤편으로 해서 산을 한참 올라가니 소박한 부도탑이 눈에 들어왔

다. 부도탑전에서 삼배를 올리고 산을 내려오니 금세 어둑어둑해졌다. 서울로 가는 버스가 이미 끊어졌을 것 같아 복천암에서 하룻밤 묵어가기로 했다.

다음 날 새벽 도량석 소리에 눈을 떴다. 아직 사방은 어둠 속에 잠겨 있다. 문득 고개를 들어 하늘을 보니 온통 별밭이다. 그야말로 하늘에 별이 난분분하다. 어둠이 사라지면 별빛 또한 스러질 터인데 스러지는 별빛이 아쉬워 하늘을 오래도록 쳐다보았다. 월성 스님의 기개로 보아 새벽마다 별을 보면서 출가의 의미를 되새기고, 날마다 새롭게 출발하자고 마음을 다질 것만 같다.

🌼 월성 스님

1952년 구례 화엄사로 출가하여 금오 스님을 은사로 득도. 범어사에서 동산 스님을 계사로 비구계 수지. 그 후 20여 년간 해인사, 송광사, 칠불사, 불국사, 각화사 선원 등 전국 제방 선원에서 수십 안거를 성만. 지금은 속리산 복천암에 주석.

성타 스님

꽃 피고 잎 지는 것은 둘이 아닌 하나

신라 천년의 고찰 불국사로 가는 길은 언제나 가슴 설렌다. 석가탑과 다보탑을 비롯하여 소나무 한 그루까지 천년이 넘는 세월 동안 인간의 영욕을 모두 지켜보아온 것이라 생각하면 예사롭지 않다. 백운교와 청운교를 지나면서 과거 어느 생에 이곳을 거닐었을지도 모른다는 생각을 한다. 감포 앞바다를 휘돌아 토함산을 타고 불어오는 찬바람까지도 반갑다. 불국사 대웅전 마당을 밝히고 있는 석등은 사람들 사이에서 회자되는 유명한 석등이다. 촛불 사이로 부처님의 얼굴이 보이기 때문이다. 작은 부분까지 정성을 다했던 신라인의 마음에 새삼 감탄하고 그 치밀함에 놀란다. 보이지 않는 부분까지 심혈을 기울였던 신라 장인의 군건한 신심은 수천 년이 흘러도 변색되지 않고 이렇게 오롯하게 흐르고 있는 것이다. 성타 스님은 넉넉한 웃음으로 반겨주었다.

길에서 길로 이어진 부처님의 생애를 생각하면, 부처님의 말씀은 길에서 마을에서 고통의 현실 그 자리에서 울려퍼진 생생한 현장의 소리이다. 성타 스님은 공(空)의 이치가 책에서만 머문다면 삶과 동떨어진 지식밖에 되지 않는다고 생각하기에 지역 사회를 위하여 다양한 활동을 하고 있다. 경주에서는 스님을 '경주 경실련 공동대표'로 기억하는 사람이 많다. 13년 전에 시민운동이 전무한 경주에서 경실련을 창립하여 지금까지 공동대표를 맡고 있다. 경주 경실련이 이루어낸 일 중에서 대표적인 것은 '고도(古都) 보존법'의 국회 통과이다. 고도(古都)의 역사적 문화 환경을 효율적으로 보존하기 위해서 필요한 법이지만, 스님은 문화재보호법에 묶인 사람들을 보호하기 위해서 이 법을 통과시켰다고 한다. 문화재 당국에 의해 보존지역으로 선정되면 그전에는 문화재 보존이 우선이었지만 지금은 주민들을 살리는 데 중점을 두고 있다. 이것 역시 고도에 사는 주민들의 고통에 귀를 열었던 스님의 자비심에서 나온 것이 아닌가 싶다.

변화무쌍하고 혼란한 이 시대에 어떤 마음으로 살아가는 것이 부처님의 뜻에 따라 사는 것인지를 여쭈었다.

"붓다란 '깨달은 사람' 이라는 뜻입니다. 하지만 깨달음을 이루었다는 것만으로 존경하고 귀의하는 부처님이 될 수는 없습니다. 진정한 부처님은 자신의 깨달음을 일체중생에게 회향하는 분입니다. 불교는 흔히 깨달음의 종교라고 하지요. 하지만 저는 단호하게 아니라고 말합니다. 불교는 깨달음을 일체중생에게 회향하는 종교입니다. 이것을 행한 분이 바로 부처님임을 우리는 기억해야 합니다."

우리가 행하는 기도를 비롯하여 염불 정근이나 참선까지도 일체중생을 향해 회향되어야 한다는 것이 스님의 생각이다. 스님의 말은 계속 이어졌다.

285
—
성
타
스
님

"보살은 중생을 제도함으로써 아름다움과 향기를 지니게 됩니다. 《팔천송 반야경》에 보면 '보살의 장엄은 일체중생을 제도하여 무여열반에 들게 하는 것이며, 그 마음조차 내지 않는 것이 보살의 장엄이다' 라는 말이 있습니다. 보살의 장엄은 화려함이 아닌 일체중생의 제도입니다. 멋지게 꾸미고 현란한 아름다움으로 치장하는 일이 아니라 일체중생을 고통에서 구제하는 일이 장엄입니다."

언제부터인지 보살이라는 말이 여성 신도를 지칭하는 단어로 통하게 되었다. 아마도 보살의 마음으로 보살처럼 베풀면서 살라는 의미가 담겨져 있지 않나 싶다. 너와 내가 다르지 않으며 너의 아픔이 곧 나의 아픔이 될 수 있음을 절실히 깨닫는 것이 장엄이 아닌가 싶다.

일찍이 신라의 원효대사는 화쟁(和諍)의 정신과 그 실천을 강조하면서 모두 이기심을 버리고 생명의 근원으로 돌아가자고 했다. 성타 스님은 원효대사의 화쟁사상을 좋아한다.

"아널드 토인비는 21세기에는 세계가 하나의 지구촌 시대로 접어들 것을 예측하면서 모든 사상과 이념을 아우를 수 있는 큰 정신이 필요하다고 했어요. 그 큰 정신을 서양보다는 동양의 도교나 불교 쪽에서 찾아야 한다고 했고요."

스님은 몇 년 전에 현재 독일 지성을 대표하는 울리히 슈라이버 박사의 방문을 받은 일이 있다. 울리히 슈라이버 박사를 통해서 불교의 위대성을 다시 한 번 확인했다고 한다.

"울리히 슈라이버 박사는 세계의 지성인들이 불교를 평화의 종교로 여기고 불교에 귀의하고 있다고 했습니다. 특히 박사는 중국으로부터 티베트를 강점당했지만 중국에 대해 악의적인 발언을 한 번도 한 적이 없는 달라이 라마를 칭송하면서 그러한 비폭력의 배경에는 불교라는 큰 사상의 맥락이 있기 때문이라고 했어요. 그러면서 앞으로는 불교의 정신이 필요하다고 하더군요."

전 세계는 지구촌 시대에 접어들었지만 정신은 더 좁아지고 아량은 얕아지기만 하는 지금의 현실이 우리를 불안하게 한다면서 상생으로 가는 대화합이 필요한 때라고 한다. 스님의 이러한 말을 통해 스님이 이 시대의 고통과 아픔에 대해 깊이 고뇌하고 있으며 해결방안을 찾으려 한다는 것을 느낄 수 있었다.

"지금 1인당 국민소득이 2만 달러가 넘는 시대에 살고 있지만 여전히 사람들은 살기 힘들다고 합니다. 1인당 국민소득이 몇백 달러에 불과한 옛날에 비하면 물질적으로 풍요로워졌는데도 사람들은 행복을 느끼지 못합니다. 이미 2500년 전에 부처님께서는 물질로는 행복을 얻을 수 없음을 알고 출가를 했습니다. 부처님은 인간의 욕망 때문에 불행의 씨앗이 싹튼다고 보았으며, 욕망은 어리석음에서 생기는 것이라고 했습니다. 채우려고 해도 채울 수 없음을 깨닫고 비우는 것을 배워야 합니다. 비울 줄 모르고 채우려 하기 때문에 고통스럽고 불행하다는 생각을 하게 됩니다."

스님은 잠시 말을 멈추더니 진정 내 것이라고 말할 수 있는 것, 그리고 이 세상을 떠날 때 가지고 갈 수 있는 것 한 가지만 말해보라고

성타스님

한다. 대답이 궁해진다.

"진정 내 것이라 생각했던 내 몸도 놓고 가야 하거늘 다른 것은 말해 무엇하겠습니까? 가져갈 수 없는 것을 가져갈 수 있다고 생각하는 어리석음에서 번뇌가 생겨납니다. 석가모니 부처님은 49년간 탐욕을 버리고 지족하면서 살라는 가르침을 폈는데, 그러한 부처님께 돈 달라, 명예 달라 떼를 쓰면 어떻게 합니까? 지족하는 자세를 배워야 합니다."

범부들은 돈과 명예를 가지면 행복할 수 있다고 생각하기에 열심히 기도하고 구하는 것이 아닌가 싶다. 어떻게 하면 행복할 수 있는지를 여쭈자 니꼴라삐따 장자 이야기를 들려주었다.

니꼴라삐따 장자는 아주 돈이 많고 아쉬울 것 없는 사람이었다. 하지만 그도 세월은 어찌하지 못해 노쇠해져 끝내 병에 시달리게 되었다. 그는 자신의 고통을 해결해줄 사람을 찾기 시작했다. 여러 수행자를 만나보았지만 자신의 고민을 해결하지 못했다. 그러다 부처님을 만나게 되었다.

니꼴라삐따가 물었다.

"어떻게 하면 젊어질 수 있습니까? 저는 지금 몸이 병들고 쇠약해졌습니다. 과거의 건강했던 시절로 돌아가고 싶습니다. 많은 재산과 보물도 저의 고통을 해결해주지는 못합니다."

"니꼴라삐따여, 나는 너의 고통을 해결해줄 수 없다. 나이 들어 쇠약해진 몸을 어떻게 젊음의 힘으로 다시 채울 수 있겠느냐."

부처님의 말에 그는 실망했다.

"그러나 니꼴라삐따여, 세월과 병이 너의 몸을 침범하여 너를 늙고 쇠약하게 했으되 그 세월과 병이 너의 마음은 침범하지 못하게 하라. 네가 고통스러운 것은 몸이 병들어서가 아니라 그 병이 너의 마음을 범했기 때문이니 다만 나는 너의 마음에 병과 세월이 범하지 못할 가르침을 주겠노라."

부처님의 이 말을 듣고 니꼴라삐따는 큰 깨달음을 얻게 되었다.

"니꼴라삐따 장자에게 달라진 것은 아무것도 없었습니다. 그의 젊음은 돌아오지 않았고 병도 회복되지 않았어요. 그러나 그는 아무런 동요와 고통이 없는 행복의 상태로 돌아갔습니다. 부처님의 말씀대로 자신이 가진 것에 집착하지 않고 자신의 마음을 잘 다스렸기 때문입니다."

스님은 큰스님 93인의 열반송을 묶은 책《꽃은 피고 물은 흐르네》를 내놓았다. 열반송은 속박과 번뇌 미망과 아집 속에서 살아온 일생을 더듬고 마지막 입멸의 순간에 던지는 깨달음의 노래라고 할 수 있다.

성타스님

"열반송은 일반인이 이해하기는 쉽지 않습니다. 그 속에 담긴 뜻은 유한(有限)의 세계가 아니라 손 닿을 수 없는 무한(無限)의 세계입니다. 생사에 대해 여여하고 걸림 없는 선의 세계가 고스란히 담겨 있습니다." 가장 마음에 드는 열반송이 무엇인지를 여쭈었더니 "수행자로서 평생의 지침서인 부처님의 열반송"이라고 했다.

자신을 등불삼고
자신을 의지하라.
진리를 등불삼고
진리를 의지하라.

(自歸依 法歸依 自燈明 法燈明)

그리고 은사인 월산 큰스님의 열반송을 좋아한다면서 은사 스님의 이야기로 이어졌다.

"은사 스님은 참으로 따뜻하고 부드러운 분이었어요. 은사 스님이 입적하실 때가 여든네 살이었어요. 그런데 열반하시기 20일 전까지도 노구를 이끌고 수백 명의 대중 앞에서 하안거 해제 법문을 하셨어요. 마지막까지도 선승답게 여여하셨지요. 일각에서는 월산 스님을 두고 사판(事判)이라 하지만 평생 '이 뭣고' 화두를 놓지 않으셨어요. 팔월 초닷새에 가셨는데, 임종 직전까지도 물을 것 물으라며 납자들을 제접했기에 우리는 열반하신다고는 생각지도 못했어요.

그리고 나서는 좀 쉬겠다고 하면서 누우셨는데, 잠이 드신 후 그대로 입적하셨지요. 열반하시는 모습을 보면서 그동안 스님께서 얼마나 치열하게 수행 정진을 하셨는지 알 수 있었습니다."

일생 동안 돌고 돌았지만
아직 한 걸음조차 옮긴 바 없네.
본래부터 그 자리는
천지 이전의 것이었네.

(廻廻一生 未移一步 本來其位 天地以前)

월산 큰스님의 열반송을 읊는 성타 스님의 얼굴에는 그리움과 존경심이 배어나오는 것 같았다. 우리는 많은 것을 이루었다고 하지만 사실 아무것도 이룬 것이 없음을, 또 떠나고 돌아오는 것만이 반복되고 연속되었음을 자각하라는 열반송이 아닌가 싶다.

월산 큰스님은 성철 스님·향곡 스님과 함께 문경 봉암사에서 결사를 했으며, 불국사를 중흥하여 오늘의 모습으로 일구어놓았다. 그러한 스승의 모습을 지켜보면서 새삼스레 진정한 수행자란 어떤 것인지 고민하게 됐고 그래서 열반송에 관심을 갖게 되었다. 성타 스님에게는 아버지와도 같은 분이었기에 은사 스님에 대한 이야기는 끝이 없었다.

"은사 스님은 차별지와 무차별지를 둘인 것으로 생각하지만 그것

은 하나라고 했어요. 꽃 피고 잎 지는 것을 보고 둘이라고 착각할지 모르지만 꽃과 잎은 하나인 것처럼요."

평상심이 바른 도이며 번뇌가 곧 보리이듯 선과 교가 부처님의 마음이라면 계율은 부처님의 몸가짐이란다. 결국 계정혜는 하나이며 이것을 하나로 일치시키는 것이 곧 수행이라 한다.

작년 한 해 불국사 극락전에 조각된 황금 돼지로 인해 온 국민이 즐거워했던 것을 상기하면서 어떻게 하면 올 한 해를 보람되게 보낼 수 있는지를 여쭈었다.

"올해는 쥐띠해입니다. 쥐는 지혜를 상징하며, 지혜는 자신의 내면에 있습니다. 결국은 자신을 잘 다스린다면 무엇이 문제가 되겠습니까? 화두를 드는 것도 자신에 대한 끝없는 성찰이며, 지혜를 터득하기 위한 한 가지 방법입니다. 기도가 처음에는 불보살을 통해서 기원하고 무엇인가를 구하는 것이지만 자꾸 하다보면 선과 통하게 됩니다. 참회도 깨달음으로 가는 하나의 길입니다. 참회를 하지 않으면 자꾸 장애물이 생기게 되지요. 참(懺)은 스스로를 뉘우치는 것이고 회(悔)는 자기 고백입니다. 부처님께 참회하는 것이 기도에 앞서 참으로 중요한 것이지요."

아버지는 아버지의 역할을 충실히 해내고 어머니는 어머니의 역할을 잘 해내는 것 또한 지혜로운 삶을 사는 것이라고 했다. 이러한 모든 것을 잘 수행하기 위해서는 자신의 마음자리를 살피고 다스리는 일밖에 없단다.

스님은 "젊을 때의 수행도 중요하지만 수행자로서 평생의 살림살이를 평가하는 것은 결국 마지막에 무엇을 보여주느냐로 마무리되는 것이기에 하루하루를 뒤돌아보는 것이 두렵다"고 했다. 날마다 내일이 다시는 오지 않을 것처럼 최선을 다해서 살라는 충고의 말씀이다.

지금의 달콤함이 곧 절대적인 달콤함이 아님을, 지금의 안락이 영원한 안락이 아님을 알아야 한다. 꽃나무는 바람에 의해 꽃을 활짝 피우지만, 꽃송이는 또한 바람에 의해 떨어짐을 기억해야 할 것이다.

✿ 성타 스님

불국사에서 월산 스님을 은사로 출가. 금오 스님을 계사로 사미계를, 동산 스님을 계사로 비구계를 수지. 통도사 강원 졸업. 법주사 승가대학 강사 역임. 제6대부터 11대까지 조계종 중앙종회의원 역임. 조계종 포교원장 역임. 지금은 (재)성림문화재 연구원 이사장이며 불국사 주지 겸 회주. 저서로 《금오집》, 《자연과 나》, 《마음 멈춘 곳에 행복이라》, 《꽃은 피고 물은 흐르네》 등이 있음.

월파 스님

자신이 곧 부처라는 깨달음이 우선되어야

문수사로 가는 길은 아득했다. 가파른 산등성이를 몇 굽이나 돌았는지 모른다. 한 굽이를 돌고 나면 또 다른 굽이가 나타났다. 이렇게 까마득한 곳에 절이 있기는 한지 내심 불안해졌다. 산 정상이 가까워질수록 까마귀 울음소리가 들리고, 까마귀들이 하늘을 낮게 날고 있었다. 검은 까마귀들의 울음소리가 하늘을 뒤덮던 인도의 영취산과 닮았다는 생각이 들었다. 신라와 고려 때는 문수산을 영취산이라 불렀다고 하는데 그 이유가 무엇인지 궁금해졌다.

《삼국유사》에 따르면 까마득한 절벽 위에 세워진 문수사는 신라의 연회 스님이 문수보살을 친견하고 지었다고 한다. 구름이나 쉬어갈 아득한 곳에 오르다보면 문수보살을 친견할 수도 있겠다는 생각이 들었다. 연회 스님이 매일《묘법연화경》을 독송하자 연못에 있는 연꽃이 사시사철 시들지 않았다. 이 소문을 들은 원성왕이 신기하게 여겨 연회 스님을 국사(國師)로 모시려 했다. 그러자 연회 스님은 번다하게 느껴져 서쪽 고개 너머로 달아났다. 밭을 갈던 한 노인이 그런 스님을 보고 '수고롭게 멀리 갈 필요가 있느냐?'라고 말했다. 스님은 노인의 말을 무시하고 길을 재촉했다. 이번엔 한 노파를 만났는데

'앞에 만났던 노인은 문수보살인데 왜 그의 말을 듣지 않는가?' 라고 했다. 이에 연회 스님은 자신의 공부가 부족했음을 깨닫고 가던 길을 멈추고 되돌아와서 문수사를 지었다.

월파 스님의 거처엔 청죽이 울타리가 되어 거센 바람을 맞고 있었다. 빛살이 댓돌 위에 머물고, 그 빛살 위에 까마귀 울음소리가 슬쩍 내려앉았다. 댓돌 위에는 밤새 달빛이 노닐다 갈 것이며, 청솔모도 풀벌레도 머물다 갈 것이다. 이렇듯 깊은 산중 스님의 거처는 온갖 것들이 머물다 가는 휴식처이다.

불심이 지극한 집안에서 자란 월파 스님은 어릴 때 탁발 나온 스님으로부터 앞으로 절에서 살겠다는 말을 들었다. 그 말에 어머니는 행여나 아들이 출가자의 길을 걷게 될까 걱정하여 절은 물론이고 사당이나 무당집 부근에도 가지 못하게 했다. 그런데 초등학교 6학년 때 수업을 마치고 친구들과 집으로 돌아가는데, 어떤 노인이 손금을 보더니 앞으로 절에 들어가서 살겠다는 말을 하기에 그때부터 자신의 운명을 예감했다.

스님은 통도사에서 열다섯 살에 동진 출가하여 오랜 세월 동안 월하 큰스님 문하에서 공부했다. 그래서 사람들은 월파 스님이라고 하면 통도사를 떠올릴 만큼 스님은 통도사에서 잔뼈가 굵었고 통도사를 위해서 많은 일을 했다.

"사람들은 여섯 부처님을 모시고 살고 있습니다. 첫째는 눈이 곧 부처님입니다. 눈이 얼마나 욕심이 많습니까? 눈에 보이는 좋은 것

은 다 가지려고 합니다. 여름이면 시원한 옷을 입으려 하고, 겨울이면 따뜻한 옷을 입으려 합니다. 사람은 육신에서 병이 오고 괴로움이 오고 원수가 생깁니다. 욕심을 끊으면 광명여래 부처님이 됩니다. 둘째는 귀가 곧 부처님입니다. 좋은 소리 들으면 기분 좋고 나쁜 소리 들으면 기분이 나빠집니다. 귀가 부리는 욕심을 버리면 성문여래 부처님이 됩니다. 셋째는 코가 곧 부처님입니다. 좋은 향기를 맡으면 좋다는 생각, 나쁜 향기를 맡으면 짜증이 나고, 음식 냄새를 맡으면 많이 먹어야겠다는 생각이 듭니다. 코에 의해 좌우되는 욕심을 버리면 향적여래 부처님이 됩니다. 넷째는 입이 곧 부처님입니다.

입이 걱정과 시비와 탐심과 원수를 만듭니다. 입이 욕심을 버리면 법희여래 부처님이 됩니다. 다섯째는 몸이 또 얼마나 욕심이 많습니까? 더우면 시원한 옷을 입혀야 하고 추우면 더운 옷을 입혀야 하고, 몸의 시중을 잘 들어주어야 합니다. 몸이 부리는 욕심을 버리면 부동광여래 부처님이 됩니다. 여섯째는 마음이 곧 부처님입니다. 그런데 이 마음이 얼마나 욕심이 많은지, 마음이 들어서 온갖 파장을 만들어냅니다. 우울증도 그중 하나이지요. 헤아릴 수 없는 감정과 번뇌를 만드는 이 마음을 잘 다스리면 비로자나 부처님이 됩니다. 사람들은 자신이 여섯 부처님을 모시고 산다는 것을 모르기 때문에 다른 곳에서 부처님을 찾으려고 합니다. 내가 여섯 부처님을 모시고 산다는 것을 알아야 제대로 공부하고 수행할 수 있습니다. 제대로 공부한다는 것은 계율을 잘 지키고 남과 다투거나 화내지 않으며 남을 위해 일하는 것입니다. 이럴 때 부처님의 뜻을 바로 새길 수 있다고 생각합니다."

사람들은 자신이 여섯 부처님을 모시고 살고 있음을 모르기 때문에 어디 부처가 또는 미륵불이 영험이 있다고 하면 우르르 몰려가는데 스님은 그것이 안타깝다고 했다. 자신이 부처라는 것에 대한 믿음이 없으면 공부는 물론 기도도 제대로 할 수 없단다.

부모를 만났다면 어떤 인연으로 만났는지, 결혼을 했다면 어떤 인연으로 남편 또는 아내를 만났는지, 자식을 두었다면 어떤 인연으로 자식을 만났는지 안다면 삶이 신나고 괴로움을 모를 것이라는 스님

의 법문이 이어졌다.

"천 년을 죽었다가 천 년을 만나는 것이 부모 자식이고, 구백 번을 죽었다가 구백 번을 만나는 것이 형제이며, 팔백 번을 죽었다가 팔백 번을 만나는 것이 부부입니다. 이런 깊은 인연으로 부부가 되고 자식이 되고 형제가 되는데 왜 욕심으로 시비하고 헤어지고 원수를 맺습니까?"

또 스님은 가족을 부처님이라 생각하고 반찬 한 가지를 만들더라도 정성을 다해야 한다고 했다.

"불공이 따로 있나요? 가족의 식사를 정성스럽게 준비하는 것도 불공입니다. 정성이 들어가지 않은 음식을 먹으면 병이 난다는 말이 있잖아요. 절에 오는 것도 좋지만 부모, 남편, 자식을 부처님같이 생각하고 대해야 합니다. 모두 전생에 인연이 있어 만난 사람들이니 부처님으로 모셔야 하는 것은 당연하지요. 이렇게 살다보면 지혜의 눈이 밝아져 인과는 물론 부처님 뜻과 진리도 알게 되어 가정이 화목해집니다. 가족을 비롯하여 주변으로부터 '저 사람은 절에 다니더니 부처님 같은 마음이 되더라'는 말을 듣도록 해야 합니다."

스님은 가정을 잘 지키지 못하고 이웃과 다툰다면 불자로서의 자격이 없다고 한다. 이런 사람은 불교를 믿어도 올바로 믿지 않고 자꾸 불신을 하게 되니 오히려 악업을 짓게 된단다. 또 스님은 도(道)는 일상 속에 있으니 집에서든 어디서든 참선해야 함을 강조한다.

중국의 방거사는 일상의 아름다움을 이렇게 노래했다.

일상사가 다를 것이 없나니/ 내가 스스로 하나가 될 뿐.

무엇이나 취하고 버림이 없으니/ 어디서건 어긋남이 없도다.

고관대작을 누가 귀하다고 했는가/ 청산에는 한 점의 티끌조차 없는 것을.

신통묘용(新通妙用)이 무어냐 하면/ 물을 긷고 땔나무 나르는 일이라네.

월파 스님은 누구나 쉽게 부처님을 친견할 수 있도록 문수사까지 찻길을 냈다. 토굴에 불과하던 법당을 증축하여 더 많은 사람들이 추위와 눈, 비바람을 피할 수 있게 했다. 또 문수산을 오르는 등산객들에게도 밥을 제공하고 있다. 스님은 공양 시간이면 사람들에게 '공양 들고 가라' 는 따뜻한 말을 잊지 않는다. 어디에서든 하심을 실천하려는 스님의 마음을 읽을 수 있었다.

주지 소임을 맡아 일하다보면 생각지도 않았던 일들이 생기고 분주한 날들의 연속이다. 스님은 바쁜 와중에도 사시예불을 빼놓은 적이 없다. 병원에서 간호사보다 병원장이 주사를 놓으면 환자들이 좋아하고 안심하듯이 스님이 직접 사시예불을 올리는 것도 그와 같은 이치란다. 주지스님이 직접 예불을 올리고 축원이라도 해주어서 사람들이 기뻐한다면 그것 또한 좋은 일이라고 생각한다.

"수행자가 계율을 잘 지키는 것이 신도들이 올바른 길을 갈 수 있도록 인도해주는 것이고, 육조의 법을 잇는 것입니다. 수행자가 올

바른 길을 걷는 것만큼 좋은 포교는 없습니다."

수행자로서 계율을 어기는 모습이라든가 수행자답지 못한 모습을 신도들에게 보여서는 안 된다는 것이 스님의 철칙 중 하나이다.

스님은 집에서도 할 수 있는 수행법을 알려주었다.

"아침 일찍 일어나서 세수하고 향을 사르고 서쪽을 향해 절을 세 번 한 다음 '나라고 하는 것은 어떤 물건인가'를 화두로 삼아서 30분쯤 좌선을 합니다. 마지막에는 반야심경으로 끝냅니다. 하루 일과를 마치는 저녁에도 '하루를 잘 보냈는지, 사람다운 짓은 했는지' 반성하고 잘못했다면 참회를 합니다. 이러한 생활 자체가 공부이고 기도이며 수행입니다. 기도와 수행이 따로 있는 것이 아닙니다. 내 모든 행동이 기도이고 수행이지 이것을 다른 곳에서 찾는다면 망상이고 번뇌입니다."

하루를 별 탈 없이 보낸 것 자체가 기도를 잘 한 것이라는 스님의 법문은 누구나 실천할 수 있는 것이기에 가슴에 와닿았다. 스님의 법문은 거침없이 이어졌다.

"절은 나쁜 길을 가지 말고 나쁜 일을 하지 말며 사회에 해를 끼치지 말라고 가르치는 교육장입니다."

절에서 배운 것을 가정과 사회에서 실천해야 하며, 오히려 가정과 사회가 복 짓는 도량이 되어야 한단다. 《유마경》의 한 구절을 빌리면 직심(直心)이 도량이요 보리심이 도량이요 육바라밀을 실천하는 그곳이 바로 도량이 되는 것이다.

다른 사람을 위해 작은 선행이라도 하는 것이 복 짓는 것이요 기도가 된다고 하니 기도에 대한 생각을 바꾸어야 할 것 같다. 집에서 기도한다고 해서 부처님이 복을 안 주고, 절에서 기도한다고 해서 복을 많이 주는 것이 아님을 알면서도 그런 생각을 깨뜨리지 못하는 것은 어리석기 때문이란다.

"부처님이 따로 없어요. 자신을 잘 관찰하면 부처님이 보입니다. 내가 마음을 잘 쓰고 진리를 알 때 부처님이 보이는 것이지요. 반면에 어리석게 살면 부처님이나 성인이 옆에 있어도 모릅니다."

내 옆에 있는 사람들이 부처로 보이지 않는 것은 어리석기 때문임을 깨우쳐준 스님에게 오래도록 절하고 싶었다.

"산에 가보면 수백 년 된 소나무가 비가 오나 눈이 오나 조금도 변함없이 당당하게 산을 지키고 있습니다. 또 바다에 가보면 넓고 푸른 물이 얼마나 장구하고 늠름합니까? 황토물도 구정물도 다 흘러들었건만 아무런 표시가 없습니다. 내 마음도 저러하도록 해야겠다는 생각을 할 수 있는 것이 불자입니다. 저 바위가 변함없이 늠름하게

오랜 세월을 서 있듯이 나도 어디에서든 저렇게 당당하게 서 있어야지 하고 생각하는 것이 진정한 불자입니다."

월파 스님의 법문을 들으면서 평생을 부처님 공양하면서 부처님의 가르침을 따라 살아온 스님의 모습이 눈에 보이는 듯했다. 계율과도 같은 회색빛 옷이 참으로 존엄하고 거룩해 보였다.

❈ 월파 스님

1952년 통도사 김구하 스님을 은사로 15세에 출가하여 사미계를, 1968년 윤월하 스님을 계사로 하여 비구계를 수지. 1960년 통도사 승가대학 졸업. 통도사 보광선원에서 월하 스님을, 표충사에서 효봉 스님을 모시고 공부한 것을 비롯하여 30안거 성만. 1990년 통도사 총무국장, 1992년 통도사 부주지, 1996년 통도사 주지 역임. 2007년 대한불교 조계종 원로의원에 추대되어 2008년 대종사 법계를 품수 받음. 지금은 울산 문수사에 주석.

원각 스님
착하게 살아야 한다는 그 생각도 쉬어라

원당암은 '해인사 1번지' 같은 상징적인 암자이다. 해인사 원당암은 조계종 10대 종정을 지낸 혜암 스님이 중창하여 열반할 때까지 주석했던 곳이다. 지금은 혜암 스님의 상좌 원각 스님이 주석하고 있다. 원각 스님은 해인총림의 유나 소임을 맡고 있으며, 원당암 달마선원의 선원장이기도 하다.

원당암은 산중 사찰 같지 않고 도회지의 절처럼 말끔하게 단장되어 있다. 보광전, 선방, 심검당, 미소굴, 무설설, 염화실 등 열 채가 넘는 당우가 가야산 중허리쯤에 자리 잡고 있다. 이처럼 산과 당우들의 조화로움은 보는 이로 하여금 편안함을 준다.

원각 스님은 혜암 스님이 말년에 머물렀던 미소굴(微笑堀)을 '혜암 스님 기념관'으로 꾸며놓았다. 그 안에 들어서면 혜암 스님이 법문을 기록해둔 원고와 돋보기, 주장자 등이 전시되어 있어 큰스님의 체취를 오롯이 느낄 수 있다. 미소굴 옆에는 '공부하다 죽어라'라는 혜암 스님의 금구(金句)가 새겨진 통나무가 하늘을 향해 높다랗게 세워져 있다. 혜암 스님의 간결한 사자후를 듣는 것 같아 그 앞에 서는 사람은 누구나 자신을 돌아보게 된다.

혜암 스님은 생전에 "마음 공부하는 데 어찌 승가와 재가의 구분이 있을 수 있느냐"며 원당암을 재가불자의 수행 공간으로 활짝 열어놓았다. 현재 달마선원은 국내 최고의 재가자 참선 도량으로 자리매김하고 있다. 은사 스님의 뜻을 잘 받들어 그대로 행해온 원각 스님의 숨은 노력 덕분이다.

이곳에서는 재가자들의 하안거와 동안거 결제가 있으며 산철에도 60일씩 결제를 하여 공부의 끈을 늦추지 않는다. 음력 7월 1일부터 8일까지, 그리고 음력 12월 1일부터 8일까지 두 차례의 7일 철야 용맹정진이 있으며, 첫째 셋째 주 토요일에는 저녁 8시부터 다음 날 새벽 4시까지 철야 용맹정진이 진행되고 있다. 재가자들에게 무리한 수행이 아닌지 걱정했더니 스님은 이런 말을 들려주었다.

"불법(佛法)은 많이 배우는 데 있는 것이 아니라 오직 마음을 깨닫는 데 있으며, 이론보다는 실참이 더 중요합니다. 재가자이든 출가자이든 어떻게 공부하느냐에 달려 있어요. 출가한 스님들은 공부하기 좋은 조건이기 때문에 더 공부를 많이 하는 것이지요."

원당암에서는 동안거와 하안거 때 90여 명의 재가불자가 결제를 하고, 1주일 용맹정진에는 250여 명이 입방하고 있다. 삼십대부터 팔십대까지 다양한 연령층이 공부하고 있으며, 혜암 스님 때부터 지도를 받아온 20년이 넘는 신도들도 많다.

"혼자 용맹정진을 하려면 하루 저녁도 하기가 쉽지 않습니다. 반면 대중과 같이 하면 대중의 운김으로 거뜬히 해낼 수가 있어요. 옛

날 스님들도 대중과 같이 공부하면 대중이 절반은 공부를 해준다는 말을 했습니다. 물론 정진을 제대로 해야겠지만 이 공부는 애쓰는 데서 까닭이 생긴다고 했습니다."

혜암 스님이 상좌 스님들을 비롯하여 많은 사람들에게 누누이 하신 말씀이 있다.

"사람 몸 받기 어렵고 정법 만나기 어려우니 좋은 인연 만났을 때 이 몸 제도하지 않으면 어느 생에 이 몸을 제도할 수 있겠느냐? 모든 것은 때가 있으니 때를 놓치지 말라."

원각 스님 또한 세월이 지나고 보니 가슴에 사무치는 말씀이라 행자들에게 강조한단다.

"몸뚱이가 있어야 공부하는 것, 몸뚱이가 말 잘 들을 때 공부해야 하고 힘이 있어야 공부할 수 있어요. 나이가 들면 육신도 말을 안 듣고 정신도 혼미해져서 공부가 마음먹은 대로 되지 않습니다. 그러니 한 살이라도 젊었을 때 공부해야 합니다."

재가자들은 어떻게 참선 공부를 해야 하는지 여쭈었다.

"자기 힘 닿는 대로 정진해야 합니다. 이 문제를 해결해야 인생 문제도 풀리지요. 세상일이 그렇듯 참선 공부도 정성을 기울여야 합니다."

스님은 고등학교를 졸업하고 해인사 약수암에 머물면서 시험 공부를 했다. 그때 수많은 성인들이나 학교 선생님들의 '착하게 살아야 한다'는 가르침이 강박관념을 불러일으켰다. 어떻게 사는 것이

착하게 사는 것인지에 집착하다보니 정신적으로 혼란을 겪었다. 그러던 어느 날 중봉암의 도림 스님으로부터 귀가 번쩍 뜨이는 법문을 듣게 되었다.

"선도 악도 버리고 본래의 자리로 돌아가야 한다. 착하게 살아야 한다는 그 생각도 쉬어야 참말로 살길이 나온다."

선과 악 모두를 버려야 한다는 가르침은 묵은 체증이 내려가는 것처럼 많은 고민을 단박에 해결해주었다.

"내가 모르는 또 다른 세계가 있음을 느꼈고, 그때부터 불교에 빠져들었습니다. 그런 나를 보고 도림 스님이 한번 읽어보라고 《금강경》, 《반야심경》, 《육조단경》, 《보조법어》, 《법구경》 등의 책을 건네주데요. 그래서 하던 공부는 팽개치고 경전을 읽어나갔지요. 그 모습을 보고 도림 스님이 출가를 권했습니다."

스님의 말을 들으면서 문득 '아침저녁으로 갠지스 강의 모래알만큼 많은 몸으로 보시하고 이렇게 백천만억 겁을 보시한다 하더라도 경전을 수지독송하거나 다른 사람을 위해 설하는 것보다 못하다'는 《금강경》의 한 구절이 떠올랐다.

이렇게 하여 스님은 계행이 청정하고 성품이 대쪽 같았던 혜암 스님 밑에서 행자 생활을 시작했다. 지금은 없어진 해인사 중봉암에서 은사 스님과 단둘이 생활했다. 방사가 한 칸밖에 없어서 은사 스님은 아랫목에 원각 스님은 윗목에 앉아서 참선을 했다. 원각 스님은 "그때 나름대로 열심히 정진한 것 같다"고 회고했다.

재가자들을 지도한다기에 물 만난 고기처럼 두려움 없이 여쭈었다.

"초심자는 화두 드는 것이 어렵다고 하는데 어떻게 공부하는 것이 좋을까요?"

"화두는 분별심으로 따져서 알려고 하면 맞지 않습니다. 알 수 없는 의심을 해야 합니다. 분별심으로 알아맞히는 것이 아니므로 꽉 막혀 알 수 없는 의심을 해야 하는 것이지요."

공부하는 사람 가운데 화두 의심이 풀리지 않아 답답하고 재미없다고 하면서 게으름을 피우거나 포기하기도 하는데 이런 경계를 극복해야만 진전이 있음을 강조했다. 스님은 현대인들의 논리적인 사고로는 참선 공부하는 것이 쉽지 않다면서 용성 스님의 일화를 들려주었다.

"용성 스님께서 활구(活句)와 사구(死句)에 대해서 다음과 같은 비유를 하셨습니다. 스님이 객승에게 허공을 똑같이 그려낼 수 있느냐고 물었어요. 그러자 객승이 '허공은 위도 없고 아래도 없고 가도 없고 가운데도 없고 물을 뿌려도 물이 묻지 아니하고 불로 태워도 불에 타지 아니하고 바람이 불어도 움직이지 아니하니 이것이 허공 아닙니까?' 하니까 용성 스님이 '언제 허공이 너보고 그렇게 말하더냐? 네가 알음알이로 허공을 화작(化作)해서 허공의 본모습을 매각해버려 사구가 되었지' 라고 했어요. 그 말씀은 네가 아무리 그럴듯하게 설명하지만 그것은 설명이고 말이지 허공 자체는 아니라는 것입니다. 조사 스님들도 활구하에 깨달으면 불조(佛祖)의 스승이 되고

사구하에 깨달으면 자신도 구제하지 못한다고 했습니다. 그리고 공부하는 자세에 대해 주린 사람이 밥을 찾듯, 늙은 과부가 외자식을 잃은 후에 간절하게 자식 생각을 하듯 화두를 간절하게 들 것을 강조했습니다. 화두를 간절하게 들면 해태심이 나지 않고 산란심과 흐리멍덩한 무기(無記, 선도 아니고 악도 아닌 것)에 떨어지지 않으며 외도의 견해에도 떨어지지 않는다고 했습니다. 이러한 맥을 알고 자기 힘 따라 애써 정진해야 합니다.”

혜암 스님은 ‘절은 수도하는 장소로 고요하고 한가한 처소로 생각하지만, 실은 죽느냐 사느냐 하는 막다른 골목에서 생명을 걸고 적과 싸우는 장소임을 명심해야 한다’고 했다. 왜냐하면 화두가 잠시라도 부재하면 죽은 사람과 같으며, 8만 4천 마군의 적을 혼자서 항복받는 일이니 눈코 뜰 새 없는 전쟁을 하는 장소와 다르지 않기 때문이다. 화두를 타파하여 대자유인이 되는 것이 결코 쉽지 않은 일임을 알 수 있다.

혜암 스님은 누구에게라도 법문을 해주는 것을 아끼지 않았다. 중봉암에서 새벽 예불을 끝낸 뒤 입선 죽비를 치고 나서 "내가 한마디만 하겠다"고 말씀을 꺼내면 밥할 시간을 넘길 때도 있었다. 그럴 때면 "스님, 저 밥 지으러 가야 합니다" 하고서는 일어서야만 법문은 끝이 났다. 혜암 스님은 '상좌 하나에 지옥이 하나'라고 생각했기에 원각 스님에게 수행자 노릇을 어떻게 해야 하는지 하나부터 열까지 세세하게 가르쳐주었다.

"밥할 때는 밥물이 넘으면 안 되고, 빗자루질도 밀듯이 하고, 방을 닦을 때도 금방 닦은 곳을 밟지 않고 뒷걸음질하면서 닦게 했습니다. 톱질하는 법, 장작 패는 법까지 가르쳐주셨어요. 그런데 출가한 지 40년이 넘었지만 은사 스님의 십분의 일도 못 따라갑니다."

그렇게 힘들게 행자 생활을 했으니 한번쯤 도망치고 싶은 마음이 들었을 법도 하다. 그러나 스님은 고개를 젓는다. "불법(佛法)에 든 것이 너무 좋아 힘든 줄도 모르고 살았어요. 은사 스님께서 죽으라고 하면 죽는 시늉까지도 했어요. 은사 스님께서는 잘못한 일이 있으면 여지없이 나무라시고 잘하는 일은 칭찬해주셨습니다. 가끔 '너는 요즘 사람 같지 않다'고 하시던 그 말씀이 그렇게 좋았어요."

은사 스님이 원각 스님을 많이 아끼신 것 같다. 혜암 스님은 상좌들에게 참선하기를 권하고, "불법은 본심을 깨달아 진리의 삶을 살라는 공부이다. 팔만대장경을 보아도 마음 깨쳐서 중생 제도하라는 그 말밖에 없음"을 가르쳤다. 원각 스님은 은사 스님의 뜻을 따라 강원에 가지 않고 참선 공부에 들어갔다. 혜암 스님에게 유일하게 배운 경전이 《초발심자경문》이다.

"혜암 스님께서는 다 가르치고 나서 어떤 대목이 가장 좋으냐고 꼭 물어보셨어요. 그래서 '평등성중(平等性中)에 무피차(無彼此)하고 대원경지(大圓鏡智)에 절친소(絶親疎)'라는 대목이 와닿는다고 답했더니 좋아하셨어요. '평등한 성품 가운데 너와 내가 없고 큰 깨달음의 당처에는 가깝고 먼 것이 없다'는 이 구절은 수행자로 살아오면서 귀하게 여기는 말씀이기도 합니다."

원각 스님은 처음 해인총림을 시작할 때 성철 스님을 모시고 세 철을 살았다. 가끔 새벽녘에 성철 스님이 "송장 같은 놈들아!" 하고 고함치면서 장군장비로 경책해주실 때는 정신이 번쩍 들고 신심이 절로 났다. 스님은 공부에 욕심이 많아 경봉 스님, 구산 스님, 전강 스님, 성철 스님 등 제반의 큰 선지식들을 찾아다니면서 공부했다.

혜암 스님의 "공부하다가 죽어라. 공부하다 죽는 것이 사는 길이다. 옳은 마음으로 옳은 일 하다가 죽으면 안 죽는다"는 말씀은 수행의 지침이 되었다. 원각 스님은 자신의 이야기보다는 은사 스님 이야기하는 것을 더 좋아했다.

"1968년에 은사 스님께서 하안거 해제하고 지리산 상무주암으로 오라는 편지를 보냈습니다. 그래서 상무주암으로 가니 문수암을 지으려고 터를 닦고 계셨어요. 그때 영산 스님과 함께 일꾼들의 밥을 해가지고 1킬로미터가 넘는 거리를 지게로 져 날랐어요. 은사 스님

께서는 일꾼들과 같이 일을 하면서 감독을 하셨어요. 그렇게 힘들게 암자를 다 짓고 나서는 그해 겨울 한 철 살고 뒷사람이 잘살 수 있도록 준비해놓고는 그곳을 떠나옵니다. 간혹 법문 해주러 가긴 했지만 그곳에 머물지는 않았습니다. 착(着)이 없다는 것이지요. 그 뒤로도 스님께서는 어디에 살더라도 떠나올 때는 다음 사람이 잘살 수 있게끔 식량이나 땔나무 등을 준비해놓으셨습니다."

요즘 경제가 어려워서 사람들의 시름이 깊은데 어떻게 하면 좋을지 가르침을 구했다.

"소금물을 마시면 마실수록 목이 더 마르는 것처럼 모든 것을 바

같에서 해결하려고 하니 고통이 끝나지 않습니다. 돈이 없는 사람은 돈이 많으면 다 해결될 것 같지만, 부자가 되어도 좋고 나쁜 일은 다 벌어지게 됩니다. 지위가 낮을 때는 지위가 높아지면 모든 것이 해결될 것 같지만 지위가 높아져도 좋고 나쁜 갈등이 생깁니다. 물론 상대적인 만족감과 성취감은 있겠지만요. 본래심을 깨달아 거기서 돈도 벌고 일도 하고 생활해야 진정한 행복이 있고 인생 문제가 근본적으로 해결됩니다. 일체중생이 모든 것을 아는 것 같아도 몰라서 이렇게 육신과 번뇌와 망상에 속아서 고통받고 있습니다.”

'물질로 인생 문제를 해결하려 한다면 그것이 바로 고통' 이라는 스님의 말은 수십 년을 좌복 위에서 보낸 수행의 울림이다. 오방색으로 수를 놓던 가야산도 묵언정진에 들어갈 채비를 하고 있다. 나무들이 분주함을 접고 긴 칩거에 들어가는 것처럼, 우리도 한번쯤 분주하고 헐떡이는 마음을 쉬어야 하지 않을까.

🌸 원각 스님 ─────

1967년 혜암 스님을 은사로 수계. 해인사, 극락암, 송광사, 범어사, 상무주암, 불국사, 상원사, 백련사 등 제방 선원에서 수행 정진. 그동안 경봉 스님, 구산 스님, 전강 스님, 성철 스님 문하에서 공부. 거창 고견사 주지 역임. 지금은 해인사 유나, 달마선원 선원장.

혜해 스님

공부가 참으로 다급했지!

이글거리는 태양의 열기를 안고서 금성로를 걸었다. 금성로의 끄트머리, 오릉(五陵)에 채 이르기 전에 신라 고찰 흥륜사가 자리 잡고 있다.《삼국유사》에 의하면 신라의 왕경이었던 서라벌은 '절들은 별처럼 벌려 있고 탑들은 기러기처럼 늘어서 있었다' 고 한다. 신라 왕경의 자취인 양 가는 길 중간에 삼층석탑이 휑뎅그렁하게 서 있다. 흥륜사 일주문에 들어서자 뜨거운 열기 대신 서늘함이 느껴진다. 담장을 넘나드는 소나무들 사이로 부는 바람이 열기를 식혀주었던 것이다. 도량 한가운데에 이차돈 선사 순교비가 우뚝 서 있다. 순교비에 묘사된 장면을 보면 대지는 바다에 파도가 이는 것처럼 진동하고 있는 가운데 이차돈의 머리가 그 위에 나뒹굴고 있다. 이차돈은 두 손을 소매 속에 넣고 서 있으며, 그의 목에서는 흰 피가 하늘 높이 솟아오르고 좌우에 꽃송이가 흩날린다. 순교비 앞에 서니 알 수 없는 전율이 느껴진다.

이차돈의 순교로 법흥왕은 527년에 불교를 공인했으며, 이차돈이 순교한 지 7년 뒤에 천경림에 신라 최초의 절인 흥륜사가 세워졌다. 자줏빛 꽃을 등불처럼 매달고 있는 배롱나무 밑을 지나 혜해 스님의

처소를 찾았다. 요사채 현관에는 흘림체로 쓴 '법기암'이라는 현관
이 달려 있다. 손에 든 부채가 더 커 보일 정도로 5척 단구의 빼빼 마
른 혜해 스님이 반갑게 맞아주었다.

혜해 스님은 열반하신 인홍 스님과는 도반으로 함께 수행 정진하
면서 어려운 가운데서도 신심과 원력을 잃지 않고 비구니 회상을 이
루고 대중 수호를 하는 등 한국 비구니의 위상을 우뚝 세웠다.

올해 여든여섯인 스님에게 건강에 대해 여쭈었더니 "노인네 건강
이 별것 있나요? 이제껏 금강산 신계사 복원 공사를 하는 데 있다 왔
어요. 금강산에 있으면 기운이 나고 몸이 아프지 않은데 여기 오니
기운이 빠지네"라고 하며 금강산의 경치가 수려하니 기회가 되면
꼭 가보라고 했다.

스물세 살에 금강산 신계사로 출가해 이제는 미수(米壽)를 바라보
는 스님의 삶을 60여 년 전으로 되돌려보았다. 평안북도 정주군 안
홍면이 고향인 스님은 어릴 때부터 "나는 이다음에 크면 금강산에
가서 살 거야"라고 입버릇처럼 말했다. 스님은 다섯 살에 아버지를
여의고 열아홉 살에 어머니마저 세상을 떠나자 할머니와 함께 살게
되었다. 그 뒤 남동생이 결혼하자마자 미련 없이 금강산으로 떠났다.

"부처님의 가르침이나 스님 노릇에 대해서 알고 간 것이 아니라
사명대사처럼 도통해서 일본 놈들을 몰아내고 싶다는 마음뿐이었
어요. 열차를 타고 외금강역에서 내려 수구재를 넘어 금강산으로 갔
지요. 금강산의 울창한 소나무 숲 사이로 쏟아지던 별빛이 어찌나

맑고 아름답던지 마음을 턱 놓아버렸어요."

스님은 마치 어제 일마냥 수십 년 전 이야기를 세세하게 들려주었다.

"1944년 음력 7월 초하룻날 신계사 법기암에서 삭발했어요. 신계사에는 대처승들이 살았고, 법기암에는 비구니 20여 명이 수행하고 있었어요. 법기암 뒤편에는 효봉 스님이 문 없는 한 평짜리 토굴을 짓고 정진하고 있었는데, 나도 언젠가는 저렇듯 치열하게 공부하겠다고 발심했어요."

혜해 스님이 요사채의 당호를 '법기암'으로 한 이유를 알 것 같다. 《화엄경》에 의하면 법기보살은 금강산 1만 2천 봉우리마다 머물고 있는 보살들의 우두머리이다. 예전에는 금강산의 사찰이나 암자에서 법기보살상을 많이 모셨는데, 특히 의상대사의 제자인 표훈 스님은 법기봉 아래에 표훈사를 세우고 본당 반야보전에 법기보살상을 모셔두었다고 전한다.

효봉 스님이 토굴에서 수행할 때 하루 한 끼씩 공양을 나르며 시봉하던 임대원 스님이 혜해 스님의 은사이다. 혜해 스님은 법기암에서 1년을 머물면서 밥하고 빨래하고 밭일하는 틈틈이 〈천수경〉을 외우면서 중노릇을 익혔다.

"밥하고 빨래하면서 언제 도통하나 싶어 걱정이 되었어요. 결국 하루라도 빨리 참선으로 도통하고 싶어 법기암에서 90리 떨어진 내금강 유점사로 옮겼지요. 당시 유점사 선방에는 덕암 스님, 경산 스님, 고봉 스님 등이 장좌(長坐) 공부 중이었는데, 여기서 무(無)자 화두를 받고 정진을 시작했어요."

스님은 근현대 금강산 '선의 황금시대'를 지켜본 마지막 증언자인 셈이다.

스님은 외금강의 신계사와 법기암, 내금강의 마하연과 장안사, 표훈사, 유점사를 오가며 수행 정진했다. 마하연은 선방만 57칸에 달해 수백 명이 정진했던 금강산 최대의 선원이었는데, 당대의 쟁쟁한 선지식들이 수행했다. 예로부터 선가에는 '북 마하연, 남 운문'이라는 말이 전해내려오는데, 북쪽에는 금강산 마하연 선원이 최고요 남쪽에는 운문 선원이 제일이라는 뜻이다. 스님은 깨달음을 얻겠다는 뜻을 세우고 공부를 했다. 그러다 꿈에 그리던 해방이 되었지만 삼팔선이 그어지고 상황은 더 나빠졌다.

"식량을 안 주니 더 이상 절에 머물 수가 있나. 할 수 없이 1946년 10월에 금강산을 떠나 삼팔선을 넘었지요. 그렇게 떠난 길이 금강산과 영영 이별이 될 줄은 꿈에도 몰랐어요."

남쪽으로 내려와서 해인사 국일암, 윤필암, 양진암에 머물며 당대 선지식들인 효봉 스님, 향곡 스님, 성철 스님, 청담 스님, 구산 스님, 자운 스님에게서 법문을 듣고 화두 참구 지도를 받았다. 수행 환경은 오히려 좋아졌으니 수행자에게는 참으로 다행한 일이 아닌가 싶다. 견성성불을 하겠다는 일념으로 수십 년간 물처럼 바람처럼 떠돌다 1970년대 초 당시 향곡 스님이 주석하고 있던 홍륜사에 바랑을

내려놓았다.

홍륜사 대웅전에 향곡 스님의 영정이 걸려 있는 이유를 이제야 알겠다. 한국 선종사(禪宗史)에서 뚜렷한 발자취를 남긴 향곡 스님의 가르침은 공부에 목말라 있던 혜해 스님을 오매일여의 경지로 이끌었다. 향곡 스님은 '확철대오를 했다고 하더라도 끊임없이 수행 정진을 통해 보임(保任)을 해야만 그 경계를 능히 볼 수 있다'고 했다. 그 가르침을 받들어 평생을 공부인으로 살아오신 것이다. 또 향곡 스님은 '선을 함에 있어 부처를 잃고 도를 구하면 도를 잃게 되고, 조사를 구하면 조사를 잃는다는 무구(舞求)사상'을 강조했다. 구하는 마음 없이 무심으로 여여하게 공부하라는 것이다.

혜해 스님이 홍륜사를 찾았을 당시 '홍륜사지'라고 새긴 돌로 만든 팻말만 있었을 뿐 그야말로 농가였다. 스님은 주지 원만 스님을 도와 중창 불사를 했으며, 틈틈이 농사도 지었다. '하루 일하지 않으면 하루 먹지 않는다'는 백장선사의 선농일치사상을 그대로 행한 것이다. 바쁘고 힘든 나날이었지만 출가하고 나서 한 해도 거르지 않고 안거에 들어갔을 정도로 공부를 챙겼다.

스님에게 공부에 대해 여쭈었다.

"공부가 한창 될 때는 잠잘 때도 화두가 들렸어요. 한 2~3년 그렇게 화두가 들리는가 싶더니 선방 지으면서 일에 몰두하다보니 화두가 전처럼 되지 않더군요. 출가자에게는 공부가 최고이지요."

스님은 "공부가 무르익을 때는 화두가 성성적적하더라"고 했다.

어둡지 않고 늘 깨어 있는 것을 성성(惺惺)이라 하고, 고요한 상태를
적적(寂寂)이라 한다. 성성은 늘 깨어 있음으로써 어둡고 흐릿하고
어리석은 참선자의 마음을 다스리는 것이며, 적적은 한결같은 고요
함으로 바깥의 경계와 온갖 번뇌망상을 다스리는 것이다. 그러니 성
성적적하다는 것은 안팎으로 고요하여 경계에 끄달리지 않는 여여
한 상태를 말한다.

혜해 스님은 천경림 선원을 개원하고 선원장을 맡아 비구니 수행
도량으로 정착시켰다. 스님은 지금도 선방의 젊은 수좌들과 똑같이
하루 일과를 보내고 있다. 그리고 평생 세 시간 이상 자본 일이 없
다. '눈에 잠이 없으면 모든 꿈은 저절로 사라지고, 마음에 변화가
없으면 만법이 일여하다'고 했던가. 아흔을 앞둔 나이에 너무 몸을
혹사하는 것은 아닌지 걱정했더니 "출가인은 공부하다가 죽어야지
다른 것은 없어"라고 일침을 가한다. 스님은 '칼 같은 수좌'로 널리
알려져 있다. 공부가 너무 좋아 다음 생에도 수행자로 살고 싶단다

스님이 윤필암에서 결제할 때의 일이다. 스님의 몸이 자꾸 축나자
한 신도가 링거 한 병을 들고 와서 놔주겠다고 했다. 링거를 가지고
온 사람의 정성을 생각해 선방에서 맞으려고 하니 입승 스님이 바깥
에 나가서 좀 쉬었다 오라고 하더란다. 그것이 선원에서 나가라는
소리로 들리기에 오기가 나서 그 자리에서 링거병을 깨어 한 병을
다 마셔버렸다고 한다. 그 일을 두고 스님은 "공부가 참으로 다급했
지"라고 한마디 했다.

스님은 유점사 선방에서 받은 무(無)자 화두를 평생 동안 품고 살아왔다. 화두 관문을 투과하려면 360개의 골절과 8만 4천의 모공을 총동원하여 자기 온몸을 하나의 의심 덩어리로 만들어 무자에만 집중해야 한다고 했던가. 부처의 경지를 엿보고야 말겠다는 원력은 제 몸을 온전히 불살라야만 얻을 수 있는 경지인가보다. 부처를 이루겠다는 모질고 독한 원력이 없으면 이룰 수 없는 경지, 함부로 부처를 입에 올려서는 안 될 것 같다.

만성 노스님 문하에서 공부할 때 비구니 도인들이 결제를 많이 했는데, 노스님은 혜해 스님을 아꼈다고 한다. 울력을 할 때면 혜해 스님에게는 울력을 면제해주고 들어가서 공부하라고 할 정도로 스님의 공부를 밀어주었다.

스님은 현재 한국 불교 비구니계의 최고령 선승이자 생존한 비구니 스님 가운데 최고의 대덕으로 꼽힌다. 그럼에도 스님은 당신의 공부 이야기를 물으면 말할 것이 없다고 한다.

또한 스님의 근검절약은 유명하다. 내복이 다 떨어져서 상좌들이 헌것을 버리고 새것을 사다 드리면 화를 낸다고 한다. 반면에 다 떨어진 내복이나 양말을 기워서 드리면 아주 좋아하고, 누가 새 옷이라도 장만해드리면 상좌들에게 주고 당신은 낡은 옷을 입는다.

문득 '자발적 가난'에 대한 찬탄 한 구절이 떠오른다. '수행자에게 자발적 가난은 오히려 즐겁기조차 하다. 왜냐하면 자발적 가난을 통해 근심 걱정에서 벗어나기 때문'이다. 그리고 '물질에 연연해하지 않고 기꺼이 가난을 택한 사람은 자유롭다'고 했다.

스님은 한 그릇의 밥과 한 종지의 간장에도 만족하는 분이라, 물질을 통해서 행복을 추구하려는 사람들이 어쩌면 이상한 나라의 앨리스처럼 보일지도 모르겠다. 항상 더 갖고 싶은 욕망에 시달리는 사람들이 어찌 자발적 가난의 멋과 맛을 알겠는가.

간혹 재가자들이 공양간 일을 도와주면서 콩나물 머리나 먹을 만한 채소의 잎들을 버리거나 밥알을 개수대에 흘려버릴 때가 있다. 그러면 스님은 말없이 그것들을 주워서 골라놓거나 밥알을 씻어서 몰래 드신다고 한다. 이런저런 이야기를 상좌 스님으로부터 미리 들은 터라 운을 뗐더니 스님은 이렇게 말했다.

"《금강경》에 보면 '금생의 사람들로부터 업신여김을 당하면 전생의 죄업이 모두 소멸되고 아뇩다라삼먁삼보리를 얻는다'는 구절이 있어요. 사람들로부터 과찬을 듣거나 잘 먹고 잘 입는 것은 복 감하는 일입니다. 이생에 태어나 복을 짓지는 못할망정 까먹지는 말아야

지요."

스님은 《금강경》한 구절을 인용하면서 듣기 좋은 칭찬은 자신의
복을 감하는 것이니 하지 말라고 했다. 아, 이런 분 앞에서 더 이상
무슨 말이 필요하겠는가 싶다.

조주선사의 일화 한 토막이 생각난다.

조주선사가 청소를 하고 있을 때 한 거사가 와서 물었다.

"스님 같은 선지식이 되어서도 청소할 필요가 있습니까?"

"밖에서 들어오는 먼지는 어떻게 할 수가 없지. 매일 닦고 또 닦아
야지."

"이 깨끗한 곳에도 먼지가 있습니까?"

"또 한 점이 날아왔구나."

승가와 속가는 분명 다르거늘 속세의 관점에서 던지는 질문들이
한 점의 티끌이 되어 스님을 힘들게 하고 있는 것은 아닌지 모를 일
이다.

혜해 스님에게 "무소유의 정신으로 평생을 참선 수행으로 일관해
오신 삶이 존경스럽다"고 했더니 스님은 손을 내저었다.

"나는 진짜 보살은 마을에 있다고 생각해요. 남편과 아이들 비위
맞추랴, 시댁 식구들 챙기랴, 그 어려운 것을 어떻게 다 해내는지 참
으로 장해요. 마을에 사는 사람들과 비교하면 우리같이 혼자 사는
것은 아무것도 아니지요. 가족으로 만난 인연을 중하게 여겨야 합니
다. 가족을 잘 받들면서 사는 것도 큰 복 짓는 것이니 소홀히 하지

마세요."

스님은 자신이 발 딛고 선 자리에서 최선을 다하면 행복은 저절로 찾아오는 것이라 한다. 더 큰 행복을 바란다면 하심(下心)하라 한다. 하심보다 더 큰 기도는 없단다. 하심할 수 있다는 것은 아상을 죽인다는 것, 즉 무아를 실천한다는 것이다.

선원장실 앞 정자에 스님과 나란히 앉아 노랑, 분홍, 빨강 등 색색깔의 꽃을 피우고 있는 채송화며 붉은 봉숭아꽃, 흰 섬초롱꽃 등 나지막이 피어 있는 꽃들을 말없이 바라보았다. 그때 긴 여름해가 넘어가려면 아직 멀었는데 방선을 알리는 목탁 소리가 들렸다.

"홍륜사 선방에 방부를 들이면 힘들다고 소문이 났어요. 요사채 뒷마당과 앞마당에 풀이 어찌나 빨리 자라는지 그 풀 뽑다가 세월 다 간다고 그래요."

아마도 방선 이후에는 선방 스님들이 밀짚모자 하나씩 눌러쓰고 풀 뽑는 울력을 하나보다. 혜해 스님도 풀 뽑는 울력에 동참하려는지 모자를 쓰고 마당으로 나간다.

스님은 해제를 하면 또 금강산에 갈 거라고 했다. 그래서 재피잎 장아찌, 깻잎 장아찌, 김 부각 등 여러 가지 밑반찬을 준비하고 있다면서 기대에 부풀어 있었다.

"법기암까지 복원되는 것은 바랄 수 없지만 신계사 하나만이라도 복원된 것이 얼마나 다행인지 몰라요. 새벽 예불을 올리고 있으면 꿈속같이 느껴질 때도 있습니다."

스님은 예불 때마다 "남북이 하나가 되고, 세계가 평화로워지기를 기도한다"고 했다. "지는 것이 이기는 것이요, 이기는 것이 지는 것이라. 반드시 이겨야만 한다는 그 마음이 바로 전쟁이지요." 한 사람 한 사람이 평화와 자비심을 지니고 있다면 언젠가 이 세상은 전쟁이 없는 평화로 가득 차게 된다는 스님의 신념이 한 송이 꽃으로 피어날 그때를 손꼽아 기다려본다.

혜해 스님으로부터 전해들은 금강산의 풍광들, 즉 송홧가루 날리는 봄날과 서늘한 가을날의 달빛과 주먹만 한 눈송이가 쏟아지는 겨울밤이 벌써 내 가슴에 차고 들어온 듯하다.

🌼 혜해 스님

1923년 평안북도 정주군 안흥면에서 출생. 1944년 금강산 신계사 법기암에서 대원 스님을 은사로 득도. 1945년 금강산 유점사에서 해방을 맞음. 1946년 10월에 삼팔선을 넘어 남한으로 내려옴. 국일암, 윤필암, 양진암에 머물며 효봉 스님, 향곡 스님, 성철 스님, 청담 스님, 구산 스님, 자운 스님 문하에서 공부. 1972년 흥륜사에 바랑을 내려놓음. 흥륜사 선원을 짓고 선 도량으로 가꿈. 지금은 흥륜사 조실이며 천경림 선원장.

천룡 스님

날개가 크다고 힘 있는 새가 되는 것은 아니다

신라 때 진표대사가 속리산에 이르자 밭 갈던 소들이 모두 무릎을 꿇었다. 이것을 본 농부들은 감동하여 속세를 버리고 진표대사를 따라 입산수도했는데 여기에서 '속리'라는 이름이 유래했다고 한다. 그래서인지 마음이 번잡할 때면 한번쯤 떠올려보는 것이 속리산이다. 밤새 내린 눈으로 속리산 전체가 흰빛이다. 하얀 눈밭에 발자국을 찍으면서 총지선원을 찾았다.

천룡 스님은 대학을 졸업하고 방송사에서 일하는 등 사회생활도 해보았지만 그 무엇에도 만족할 수 없었다. 그럴 때면 배낭을 꾸려서 여행을 떠나곤 했는데 그 여행길에서 스님을 만나 불제자가 되었다. 그때 나이가 스물여덟 살, 불가의 문에 들기에는 조금 늦은 나이였기에 스님은 스스로 '중물'을 들이려 부단히 노력했다. 출가하기 전부터 《화엄경》, 《금강경》, 《법화경》 등 웬만한 경전은 다 읽었고 행자 시절에는 《초발심자경문》, 《선가귀감》 등을 며칠 만에 독파할 정도로 이미 경전에 대한 기초를 다져놓고 있었다.

스님의 거처는 온통 책으로 둘러싸여 있었다. 스님은 어떤 책을 보더라도 부처님의 마음과 연결시키기에 어떤 책을 읽어도 부처님의 마음을 읽는 것과 같다고 했다. 서가에 꽂힌 책들을 보니 불교서 외에도 철학서, 문학서, 과학서, 의학서 등 다양했다.

"이 산중에서도 세계 석학들과 대화를 나눌 수 있으니 얼마나 다행한 일입니까?"

책을 통해 세상과 소통하고 세상의 앞선 이론들을 접할 수 있어 스님에게는 큰 공부가 된단다.

스님은 "마음의 바탕은 본래 공한 것인데 안이비설신의(眼耳鼻舌身意) 육근이 절대인 양 마음을 지배하고 마음의 주인이 되어버린 것이 지금의 현실"이라면서 안타까워했다. 날개가 크다고 하여 힘 있는 새가 되는 것은 아니다. 그것에 에너지를 공급하는 몸체가 상응해야 한다. 몸체가 빈약하면 바람에 날려 나뭇가지나 바위에 부딪혀 죽을 수도 있다. 돈, 권력, 명예는 삶의 날개는 되겠지만 몸통이 될 수는 없다. 이것을 직시하고 깨닫는 자만이 마음의 평화를 누릴 수 있는 것은 자명하다. 이것을 압축한 것이 부처님이 설하신 팔정도요, 〈반야심경〉이다.

"〈반야심경〉에 보면 '조견오온개공 도일체고액(照見五蘊皆空 度一切苦厄)'이라는 구절이 있습니다. 오온이란 몸과 마음인데 이것은 어떤 실체가 있는 것이 아니라 공한 것입니다. 몸과 마음이 공하다는 것을 깨달으면 나에게 일어나는 모든 고통을 고통으로만 받아들이지 않게 될 것이고, 그러면 고통을 초월할 수가 있지요. 〈반야심경〉의 핵심은 바로 이것입니다. 부처님도 하느님도 마음이 만들고

우주도 마음이 만드는 것, 그래서 마음의 눈만 뜨면 창조주가 되는
것이지요."

　천룡 스님은 3개월간 만행을 한 적이 있다. 만행을 할 때 세 가지
원칙을 정했는데, 그것은 반드시 걸식하고 노상에서 자며 걸어서 다
닌다는 것이었다. 배가 고파 기진맥진하면 누군가가 나타나 먹을 것
을 주고 해서 이 세상은 혼자 사는 것이 아님을 깨달았다. 인다라망
처럼 사람과 사람 사이에는 보이지 않는 그 무엇으로 연결되어 있음
을 깨달은 것이다.

　선가(禪家)에서는 문자를 중요시하지 않는데 방이 책으로 둘러싸

인 동굴 같으니 마음 공부하는 데 문자가 도움이 되는지 궁금했다. 스님은 "문자를 세우는 것은 지식이요, 문자를 넘어선 것은 불립문자"라고 했다.

"지식에 머물면 알음알이에 불과합니다. 지식이 무엇이냐 하면 저시계를 예로 들면 부품 하나하나는 지식이고 그 부품들을 조합해서 하나의 시계로 만드는 것이 지혜입니다. 그렇다고 지식이 필요 없는 것은 아닙니다. 부품이 하나라도 없으면 시계가 가지 않습니다. 지식을 잘 엮어서 쓰는 것이 지혜이므로 지식과 지혜를 나누어서는 안 됩니다. 8만 4천 경전은 마음을 해부한 것이라 할 수 있어요. 사람들의 마음을 이렇게도 보고 저렇게도 보고 설한 것이 경전이며, 근기에 따라서 설해놓은 것이 경전 아닙니까. 어록을 이해하려면 먼저 경전에 조예가 깊거나 마음을 비워 백지가 되어야 합니다. 경전은 그 입문의 안내자인데 불립문자라 해서 경전을 무시해서는 안 되지요. 지금 선어(禪語)는 모름[無知]의 상징이 되어버렸기 때문에 격외도리(格外道理)라 말하고 있어요. 내가 보기에는 선어가 중생의 마음을 미혹하게 하는 것이 아니라 중생의 마음이 선어를 미혹하게 하는 것으로 보여집니다. 선어는 여법(如法)이요 진실인데 말입니다."

스님은 수행하면서 뱀과 여러 번 인연이 있었다면서 태백산 각화사에서의 이야기를 들려주었다. 선정을 즐기는데 작은 뱀이 나타나 허공에서 혀를 날름거렸다. 그래도 무심하게 선정에 들었다. 한 시간쯤 지났을까, 눈을 뜨니 혀를 날름거리던 뱀이 땅에 납작 늘어져 있

천룡스님

었다.

"재미있는 것은 내가 선정을 풀자 뱀도 조금씩 본모습을 회복하여 천천히 숲 속으로 들어가데요. 그때 산천초목에도 불성이 있음을 새삼 깨달았지요."

스님은 《뇌의 기막힌 발견》과 《나비의 꿈이 세계를 만든다》를 읽고 있다면서 책 이야기로 이어졌다.

"불교는 인간과 동물, 동물과 식물의 근원적인 평등주의를 다 품고 있잖아요. 인간뿐만 아니라 살아 있는 모든 존재는 고통을 싫어하고 행복하기를 원하기에 모든 생명에게 자비심을 베풀어야 한다는 것이 불교의 위대성 중 하나입니다."

스님은 인간 중심적인 생각이 환경을 오염시키고 생태계를 교란시켰다면서 총체적 위기를 극복할 수 있는 것은 불교뿐이라고 했다. 장미는 아름답지만 가시가 있고 꿀은 달지만 그 속에 독소가 있듯이, 인간은 자연을 정복하여 풍요를 이루었지만 환경 오염과 생태계 파괴를 가져왔고, 물질적 풍요를 누리는 대신 정신적으로 공허해졌다. 스님은 "이젠 외적 성장과 풍요를 위하기보다는 고요히 멈추어서서 내적인 성장과 발전에 힘을 기울여야 할 때"라고 강조했다.

스님은 기도 수행과 참선 수행을 다 해보았고 그 신비를 체험했다. 한때 관세음보살 정근을 맹렬하게 했다. 밤에 산에 올라가서 기도를 하고 해가 뜨면 산에서 내려왔다. 그때 몸의 중량이 없어지는 것을 느꼈으며, 산을 날아다니다시피 했을 정도로 몸이 가벼웠다. 관세음보살을 부르면서 길을 다니니까 아이들이 미친 사람인 줄 알고 돌을 던지고 놀리기도 했는데 부끄러운 줄도 아픈 줄도 몰랐다.

"맹렬하게 기도한 지 사흘쯤 되니까 꿈에 백발 노인이 나타나 뭐라고 현몽을 해주었어요. 그런데 참선을 하면 이런 현상이 일어나지 않아요. 구하는 마음 없이 염불하고 기도하면 그것이 바로 선이 되는 것이지만, 참선과 기도의 심성 작용은 다르게 나타납니다. 수행을 하면 세상이 여실하게 보입니다. 나무는 나무, 산은 산, 물은 물로 보이는 것이지요. 팔정도에서 정견(正見)이 가장 먼저 나오는 것은 바르게 보는 것이 중요하기 때문입니다. 먼저 자기 마음의 눈을 떠야 해요. 마음의 눈을 뜨면 신비 체험을 하게 됩니다. 사람들은 신비라고 하니까 대단한 것으로 생각하는데 신비란 우주하고 대화하는 것이에요. 나 자체가 우주가 되는 것입니다. 우주와 내가 하나가 되면 개미하고도 대화할 수 있어요. 우주는 그대로 광명입니다."

스님은 인간의 마음을 이해하기 위해서는 뇌를 공부하는 것도 좋다고 했다. 인간의 뇌는 주변 세상에 맞춰 변화하고 적응해야 한다는 스스로의 계획을 가지고 있단다. 또 뇌는 자기 경험에 맞춰 지속적으로 변화하고 있기에 날마다 혹은 매 순간마다 조금씩 달라진단다. 뇌는 결코 고정된 것이 아니기에, 뇌세포마다 화두 참선에 채널을 맞추어놓는다면 언젠가는 성불하지 않을까 싶다.

불가에서는 잠을 수마(睡魔)라고 한다. 스님은 수마를 쫓기 위해 목에 막대기를 받치고 천장에는 새끼줄을 매달아 목에 걸어두었다.

335
—
천
룡
스
님

이렇게 치열하게 몸을 돌보지 않고 수행하다가 반신불수가 되어 반년간 자리보전을 해야 했다. 하지만 정신은 망상분별에서 벗어났으니 다행이라 했다. 위법망구(爲法忘軀)의 정신으로 일심으로 정진해야 내 안의 부처 성품을 여실히 깨달을 수 있는 것이다. 백척간두에서도 진일보하라는 선의 세계를 함부로 넘보아서는 안 될 일이다. 천룡 스님은 금오 스님으로부터 조주 무자 화두를 받아 목숨조차 내놓을 정도로 치열하게 공부했기에 일찌감치 수좌계에서 이름을 떨쳤다.

"금오 스님은 밤에 잠을 안 자고 공부하셨어요. 일이 공부고 공부가 곧 일이었지요. 깨달음에 관해서 이야기할 때는 종이가 귀한 때라 문풍지를 찢어서 기록한 것이 어록으로 남아 있습니다. 일이 몸뚱이를 구속하는 것이라 생각하지 않고 일 자체를 유희로 여겼어요. 깨친 자의 일상은 언제나 긍정적임을 알 수 있어요."

천룡 스님에게 스스로가 부처이기에 수행해야 하는지 중생이기에 수행해야 하는지를 여쭈었다.

"목불을 만드는 목공은 나무를 불상으로 보았기에 그것을 깎아 완성하고, 석불을 만드는 석공은 돌을 불상으로 보았기에 그것을 깎아 불상으로 완성하잖아요. 그처럼 기와를 닦는다고 해서 거울이 되지 않아요. 마음 바탕 또한 청정하고 투명하기에 항상 닦아야 하는 것입니다. 우리의 소망은 안심입명 아닌가요? 그렇다면 스스로를 믿고 깨달아야지요."

지금이 아니면 기회가 없을 것 같아 궁금한 점을 여쭈었다.

"염불이나 기도를 할 때 구하는 마음이 없으면 그것이 바로 선이 된다고 했는데, 어떻게 구하는 마음이 전혀 없을 수가 있나요?"

"구하는 마음, 즉 욕망은 우리를 살아가게 하는 생명의 에너지입니다. 전기가 들어오면 전등에 불이 환하게 켜지는데, 이때 전기가 바로 우리의 욕망입니다. 욕망 자체는 허물이 없기에 그것을 미워해서는 안 됩니다. 풀 한 포기도 살려는 욕망이 있기에 뿌리를 내리고 잎을 틔우며, 돼지도 종족을 보존하겠다는 욕망이 있기에 새끼를 낳는 것 아니겠습니까? 이처럼 욕망은 생명의 근거인데, 그것을 버려야 한다는 것은 모순이지요. 욕망이 없는 것은 불 꺼진 재와 같은 것, 그것을 없애려 하기보다는 잘 다스려야 합니다. 내가 그것을 어떻게 조절하느냐에 따라서 사람의 격이 달라집니다. 또 욕망이 생명의 에너지라고 해서 그것에 점령당해서는 안 됩니다. 개나 소를 길들이듯이 자신의 욕망이나 감정도 길들이면 얼마든지 주인공 노릇을 할 수 있어요. 길들인다는 것은 수행을 말하며, 욕망을 일심으로 돌리면 됩니다. 어려울 것 같지만 마음을 잘 다스리면 얼마든지 가능한 일입니다."

물이 흐르면 살아서 만물을 낳고 갇히면 썩어서 만물을 죽인다. 마음도 물과 같아서 마음이 열리면 만법을 낳고 갇히면 썩어서 만법을 죽이게 된다. 그러니 마음 또한 물처럼 흘러보내야 한다.

궁금한 것이 있으면 물어보라는 스님의 말에 용기를 내어 《금강

천룡스님

경》은 공(空)을 논한 경전인데 왜 보시에 대한 구절이 많은지를 여쭈었다.

"한국 불교는 대승불교인데, 대승(大乘)이란 뜻을 큰 수레에 많은 사람을 태워 구제한다고 해석하는데, 그것은 글자에 얽매인 해석입니다. 대승이란 마하연, 즉 공 사상을 다르게 표현한 것입니다. 나를 비워야 우주가 들어오고 또 내가 우주가 될 수 있잖아요. 무아(無我)가 되면 인연 따라서 창조주가 될 수 있어요. 인연 따라서 모든 것에 응할 수 있는 본자리가 바로 무아의 자리입니다. 보시를 할 때는 삼륜청정이라, 주는 사람이나 받는 사람이나 주는 물건이 청정해야 한다고 하는데, 청정하다는 것은 깨끗하다는 의미도 있지만 분별이 없다는 의미이기도 합니다. 연기적 차원에서 보면 남이 없어요. 남에게 보시할 때 주는 나가 있으면 그것은 진정한 보시라고 할 수 없습니다."

그러면서 스님은 동산 스님의 일화를 들려주었다.

동산 스님에게 어떤 제자가 물었다.

"여름에 더위가 오면 어디로 피해야 하며, 추운 겨울이 오면 또 어디로 피해야 합니까?"

그러자 동산 스님은 "추위가 오면 추위를 죽이고, 더위가 오면 더위를 죽여라"라고 답했다.

천룡 스님은 이 선문답을 이렇게 풀이했다.

"자아를 죽이고 추위와 더위와 하나가 되라는 말씀이지요. 보시할

때도 마땅히 자아를 죽이고 너와 나를 분별하지 않아야 해요. 나를 비워야 보시할 수 있음을 알아야 합니다."

몇 시간의 법문으로 조금은 피곤해하는 스님에게 불자들에게 당부하고 싶은 말을 부탁드렸다.

"세속에서는 깨달을 수 없다는 생각은 버리고 쉼 없이 정진해야 합니다. 세속심이란 별것 아닙니다. 너와 나, 높다 낮다, 예쁘다 추하다, 이것저것 등 분별심으로 보고 듣는 것이 세속심이지요. 옛사람들은 '공간이 넓고 넓으나 여기를 떠나지 않고, 지나간 무한 시간 모두가 지금에 있다'고 했어요. 여기에 사는 자가 저기에만 현혹된다면 도리어 여기를 잃게 됩니다. 또 지금을 사는 자가 미래에만 현혹된다면 지금을 잃겠지요. 불교는 천당도 지금 여기서 보고 지옥도 여기서 보고 어록도 여기에서 보아야 해요. 작용하는 것 모두가 불교이며, 불교 아닌 것이 없어요. 절에 와서 부처님께 매이는 것은 형식 불교에 불과합니다. 그렇게 해서는 자신이 누구인지 깨달을 수 없습니다."

천룡스님

지금 여기를 시간적으로 연장하면 삼계(三界)가 되고, 공간적으로 확대하면 삼세(三世)가 된다고 한다. 용수대사가 제파 스님에게 원을 그려주자 제파 스님은 원 가운데에 점을 찍었다. 이때 원은 추상적인 세계요, 점은 구체적인 나[自我]요, 개체라는 적나라한 실상을 뜻한다. '지금 여기'를 보라는 말이다.

"사람들이 자기 이름을 지킬 줄은 알지만 진실과 성실로 평가받고 있음을 알지 못하는 것 같습니다. 인격도 브랜드가 될 수 있습니다. 이름은 인격이 되어야 하고 인격은 그릇이 되어 진실과 성실이 담겼을 때 사람들로부터 인정받는 것이지요."

스님은 서울 나들이를 한 지가 수십 년이 넘었다고 한다. 종교의 역할 중 하나인 사회에 대한 자정 능력을 잃어가고 있는 불교계가 부끄러워서 서울 나들이는 엄두조차 내지 못한다고 했다. 사회는 온통 '네 탓이오' 하는 소리로 넘쳐나는데, 방 한 칸을 우주삼아 검박하게 생활하는 스님은 스스로가 '내 탓이오'라고 참회한다. 스님에게 절로 고개가 숙여진다. 말없이 세상을 맑히는 스님이 계신다는 사실이 참으로 든든하다.

스님은 날마다 뒷산을 오른다. 산은 어제 올랐을 때는 어제의 신비가 있었고, 오늘 올랐을 때는 오늘의 신비가 있기에 날마다 새롭단다. 우리도 늘 새로운 마음으로 하루를 맞이해야 할 것이다. 오늘은 어제의 시간이 아니라 오늘 새롭게 우리 곁에 온 신선한 시간임을 기억한다면 날마다 새롭고도 경이로울 것이다.

천룡 스님의 법문을 듣고 있자니 시간이 살같이 흘러갔다. 겨울
해는 짧아 그새 법주사 마당에 산그늘이 내려앉았다. 얼음장 밑으로
흐르는 계곡물 소리가 경쾌했다.

천룡 스님

1963년 금오 스님을 은사로 득도. 동화사 금당선원, 비슬산 도성암에서 수선 안거. 향
곡 스님, 경봉 스님, 서옹 스님, 월산 스님을 도와서 대중을 지도. 그 후 30여 년간 은거하
다가 법주사에서 은거 생활을 마감함. 지금은 법주사에 주석. 저서로 《이것이 마음이다》,
《간화선의 고향》, 《나는 누구인가》 등이 있음.

선래 스님

날마다 산속을 거닐면서 산을 찾지 말라

선래 스님이 현관문을 들어서자 집으로 돌아갈 채비를 하던 원생들이 달려와 스님에게 매달렸다. 아이들과 선래 스님 사이에는 아무런 거리감이 없었다.

스님은 1981년에 주지 소임을 맡은 이후 지금까지 줄곧 법륜사를 지켜오고 있다. 스님이 부임하기 전까지 법륜사는 주지들이 1년만 살고는 가버리던 절이었다. 하지만 스님의 눈에는 명당으로 보였다. 도심에 학이 날개를 편 것과 같은 학수산이 있고 또 절 주변에 소나무가 있으니 이곳이야말로 명당이라는 생각이 들었던 것이다. 20여 년을 선방을 돌면서 공부했으니 이제는 종단을 위해서 일해야겠다고 생각하고 법륜사를 맡았다. 부임 당시 12평이던 법당은 지금은 100평이 넘는 대웅전과 학소대, 범종루를 갖춘 사찰로 변모했다. 그리고 대웅전으로 오르는 다리는 경주 불국사의 백운교와 청운교를 그대로 닮았다.

스님은 주지로 부임해서 신도들에게 가장 필요한 것이 유아 교육 기관임을 알고 1983년에 유치원을 세웠다. 그렇게 시작한 유치원 역사가 벌써 25년, 부산에서는 유치원을 가장 먼저 세웠다. 유치원을 졸업한 원생이 이곳에서 유치원 교사를 하고 있고 유치원 자모였던 사람들이 법륜사에서 신도회 활동을 하고 있으니 스님의 인품을 새삼 돌아보게 된다.

"내가 유치원 아이들에게 불교 교리를 가르치거나 그런 일은 없지만, 아이들에게 불교와 인연을 맺게 해주고는 있지요. 아이들이 부처님 앞에서 합장할 줄 알고 스님 보면 스님인 줄 알고 인사하고 그것이면 된다고 생각해요."

스님은 고등고시 공부를 위해 김룡사에 간 것이 출가의 계기가 되었다. 당시는 정화운동이 마무리될 때라 절 안팎이 어수선했다. 고시 공부를 위해서 갔지만 책 펴볼 겨를도 없이 스님들의 문서 작성을 도와주곤 했다. 그러다 서울 총무원에 심부름을 갔는데 그곳에서 동산 스님을 만나 출가를 결심하게 되었다. 동산 스님은 군대 갔다와서 출가하라고 권했지만 그길로 바로 출가를 해버렸으니 스님의 강단 있는 성품을 엿볼 수 있다.

스님은 범어사에서 행자 노릇을 했는데 오매불망 선방에 앉고 싶었다. 참선을 하고 싶다고 했더니 누군가가 《초발심자경문》도 공부하지 않았는데 어떻게 선방에 앉느냐고 일침을 놓더란다. 스님은 당장 《초발심자경문》을 가르쳐달라는 방을 붙였고 마침 가르쳐주겠다는 사람이 있어서 그날 저녁 예불을 마치고 법당에서 공부를 시작했다. 스님은 어릴 때 한학당에서 《천자문》,《명심보감》,《소학》 등을 배워서 《초발심자경문》 한 권을 공부하는 것은 그리 어려운 일이 아

니었다. 오늘 밤에 이 책 한 권을 다 떼자는 말은 없었지만 가르치는 사람이나 배우는 사람이나 서로 장단이 맞아서 밤새 책 한 권을 다 떼버렸다.

그래서 스님은 범어사 선방에 앉을 수 있었다. 은사 스님으로부터 '마삼근' 화두를 받아 목숨 걸고 정진에 정진을 더했다. 정진을 하면 금방이라도 깨칠 것 같은 마음도 없지 않았기에, 좌복을 이불 삼아 오직 참선 수행에만 전념했다.

스님이 범어사 선방에서 공부할 때의 일이다. 설봉 큰스님이 매일 오전에 한 시간씩 《선문촬요》와 《선문염송》을 강의해주었고, 오후에는 그것을 바탕으로 해서 참선을 했다. 설봉 스님은 강의하면서 "한마디 일러라"라는 질문을 던지곤 했다. 그러면 답을 하고 싶은 사람은 말이나 글이 아니라 행동으로써 자기의 참나를 드러냈다. 그때 어떤 법담(法談)이 오갔는지 궁금하여 여쭈었다. 스님은 그것은 선(禪)을 해보고 법담을 주고받은 사람만이 알 수 있는 것이지, 어떤 글이나 말로 표현할 수 없는 것이라 했다. 행동에 어떤 의미가 있는 것이 아니라 행동하는 주인공과 행동을 지켜보는 주인공이 법을 주고받는 것이 바로 법담이라 했다.

그 당시에는 범어사 선원에서 각 선원에 조사선에 대한 시험 문제를 보내면 받은 쪽에서 서신으로 답을 보내왔다고 한다. 그러면 지금 범어사 조실로 계시는 지유 스님과 함께 그것을 등사기로 밀어서 보관했다. 선래 스님이 보관하고 있던 설봉 큰스님의 강의록과 편지

는 2002년에 지원 스님이 펴낸《설봉학몽대선사 선문염송법문집》
에 전문이 수록되어 있다.

선래 스님은 수좌로 걸망을 지고 전국 선방을 다니다 행정에 능하
다는 이유로 종단에서 일하게 되었다. 1970년대에는 총무원 재정국
장과 사회국장을 맡아 종단의 행정체계를 바로잡는 데 일조했다. 특
히 1975년 총무원 사회국장 소임을 맡았을 때, 처음으로 부처님오신
날 합동 법회를 훌륭하게 치러냈다. 그리고 금정학원 이사장을 맡아
서 교육 환경을 개선하는 데 많은 관심을 기울였다. 가장 대표적인
일은 본관 교실 24개를 증축한 것이다. 스님은 어떤 소임을 맡더라
도 공심(公心)으로 일하기에 종단과 신도들로부터 두터운 신임을 얻
었다.

"스무 살에 출가하여 지금 일흔이니 50년간 수행 생활을 했습니
다. 나도 모르는 사이 세월이 흘러 죽음을 눈앞에 두고 있는 것, 이
것이 인생이고 진리입니다. 인생을 길게 이야기하면 한이 없지만 축
약하면 '생로병사(生老病死)'입니다. 훌륭한 사람도 미천한 사람도
생로병사에서 벗어날 수는 없어요. 우리 인간은 근본적으로 부족한
것이 많기 때문에 무언가에 의지하고 싶어합니다. 석가모니 부처님
이 6년 고행 끝에 근본 주체는 자기 마음이고 세상의 모든 것은 인연
법임을 알게 되었습니다. 근본을 깨닫고 보니 모든 것은 자기 마음
에 있고, 세상을 만든 것은 신이 아니라 인연임을 깨달은 것이지요.
수행을 한다는 것은 본래 구족(具足)되어 있음을 아는 것입니다. 월

인천강지곡(月印千江之曲), 강이 천 개면 달도 천 개라. 달은 바로 우리 마음자리, 부처의 자리를 이르는 것입니다. 강이 천 개면 달이 천 개, 중생의 몸이 천 개면 부처도 천 명입니다. 불성의 자리가 본래 갖추어져 있는데 그것을 모르기 때문에 슬퍼하고 외로워하며 부족해하는 것 아닙니까?"

스님이 생각하는 진정한 출가란 무엇인지 궁금했다. '나' 라는 아집을 버리는 것이 진정한 출가란다. 승속을 막론하고 겉으로 드러난 출가가 아니라 마음의 출가를 하는 것이 중요하다고 했다. 마음의 출가란 욕심, 번뇌, 미움 등은 모두 '나' 라는 아집에서 비롯되는 것이기에 '나' 라는 생각을 버리는 것이다.

"내가 없으면 상대가 없어져 시비, 분별, 원망, 미움이 저절로 사라지고 궁극에는 생사(生死)까지도 없어지게 됩니다. 그러므로 '나'를 버렸을 때 만인과 더불어 살 수 있고, 내 것을 버렸을 때 비로소 만물의 귀중함을 알 수가 있는 것입니다. 이러한 앎은 실천과 정진을 통해서만이 알 수 있어요. 여타 종교는 절대신을 믿고 기도하는 것으로 모든 것이 해결된다고 하지만 불교는 수행을 통해 본래면목(本來面目)을 찾아가는 것입니다. 자기 완성을 통해서 이루는 것이지요. 절에 와서 기도하고 복을 구하기보다는 생활 속에서 스스로가 복된 행위를 하는 것이 훨씬 가치 있는 일입니다."

선래 스님은 예순이 되던 해에 법륜사를 상좌에게 물려주고 사회를 위해 어떻게 회향할 것인지를 고민했다. 그것이 신도들의 시은

(施恩)에 보답하는 길이라고 생각했기 때문이다. '사회복지법인 관음원'을 설립하여 관내에 있는 불우 청소년들에게 학비를 지원했다. 스님은 스무 살에 출가하여 외아들로서 부모를 모시지 못한 것에 대한 죄책감이 있었다. 그래서 작년에 61명의 노인들이 생활할 수 있는 '무량수 요양원'을 열었다. 요양원 이름을 '무량수(無量壽)'라고 지은 것이 궁금했다.

"나무아미타불을 번역하면 한량이 없는 목숨이라는 뜻입니다. 그야말로 무량수이지요. 한량이 없는 목숨이란 나고 죽음이 없다는 뜻이고, 나고 죽음이 없는 그 자리가 바로 우리의 참마음 자리, 불성인 것입니다. 나무아미타불은 자기의 근본에 귀의한다는 뜻입니다."

관음원에 입소할 수 있는 자격은 생활보호대상자를 비롯하여 일정 점수에 해당하는 사람에게 주어진다. 종교와는 관련이 없다. 무량수 요양원을 개원하고 나서 신난 것은 법륜사의 신도들이다. 신도들은 요양원에서 자원봉사를 함으로써 남을 돕는 기쁨을 알았고 자신의 능력을 나누어 쓴다는 것에 보람을 느끼는 것이다.

스님은 유치원을 설립하여 인생의 출발점에 선 아이들에게는 불교의 향훈을 주는가 하면, 인생을 정리하는 끝 지점에 선 노인들에게는 안락함과 여유를 제공하고, 인생의 중간 지점인 장년들에게는 봉사와 보시의 기쁨을 누릴 수 있도록 해주고 있다. 이것이야말로 부처님이 말씀하시는 회향의 삶이 아닌가 싶다.

스님은 무량수 요양원을 운영하면서 중증 장애 노인들을 위한 요

선
래
스
님

양원이 필요함을 느꼈다. 그래서 의사와 간호사가 상주하는 전문 요양원을 곧 착공할 계획이다. 스님으로부터 무량수 요양원에 대한 이야기를 듣고 있으려니 부처님께서 제자들에게 설법하신 한 구절이 떠오른다.

어리석은 사람들은 자신이 병을 피할 수 없다는 것을 모르고 있다. 그래서 아픈 사람을 보면 누구나 싫어서 피해버린다. 그러나 나는 지금 앓고 있지는 않지만 언젠가는 반드시 앓게 되리라는 것을 알고 있기 때문에 병든 사람을 싫어하지 않는다. 어리석은 사람들은 누구든지 자신이 늙어가고 있음을 모르고 있다. 그러므로 늙은 사람을 싫어한다. 그러나 나는 내가 늙어가고 있다는 사실을 알고 있기 때문에 노인을 싫어하지 않는다.

부처님께서 '탄생 속에는 이미 죽음이, 젊음 속에는 이미 늙음이, 건강 속에는 이미 병고(病苦)가 내포되어 있음'을 보셨듯이 선래 스님 또한 그러한 이치를 깊이 알아차린 것이다.

스님은 무엇을 하겠다고 마음먹으면 그 일에 몸과 마음을 다 바치기 때문인지 어떤 일을 함에 있어 역경을 별로 느끼지 않는다고 했다. 아마도 역경을 역경으로 여기지 않기 때문일 것이다. 열정적으로 일하는 스님의 에너지는 어디에서 오는 것일까? 바로 비지(悲智)에서 오는 것이라 했다.

"거룩한 도리를 모르고 사는 사람들을 연민히 여겨 그들을 위해 무엇을 할 것인가를 생각하는 것이 비지입니다. 자신의 근본 자리가 완성된 것을 모르는 것에 대해 안타깝게 여기는 마음, 그것을 어떻게 깨우쳐줄 것인가 고민하는 것이 자비이지요. 물론 밥 한 그릇 나누는 것도 자비이지만, 탐진치도 없고 중생을 연민히 여기는 마음만이 오롯이 남는다면 저절로 보살행을 실천하게 됩니다. 이 세상 사람들이 모두 보살행을 실천한다면 살기 좋은 세상이 될 텐데, 대부분의 사람들은 이기심에 빠져서 살아가요. 그렇게 살다보니 참나를 잊어버린 것은 말할 것도 없고 거짓 자기조차 잊어버립니다. 사람들은 갖지 못한 것을 슬퍼하는데 물질이라는 차원에서 보면 대그룹 총수가 자신

선
래
스
님

의 재산을 불리려고 고민하는 것이나 거지가 오늘 하루 점심을 어떻게 해결할 것인지를 고민하는 것이나 별 차이가 없습니다."

스님은 《초발심자경문》에 나오는 '자비로운 마음으로 보시하는 사람은 곧 부처님의 아들'이라는 경구를 좋아한다.

"우리 불자들은 열심히 공부해서 본래 완성되어 있는 자기 마음자리를 찾아야 하며, 만약 그것을 찾았다면 아는 것으로만 그쳐서는 안 됩니다. 찾아서 내어 써야 합니다. 내어 쓴다는 것은 불행도, 불만도, 짜증도, 시비도 없는 것을 말합니다. 비록 먹을 것이 없어서 하루에 밥 두 끼밖에 먹지 못한다 하더라도 내 근본 자리는 완성되어 있기에 불안하거나 배고프지 않아요. 배고프다는 것은 육신이 그런 것이지 참나가 배고픈 것이 아님을 알아야 합니다. 물질을 갖는다는 것은 내가 아니라 내 몸뚱이가 갖는 것입니다. 하지만 이 몸뚱이도 내가 아닌 것을 알아야 하며 물질과 몸뚱이는 우리와 똑같이 다닙니다. 내가 죽으면 물질도 몸뚱이도 다 두고 가는 것 아닌가요? 이 도리를 알아야 합니다. 도(道)를 알았다고 해도 시비를 걸고 짜증을 내거나 욕심을 부린다면 그것은 내어 쓰는 것이 아니라 그냥 지식으로 아는 정도일 뿐입니다. 이것은 스님만이 아니라 불자라면 누구나 행해야 합니다."

스님은 뭔가 미진한 듯 말을 이어갔다.

"길이 아니면 가지 말고 자기가 가고 있는 길이 틀렸다면 얼른 다른 길을 찾아야 합니다. 종교를 가진다는 것은 내 마음의 짐을 벗고 해탈하고자 함인데, 오히려 신앙이란 것에 얽매여서 벗어나지 못한다면 그것이 바로 감옥입니다. 법문을 듣는 것으로 그치지 말고 실천해야 합니다. 말이나 글을 좇지 말고 우리의 본성인 불성으로 가야 합니다."

스님은 조사 스님의 게송 한 구절을 들려주었다.

산재해중휴멱수 신행령산막심산(身在海中休覓水 身行嶺山莫尋山)
바다 가운데 있으면서 물 찾기를 그쳐라
날마다 산속을 거닐면서 산을 찾지 말라.

이는 자기 본성으로 돌아가면 모든 것이 구족되어 있으니 밖으로 돌면서 진리, 도, 행복을 찾는 어리석음을 범하지 말라는 것이다. 자신의 문제는 모두 자기로부터 시작되는 것이며, 그 해결책 또한 자신이 지니고 있음을 깨달을 일이다.

선래 스님

1958년 범어사에서 동산 스님을 은사로 출가. 범어사, 선산 도리사, 불국사 선원을 비롯하여 제방 선원에서 20안거 성만. 1970년대 총무원 재정국장과 사회국장을 역임. 1980년대 금정학원 이사장 역임. 의성 고운사 주지 역임. 지금은 법륜사 회주이며, '사회복지법인 관음원' 대표이사. 저서로는 《부처님과의 만남》이 있음.

원산 스님

1만 일의 기도 수행이 끝나는 날까지

백련정사에 들어서면 600년 된 은행나무와 모감주나무가 먼저 객을 반긴다. 세월의 때가 그다지 묻지 않은 서까래와 단청이 새롭게 단장한 사찰임을 말해주고 있으나 백련정사의 한 공간을 차지하고 있는 나무와 사물에는 예스러움이 담겨 있다. 대나무로 엮어 만든 죽림굴 무문관의 출입문, 마른 연잎을 보듬어 안은 채 얼어버린 연못, '묵언'이라는 현판을 이끌고 가는 거북이 조각 등 눈길 닿는 곳마다 아련한 정취가 느껴진다.

원산 스님의 방에 들어서니 승복을 입은 한 아버지가 장성한 아들을 출가시키려고 스님과 마주하고 있었다. 대처승인 아버지는 아들만큼은 올바른 길을 가는 수행자로 만들고 싶다면서 스님에게 상좌로 받아줄 것을 간청했다. 한눈에 영민한 기운이 느껴지는 청년도 출가의 뜻을 굳혔다면서 "학식과 수행이 높은 원산 스님의 제자가 되고 싶다"고 했다. 아름다우면서도 슬픈 영화를 본 듯 코끝이 자꾸 맹맹해지는 것은 왜일까? 스님은 출가의 길이 결코 쉽지 않다면서 마음의 준비를 단단히 하라고 일렀다. 잠시 스님의 출가 이야기를 들을 수 있었다.

원산 스님은 고등학교를 졸업한 뒤 앞으로 무엇을 할지 고민하다 다른 사람은 어떻게 사는지 살펴보기로 했다. 스님의 눈에 비친 세상은 결코 녹록지 않았다. 어쩌면 두려웠는지도 모른다. 그때 한동네에 살던 동생뻘 되는 사람이 통도사 자장암에 출가해 있었다. 스님은 절집 생활이 궁금하여 그곳에서 하룻밤을 머물렀다. 새벽이 되니 종소리, 목탁 소리가 시끄러워 잠을 이룰 수가 없었다. 절집 생활이 이런 거라면 어떻게 견딜 수 있겠나 하는 생각에 자장암에서 나가기로 결심했다. 그러자 동생뻘 되는 스님이 "여기서 조금 더 올라가면 극락암이 있는데 그곳에 큰스님이 계시니 찾아뵈어라"고 권유했다.

　스님은 새벽 4시에 극락암으로 올라가 경봉 큰스님을 친견했다. 경봉 스님이 어떻게 왔느냐고 묻기에 대뜸 "절에서 공부하고 싶어서 왔습니다"라고 답했다. 경봉 스님은 원산 스님을 찬찬히 훑어보더니 "너는 과거 생부터 불가와 인연이 깊다"라고 했다.

　"경봉 스님의 그 한마디에 세속으로 돌아갈 생각이 없어지데요. 그때부터 지금까지 절에 온 것이 아주 잘했다는 마음뿐이지요. 대장부로서 이보다 더한 삶이 어디 있겠는가 싶어요."

　원산 스님은 "은사 스님은 기골이 장대한 장부이고 참선과 경학에 막힘이 없었으며 붓글씨 또한 빼어나 도필(道筆)이라는 소리를 들을 정도였다"고 회상했다.

　은사인 경봉 스님의 '참선만 하라'는 말씀에 5년간 가부좌를 틀고

선방에서 수행했다. 그러나 공부에 큰 진전이 없었다. 참선에도 진전이 없고 경학에도 밝지 못하니 이러다가는 무식쟁이 소리 듣기 딱 좋겠다는 생각이 들기 시작했다.

마침 관응 스님이 여름 한 달 동안 《선문염송》을 강의한다는 소식을 듣고 직지사로 달려갔다. 염송 강의가 끝나자 수강생 10여 명이 따로 남아 관응 스님을 모시고 경학을 본격적으로 연찬하기로 뜻을 모으고 3년 결사에 들어갔다. 3년간의 집중적인 경학 연찬을 마치고 관응 스님의 강맥을 이어받았으니 그때가 사십대였다. 원산 스님은 더 공부하려면 남을 가르쳐야 한다는 생각에 직지사 강원에서 강주를 맡았으며, 통도사에서도 강주 소임을 맡아 후학에게 가르침을 전했다.

스님이 백련정사에 온 지도 30여 년이 지났다. 오로지 정진하겠다는 생각으로 전화도 전기도 없고 다 허물어져가는 백련정사에 들어왔다. 처음에는 불편함을 덜려고 시작한 불사였지만 하다보니 도로도 내고 전기도 들이고 법당도 새로이 짓는 등 큰 불사가 되었다. 구하기 어렵다는 금강송으로 기둥을 세우고 단청도 최고 수준으로 마무리했다. 불사를 하면서 오래된 토굴 터를 발견했는데, 그곳을 수리하여 '죽림굴'이라 이름 붙였다. 그런 다음 자신을 그곳에 가두고는 빗장을 걸어버렸다. 무문관 3년 결사를 한 것이다. 스님의 무문관 수행은 널리 알려져 있지만, 언제 들어도 가슴 벅차다.

스님이 면벽 3년을 마치고 나오는 날, 천여 명의 대중이 백련정사에 운집했다. 하지만 스님은 한마디도 하지 않았다. 문 없는 문을 열고 나와 말 없는 말로 법을 설한 것이다. 말 없는 말로 설한 법문이었기에 천여 명의 대중은 각자 근기대로 받아갔으리라.

스님은 무문관에서 3년간 치열하게 수행한 뒤에도 일흔을 바라보는 나이에 2007년 하안거는 극락암에서, 동안거는 칠불암에서 결제하여 젊은 수좌들과 똑같이 수행했다.

2008년 10월 15일에 스님이 '만인동참 만일염불회'에 입재했다는 소식에 조금은 의아했다. 경봉 스님 아래서 참선을, 관응 스님 아래서 경학을 전수하여 선교쌍수(禪敎雙修)를 이룬 스님이 염불선을 한다니 놀랄 수밖에 없었다. 그동안의 화두 참선 수행은 어떻게 하고 염불선으로 돌아섰는지 내심 궁금했다.

"이전 공부를 버린 것이 아닙니다. 선 공부에 염불을 더하는 것이지요. 알고 보면 버릴 것도 취할 것도 없어요. 참선과 경학을 두루 해보았는데 염불을 해보지 않았으니 한번 해보고 싶었지요. 그런데 참선과 염불은 다르지 않습니다. 서산대사는 '염불이 참선이요 참선이곧 염불'이라 했어요. 그리고 영명연수선사는 '참선을 하면서 염불을 하는 것은 호랑이가 날개를 단 것과 같다'라고 했습니다. 호랑이는 본래 날쌔고 빠른데 날개까지 달았으니 얼마나 빠르겠어요? 그러니 참선과 염불을 겸해서 하면 성불이 빠르다는 말이 되겠지요."

스님은 무언가를 나누고 분별하는 것을 좋아하지 않는다. '염불이곧 참선이요 참선이 곧 염불'임을 강조했으며, 불교의 요체는 '상구

보리 하화중생'인데 수행과 포교가 둘이 될 수 없다면서 포교를 열심히 하는 것 또한 수행이라 강조한다. 그리고 '선과 교와 율은 결코 분리되어 있지 않으며 삼위일체'라고 한다.

"선은 부처님의 마음이요, 교는 부처님의 말씀이요, 율은 부처님의 행동입니다. 선을 하는 것은 부처님의 마음을 찾기 위함이고, 교를 배우는 것은 부처님의 말씀을 듣기 위함이며, 율을 실천하는 것은 부처님의 행동을 닮기 위함인데 어찌 이것이 분리되어 있겠습니까?"

백련정사의 내력을 보면 염불과 무관하지 않다. 지금은 통도사 성보박물관에 보관되어 있는 옛 백련암 누각에는 '백련정사 만일승회기(白蓮精舍 萬日勝會期)'라는 장문의 글이 새겨져 있다. 지금으로부터 1600년 전 '동진 때 혜원법사가 여산 동림사에서 백련결사를 결성해 123명이 깨달음을 얻었고, 신라의 발징 화상은 강원도 건봉사에서 '만일염불회'를 창설해 31인이 허공에 올라가게 되었다'고 만일승회기에 전하고 있다. 여기에서 백련결사란 염불회를 뜻하며, 허공으로 올라갔다는 것은 극락세계로 갔다는 뜻이다. 원산 스님은 만일기도를 봉행했다는 역사적인 기록과 함께 백련정사라는 사명이 발견돼 백련암을 '백련정사'로 개명했다.

"그 후 더 이상 허공으로 올라가는 기적은 없었지만 전국 각지의

제방에서 그 뜻을 계승해 만일염불회를 창설하여 부지런히 수행하
는 등 말세의 좋은 본보기가 되었다고 해요."

　백련정사는 공민왕 때 창건하여 한때는 염불당으로 이름을 날렸
지만 근래에는 운봉 스님, 성철 스님, 향곡 스님, 구산 스님 등 한 시
대를 주름잡았던 선승들이 정진한 선원이 되기도 했다. 그리고 원산
스님이 주석하고부터는 천일기도를 회향한 아름다운 기도 도량으
로 자리매김했다. 스님은 이런 역사적인 사실을 바탕으로 백련정사
를 영축산 통도사 총림의 염불원으로 신청했으며, '만인동참 만일
염불회'를 창설했다.

　스님의 말을 들으면서 중국의 우익(藕益)대사를 떠올렸다. 우익대

사는 연지대사 주굉, 자백진가대사, 감산덕청대사와 더불어 명나라 사대가(四大家) 중 한 분으로 칭송받는 큰스님이다. 우익대사는 이십 대 초반에 선수행을 시작했고, 스물네 살에 출가했다. 《수능엄경》의 가르침을 따라 명상했고 수행을 통해 눈부신 결과를 얻었다. 모든 경전과 선화(禪話)의 의미가 분명해진 것처럼 여겨졌다. 그러나 궁극 적인 수준에 이르렀다고 생각되지 않았으므로 이것을 누구에게도 말하지 않았다. 스물여덟 살 때 어머니가 지병으로 돌아가신 후 우 익대사도 중병에 걸려 생사의 갈림길까지 갔다. 그때 참선 수행으로 깨달은 것이 전혀 도움이 되지 않음을 알고 크게 실망했다. 이때부 터 우익대사는 선수행을 하면서 부처님 명호를 부르는 수행을 병행 했다. 2년간 은거하면서 선과 염불을 병행하여 수행한 덕분인지 병 은 크게 호전되었고, 그 후 저술에 힘써 230권에 달하는 저서를 남 겼다. 우익대사는 정토불교와 불교의 경(經)과 논(論) 사이에 어떠한 어긋남도 없음을 확신했다.

만일염불회는 1만 명이 한자리에서 1만 일간 염불선을 통해 깨달 음과 안락을 얻고 정토에 왕생함을 발원하는 기도로 불교의 전통 수 행법이다. 1천 일을 열 번 더해야 1만 일이 되니 회향이 언제인지 손 가락으로 꼽아보기도 힘들다. 2028년, 원산 스님이 아흔세 살 때 회 향하게 되는 것이다. 1만 일간의 염불이란 쉴 새 없이 돌아가는 시간 의 물레바퀴 속에서 '나무아미타불'을 염하는 인간의 강인한 원력 이 스며들어가는 것이 아닌가? 1만 일이라는 긴 시간보다 1만 일간 부처님을 염하겠다는 인간의 의지가 더 숭고하게 느껴진다.

원산 스님은 만일염불회 회향을 위해서라도 오래 살아야 한다고 했다. 경봉 스님이 아흔두 살에 입적했고 관응 스님이 아흔네 살에 입적한 것에 비추어볼 때 가능성 있는 발원이다. 안심입명을 구하는 것이 불교인데, 염불 삼매에 들면 마음이 편안하고 마음이 편안하면 몸까지 편안해지니 더없이 좋은 수행법임을 강조했다.

아미타 부처님의 본성은 무한한 빛이요 생명이다. 그 무한한 빛이 온갖 세상을 남김 없이 두루 비추기 때문에 아미타 부처님의 원력이라는 배에 타는 자는 누구든지 해탈할 수 있다. 또한 아미타 부처님은 무한한 생명이기 때문에 그분의 원력 세계에 이르는 자는 죽음을 넘어선다는 강한 믿음이 있다.

흔히 나무아미타불은 서방정토에 가기 위한 것이라고 생각한다. 하지만 스님은 극락이란 죽어서 가는 곳이 아니며 현실에서 극락을 이루어야 한다고 했다.

작년 10월 15일에 입재하여 날마다 염불회에 참여하고 있다는 스님은 "염불을 하니 마음이 편안하고 좋다"고 했다. 참선할 때 느끼는 편안함이나 고요함과 같다는 말이 아닌가 싶다. 스님은 어떤 일을 하겠다고 원력을 세우면 끝까지 해내기에 만일염불회에 거는 사람들의 기대 또한 크다.

원산 스님은 통도사 바로 코앞에 초산유원지를 개발하겠다는 양산시의 계획을 무산시켰다. 2000년부터 시작된 초산유원지 개발 반

대 운동에서 사람들 대부분이 도중에 포기했을 때도 스님은 혼자 수많은 공문과 진정서를 보내고 전국의 관계자들을 찾아다녔다. 그런 보람이 있어 7년 만에 양산시로부터 통도사와 협의 없이는 더 이상 개발하지 않겠다는 공문을 받았다. 어떤 타협도 없이 '영축산을 지키다 죽겠다'는 각오로 끝까지 투쟁한 스님의 의지 앞에 양산시도 손을 든 것이다. 스님은 이것을 두고 그래도 밥값은 한 것이라면서 흐뭇해했다.

스님의 말씀이 이어졌다.

"자기 몸뚱이만 자기 것이라 생각해서는 안 됩니다. 우주와 내가 한 몸이라 생각하면 자연도 아끼고 모든 것을 아끼게 됩니다. 우주가 내 집인데 쓰레기를 함부로 버려서 되겠어요? 우주가 내 집인데 몇 평 아파트인지 따지는 것이 무슨 소용 있겠어요?"

이야기는 다시 염불선으로 돌아왔다. 흔히 화두 참선은 자력 신앙이요, 염불선은 타력 신앙이라 한다. 이에 대해 스님은 이런 비유를 들었다.

"만약 강을 건넌다고 할 때 자력 신앙이란 스스로 헤엄쳐서 건너는 것이라면 타력 신앙이란 배를 타고 건너는 것과 같아요. 어느 것이 쉬울까요? 강을 건너는 것이 목적이라면 자력이든 타력이든 그것은 중요하지 않아요. 강을 쉽게 건너는 것이 중요하지."

스님은 자력이든 타력이든 강을 건너 피안의 세계로 가면 된다고 한다. 그러니 참선과 염불 중 어느 것이 더 수승한지 그 우열을 가리

는 것이 무슨 의미가 있겠는가.

　"염불은 나무아미타불을 하면서 자성을 관조하기 때문에 자력 신앙이면서 타력 신앙이라 할 수 있어요. 염불은 하기도 쉬울뿐더러 쉽게 도를 얻을 수 있습니다. 앞으로 중생 교화의 방편으로 활용한다면 선(禪)보다 더 낫다고 생각합니다."

　염불 수행이 기능적인 면에서는 선 명상과 같으나 선보다는 훨씬 쉬운 수행법이어서 대부분의 사람들이 삼매를 이루는 데는 더욱 효과적인 수행임을 스님은 인식하고 있는 것이다. 중국에서 선이 풍미할 때에도 염불 수행이 주된 수행법으로써 이어져왔음을 상기해야

할 것이다.

원산 스님의 나무아미타불 염불을 듣고 있으면 마음이 편안해지면서 세상 시름을 잊게 된다. 〈무애가〉를 부르면서 나무아미타불로 중생을 구제했다는 원효대사의 염불 또한 이러하지 않았을까 싶다. 어디선가 불어온 한 줄기 바람이 대숲을 흔들고 지나간다. 말라버린 연잎을 보듬어 안은 채 동면에 들어간 연못을 한 바퀴 돌고 산을 내려왔다.

❀ 원산 스님

1969년 통도사에서 경봉 스님을 은사로, 월하 스님을 계사로 비구계 수지. 통도사, 범어사, 동화사 전문 강원 수학. 극락선원, 송광사, 봉암사에서 17여 년간 수선 안거. 직지사 황악학림 졸업. 직지사 관응 대강백으로부터 전강. 직지사, 통도사 강주 역임. 조계종 초대 교육원장 역임. 통도사 백련정사 무문관 3년 결사 정진. 2008년 '만일염불회' 창설. 지금은 통도사 백련정사에 주석.

정현 스님

얼굴만 그리는 이유는 내가 드나드는 문이기 때문

화림원 입구의 문수동자상에 '날마다 좋은 날 되소서' 라는 글귀가 큼직하게 새겨져 있다. 태화산 자락에 '화림원' 이라는 토굴을 짓고 10년 넘게 그림을 그리고 있는 정현 스님을 만났다. 스님을 두고 '자연을 닮은 스님, 그림 같은 스님' 이라 부른다. "좋은 날이란 어느 누구의 욕심이 충만한 날을 상징하는 것이 아니라 여여한 날, 한결같이 청정한 날"을 의미한다는 게 스님의 설명이다. 스님은 '날마다 좋은 날이란 부처의 날이요, 여여한 날' 이라고 한다. 날마다 좋은 날이지만 누가 대신해주는 것이 아니라 자신이 직접 만들어가야 하는 날임을 또한 강조했다.

"자기를 통하지 않고는 아무것도 할 수 없어요. 신은 존재하지 않지만 존재 가능성은 내 속에 있습니다. 신은 존재하지 않는다는 말과 신은 존재한다는 말은 둘 다 똑같습니다. 자신의 마음이 존재한다고 인정하면 있는 것이고, 그렇지 않다고 생각하면 그렇지 않은 것입니다. 일체유심조(一切唯心造)라 하지 않습니까? 이 모든 것은 자신의 마음을 근원으로 하여 일어나는 현상이며, 그래서 선 공부 마음 공부가 필요합니다. 공부가 수승해지면 자기 속의 부처를 볼 수 있으니 무엇이든 가능하지요."

마음이 본래 비어 있는데/ 마음을 비우라고 하는구나.
보는 것이 마음이고/ 듣는 것이 마음인데
마음은 마음을 보지 못하고/ 마음은 마음을 듣지 못한다.
마음은 거처도 없고/ 마음은 모양도 없다.
무엇을 비우라는 말입니까?
네 이놈! 가만히 앉았거라!

정현 스님의 〈빈 마음〉이라는 선시 전문(全文)이다. 마음을 비우려 하는 것도 망상임을 깨우쳐주려는 스님의 애씀이 행간마다 배어있다.

수행의 방편이자 나눔과 보시를 실천하기 위해 그림을 그리기에 스님에게는 '날마다 좋은 날'이 화두이다. 그래서인지 스님의 얼굴은 맑고 환하다.

우리는 비가 오면 날씨가 나쁘다고 말하고, 비가 그치면 날씨가 좋다고 말한다. 하지만 좋다 나쁘다 하는 것은 인간의 부질없는 분별이며, 이런 분별심에서 벗어나면 날마다 좋은 날로 기쁜 날로 살 수 있다고 한다.

어떻게 하면 날마다 좋은 날로 살 수 있는지를 여쭈었다.

"장님은 아니지만 장님처럼, 벙어리는 아니지만 벙어리처럼, 귀머

거리는 아니지만 귀머거리처럼 살아가는 것이 잘사는 것입니다. 아무 일 없이 일상생활 속에서 밥 먹고 잠자고 공부하는 것이 날마다 좋은 날을 사는 비결이라는 말이지요. 별것 아닌데 어렵다고 합니다."

스님은 태산을 진 바보 이야기를 들려주었다.

"옛날에 한 늙은이가 무거운 자루를 등에 지고 허리가 휜 채 저잣거리에 서 있었어요. 잔뜩 남을 경계하는 눈초리로 서 있었으니 사람들이 얼마나 궁금했겠어요. 사람들이 무거울 테니 짐을 내려놓으라고 해도 늙은이는 젊었을 때부터 모아온 재산이라 내려놓을 수가 없다고 했어요. 그리고 전 재산을 맡길 곳이 없어서 지고 있다고 했지요. 이것이 우리의 모습입니다. 몇 푼어치도 안 되는 것을 지키느라 일생을 다 보내고 말지요."

늙은 암소가 외양간에서 잠자는 것에 만족하듯이 평생을 집 지키는 사람 노릇하는 것에 만족하지 말라는 경책의 말씀이다.

스님은 우연히 산문에 들게 되었다. 십대 후반에는 철학과 문학에 심취해 있었다. 그때는 불교에 관심이 없었고, 단순히 수양을 위해서 친구와 함께 화엄사 탑전에서 공부하고 있었다. 어느 날 금오 스님의 법문을 듣고 '승려가 되어야만 인생의 문제가 풀리겠구나' 하는 생각이 들었다. 그것이 계기가 되어 출가했는데, 그때가 열여덟 살이었다.

"전강 스님으로부터 '행주좌와 어묵동정(行住坐臥 語默動靜)', 즉 일상생활 속에서 공부가 되어야 한다는 가르침을 받았어요. 낮에는 절 살림하고 농사짓고 채전 가꾸는 데 온 정성을 바치는 전강 스님을 보고 정말 공부한 분이 맞을까 하는 생각이 들었어요. 하지만 스님은 초저녁에 한두 시간 눈을 붙이고 새벽에 일어나 공부하셨어요. 아무리 몸이 힘들어도 공부를 게을리하지 않았으며, 사람들이 깨쳤다고 해도 끊임없이 공부하셨지요. 그리고 새벽 예불이 끝나면 제자들에게 꼭 한 시간씩 법문을 해주셨어요. 1년 365일 제자들에게 법문을 해주셨으니 우리나라

에서 법문을 제일 많이 하신 분이 아닐까 싶어요."

정현 스님은 화엄사에서 전강 스님을 모시고 공부할 때가 좋았다고 한다. 처음으로 용맹정진을 하게 되었을 때, 몸이 없어지는 것을 경험했다. 몸이 없어지니 자연히 경계도 사라졌다. 그때 공부의 맛이 어떤 것인지 또 정진이 얼마나 위대한지를 맛보았기에 절집에 오래도록 머물러 있는 것이라 했다.

"내가 왜 이런 말을 하는가 하면 화엄사에서 몇 년에 걸쳐 100명

정도의 행자들이 계를 받았는데, 대부분이 환속해버립니다. 그들이 정진의 참맛을 보았다면 그렇게 쉽게 환속하지 않았을 텐데 하는 아쉬움이 있어요. 세상 모든 것에는 주인이 따로 있는 것이 아니라 바로 누리는 자가 주인입니다."

스님은 용주사에서 공부할 때 한 미국인 선교사가 《부모은중경》이 새겨진 목판을 탁본하는 것을 보았다. 불암사의 《석씨원류》 200장과 중국 역대 조사들의 그림 200장을 찍는 것이었다. 외국인들이 변상도 찍는 것을 보고는 우리 것인데도 너무 무관심했다는 생각이 들었다. 그때부터 스님은 전국을 돌면서 경판을 찍었고, 해인사 팔만대장경을 탁본하기도 했다. 그렇게 탁본한 것을 서울 고서박물관에서 전시했다.

스님이 미국에 가서 포교하기로 마음먹은 것도 우리의 목판을 미국에 알려야겠다는 생각 때문이었다고 하니 얼마나 판화에 심취해 있었는지 알 수 있다. LA 한국 문화원과 하와이 연방정부 청사에서 판화 전시를 열었지만, 기대만큼 미국인들은 한국 판화에 관심이 없었다. 판화에 대한 애착과 사랑이 변한 것은 아니었지만 사회에 보탬이 되는 일을 해야겠다는 생각이 들었다. 그때 머릿속에 떠오른 것이 그림이었다. 그림을 배운 일이 없는데도 사람들은 스님의 그림을 갖고 싶어했다. 11년간 1만 장의 그림을 사람들에게 나누어주었다. 미국인들조차 "원더풀"을 외치면서 스님에게 그림을 달라고 했다.

스님은 10년 전부터 '날마다 좋은 날' 그림 그려주기 운동을 벌이고 있다. 지금까지 나누어준 그림이 8만 장인데 스님은 1차로 10만 장을 나누어주는 것을 목표로 하고 있다. 법회 모임이나 개인이 그림을 청하는 곳이 있으면 나누어준다.

"사람들이 그림을 가볍게 여길까 싶어서 내 그림을 받으려면 108배를 해야 한다고 말합니다. 성철 스님을 만나려면 3천 배를 해야 했는데, 나는 도력도 없거니와 자비심이 부족해서 108배만 하라고 해요. 내가 자비심이 없어서 그래요. 사람들은 자신이 절을 해서 스스로 복을 지었는데도 성철 스님께 감사의 절을 올리잖아요."

스님의 그림에는 모든 인류가 '날마다 좋은 날'이 되기를 발원하는 간절한 원이 담겨 있다. 전쟁과 다툼이 없는 평화로운 지구촌이 되어야 그곳에 살고 있는 중생 모두가 행복해진다는 것이 스님의 철학이며 그것이 스님의 그림 속에 오롯이 담겨 있다.

"내 그림에는 얼굴만 있어요. 얼굴은 바로 나입니다. 자기가 자기를 보지 못하지만, 얼굴은 내가 드나드는 문입니다. 볼 때 보는 놈이, 들을 때 듣는 놈이 바로 나인데 사람들은 그것을 알지 못해요. 그것이 '이 뭣고'인 것이지요. 세상에는 '이 뭣고'만 있어요. 까치 소리가 바로 나이고, 종소리가 나인데 그것을 몰라요. 얼굴은 모든 것이 드나드는 관문이기에 얼굴 그리는 것이 가장 어렵습니다. 그리고 후광을 그려야 그림이 완성되지요."

스님의 그림에는 전설의 새인 공명조와 물고기가 등장한다. 머리가 두 개인 공명조는 부처님 설법에도 나오는 새인데, 이상적이면서

정
현
스
님

도 어리석은 새이다. 머리 하나가 잠든 사이 다른 머리가 맛있는 과일을 탐하여 혼자 먹어버렸다. 그것을 알게 된 다른 머리가 불만을 품고는 독풀을 먹고 죽어버렸다. 이 이야기는 어리석음이 우리를 죽음에 이르게 할 수 있음을 의미한다. 스님은 그림을 통해서 우리에게 지혜롭게 살아야 함을 말하고 싶은 것이다.

스님의 작업 노트에 "문수동자나 달마선사를 그리는 것은 세상을 맑게 하는 일이다. 문수동자는 지혜를 상징하기에 문수도를 나누는 일은 지혜를 나누어 갖는 것이다. 문수와 모든 부처의 달마도를 갖

는 일은 깊은 사려와 깨달음을 나누어 갖는 일이다"라고 적혀 있다.

문수동자는 원래 사자를 타고 있지만 스님의 그림에는 소를 타고 있다. 소를 타고 있는 문수동자는 깨달음의 길을 향해 가는 미완성의 문수, 즉 우리 자신의 모습이기도 하다. 또 문수동자의 머리는 노랗고 빨갛게 채색되어 있는데, 그것은 현대인들의 복잡한 생각을 은유적으로 나타낸 것이다. 스님의 선시 〈소유의 노예〉는 현대인에게 큰 울림을 주는 경책이다.

우리는 너무나 가진 것이 많다.
가진 것이 많으니 돌보아야 할 것이 많다.
집을 돌보아야 하고 땅을 돌보아야 하고
자가용을 돌보아야 하고 애완견을 돌보아야 하고
지갑을 돌보아야 한다.
이처럼 소유의 끈에 묶이어 스스로 노예의 길을 걷는다.
이들에겐 마침내 죽음이 자유를 알려온다.

아무리 욕심을 부려도 죽음이 찾아오면 모든 것을 그대로 놓고 바람처럼 가야만 한다는 것을 직시하는 것이 바로 혜안이 아닐까 싶다. '날마다 좋은 날로 사는 것'이 바로 혜안이 열리는 길이요, 부처의 삶을 사는 길임에 틀림없다.

화림원은 노란 물결로 가득하다. 푹신한 노란빛 길을 거위 앞세우

고 걸어보았다. 짚으로 엮어서 벽에 매달아놓은 무시래기를 보고 그것이 스님의 겨우살이 준비가 아닌가 싶어 괜히 마음이 찡했다. 스님의 마음 공부가 무시래기에 담겨 있는 듯 자꾸 눈길이 갔다. '부족함을 수행의 향기'로 삼는 승가의 법도를 잠시 잊어버린 것이다.

화림원을 나오면서 스님의 선시를 읊조려보았다.

시간은 흐르지 않고 삶이 지나간다.
삶이 분주하게 시간을 지나간다.
낙엽 떨어지는 소리도
내 생의 시간이 지나가는 소리임을 이제야 알겠네.

✿ 정현 스님 ──────────────────────────

전남 구례 화엄사에서 전강 대선사를 은사로 득도. 부산 동래 범어사에서 고암 스님을 전계화상으로 구족계 수지. 인천 용화사를 비롯하여 여러 선방에서 15안거 성만. 1980년에 미국으로 건너가 LA 오렌지카운티 정혜사 주지, 오리건 포틀랜드 보광사 주지, 캘리포니아 금강선원 선원장 역임. 1996년부터 화림원에 칩거하여 그림 작업. '날마다 좋은 날 우담바라' 전, '날마다 좋은 날 염화미소' 전 등 다수의 개인전 개최.

약산 스님

거울처럼 차별하는 마음이, 물처럼 머무름이 없다면

산색은 가까이에서 보면 남색인 듯 창연히 푸른데, 멀리서 보면 남색에 청대 물감을 들인 듯 진한 비췻빛을 띠고 있다. 산색은 전과 다름이 없으나 시력에 차이가 있어 가까운 곳으로부터 점차 멀어짐에 따라 푸른빛이 변하여 비췻빛이 되었고, 먼 곳으로부터 점점 가까이 올수록 비췻빛이 변하여 푸른빛이 되었을 뿐이다. 옛사람들은 이것에 대하여 '푸른빛은 그럴 만한 인연이 모여 그렇게 되었고, 비췻빛 역시 그러하니 빛깔이란 환(幻)과 같은 것'이라 했다. 눈에 보이는 일체만법이 환과 같다고 한다.

통도사의 짙은 산색은 보는 이의 눈뿐만 아니라 마음까지도 시원하게 해주었다. 《삼국유사》에 의하면 "선덕왕 때 자장 스님이 불두골(佛頭骨)과 불치(佛齒) 등 불사리 100립과 부처님이 입으시던 비라금점가사(緋羅金點袈裟) 한 벌을 세 등분하여 그중 일부를 통도사 계단에 봉안했다"고 한다. 부처님의 불사리와 가사가 봉안된 곳이니 불자들에게는 매우 성스러운 곳이다. 사람들은 통도사의 창건 정신은 금강계단에 있다고 한다.

통도사의 사명(寺名)에는 세 가지의 뜻이 담겨 있다. 첫째는 출가

하는 승려는 모두 이 계단을 통하여 득도하고, 둘째는 모든 진리를 회통(會通)하여 일체중생을 제도하며, 셋째는 통도사가 자리하고 있는 산의 모습이 부처님이 설법하시던 인도의 영축산과 통한다는 것이다.

영축산의 바람으로 땀을 식히면서 취운암으로 난 길을 올랐다. 약산 스님은 통도사가 출가 본사이기도 하지만 공부하기 좋아 40여 년간 이곳에 머물렀다. 스님은 몸이 아파 병원이나 약국에 갔던 일을 빼고는 두문불출하다시피 한다. 이 말을 들으니 호계삼소(虎溪三笑)라는 고사가 생각난다.

중국 진(晉)나라의 혜원 스님이 여산 동림사에 머물렀는데, 30년간 호계를 건넌 적이 없었다. 자신을 산문에 가두고 치열하게 공부한 것이다. 혜원 스님이 손님을 배웅할 때 호계를 지나게 되면 호랑이가 울었다고 한다. 어느 날 시인 도연명과 도사 육수정이 찾아왔다. 돌아가는 그들을 배웅하면서 이야기에 열중한 나머지 혜원 스님은 호계를 건넌 것도 몰랐다. 이때 호랑이가 으르렁대는 소리를 듣고서야 세 사람은 서로 마주 보고 껄껄 웃었다.

중국 혜원 스님의 고사가 떠오른다고 했더니 약산 스님은 빙긋 웃을 뿐이다.

스님의 공부 이야기가 듣고 싶다고 했더니 열여덟 살 때의 이야기를 들려주었다.

"어른스님으로부터 받은 화두를 참구하기는 하는데, 공부가 더디

기만 한 거예요. 깨달음을 얻기 전에는 그 맛을 볼 수 없으니 참으로 답답하데요."

여름의 솔밭은 그다지 뜨겁지 않았고 간간이 시원한 바람이 불어와 쉬어가기에 좋았다. 약산 스님을 비롯한 일행이 쉬고 있을 때 한 스님이 수만 마리의 개미들이 이사 가는 긴 행렬을 지켜보고 있다가 갑자기 두 발로 개미들을 짓밟았다. 순식간에 수천 마리의 개미들이 죽어가는 것을 보고 경악을 금치 못한 약산 스님이 "왜 죽입니까?" 하고 소리쳤다. 그러자 그 스님이 태연하게 대답했다.

"불생불멸이라 했는데 태어남이 어디 있으며 죽음이 어디 있는가? 수좌는 아직 아무것도 모르는구먼."

'이 뭣고' 화두를 들고 있던 열여덟 살의 약산 스님은 이 말에 화두를 깨쳤다. "나의 진성 자체가 불생불멸이 아니라 항상 있는 것임을 깨달았으며, 내 몸뚱이를 끌고 가는 주인공이 누구인지 알겠더라"는 말을 덧붙였다. 약산 스님이 그길로 설봉 스님에게 달려가 자신이 깨친 것을 내보였더니 긍정도 부정도 하지 않으셨다고 한다. 단지 '이 뭣고'로 계속 공부하면 나아감이 없다면서 조주 무자 화두를 주었다.

스님은 어릴 때부터 서당에서 《소학》, 《대학》, 《논어》, 《맹자》를 익혔다. 그렇게 공부하면서 이 세상에서 도인만큼 위대한 사람이 없으며 절에 가면 많은 도인을 만날 수 있을 거라 믿었다. 꼭 도인이 되고 싶었던 열두 살의 소년은 집을 떠나 통도사로 출가했다. 통도사에서 행자 생활을 마친 스님은 범어사에 공부를 많이 한 동산 스님이 계시다는 말을 듣고 범어사로 갔다. 그곳에서 우연인지 필연인지 설봉 스님을 만나 선을 익히게 되었다. 약산 스님은 설봉 스님만큼 선지(先知)를 지닌 분을 만나지 못했다면서 지금도 공부하다가 막히면 스승이 그립다고 했다.

그러면서 설봉 스님의 법문 한 토막을 들려주었다.

"사람마다 다 본원각성을 지니고 있으니, 이 마음이 본래 스스로 공적하여서 마치 허공처럼 불가사의한 것이다. 만약 누구든지 마음을 편안히 하고 생각을 고요히 하여 순일한 생각으로 돌이켜 비추어 보면 모든 것이 다 공한 곳에 신령하게 아는 것이 어둡지 아니하고 분명히 항상 아는 것이다. 있는 것도 아니요 없는 것도 아니며, 나는 것도 아니요 죽는 것도 아니며, 어두워짐도 없고 깨달음도 없으며, 범부도 없고 성인도 없으며, 본래도 청정하여 번뇌가 공하고 샘이 없는 지혜 성품이 스스로 구족한 것이니 이것이 모든 사람이 본래 지닌 본심본각이다."

달마대사는 "마음이 곧 부처요, 부처가 곧 도며, 도가 곧 선이라" 했다. 설봉 스님은 이 말에 덧붙여 "선문으로 들어가지 않고 마음 밖에 부처를 구하며 어두운 마음으로 도를 닦는다는 것은 옳을 수가 없는 것"이라 했다.

약산 스님은 무자 화두를 받고 나서 매일같이 설봉 스님의 물음과 닦달을 받아야 했다. 시원한 답을 못한 채 1년이 흘렀다. 어느 날 약

산 스님이 조금은 볼멘소리로 "어찌 개에게만 불성이 없겠습니까?"라고 반문하자 설봉 스님은 "인마, 개가 불성이 없는 것이 아니라 니가 없다"라고 꾸짖었다. 설봉 스님의 그 한마디에 모든 것을 불시에 깨달았다. 이십대에 화두를 깨친 약산 스님을 두고 설봉 스님은 "너는 여러 생을 통해서 공부한 것 같다"는 말을 해주었다.

설봉 스님은 "모든 중생들이 시초(始初)가 없는 그때부터 업식에 끌려서 깨달음을 등지고 속진과 합하여서 업을 따라 과보를 받으며 고해에서 빠져나갈 길을 얻지 못했다. 그러하므로 부처님과 조사님이 세상에 출현하여 대자비 원력으로써 방편지혜를 써 해탈의 문을 열었다"고 했다. 이어 "깨달음을 얻으려는 사람은 헛되이 애쓰지 않고 노력하면 최상승을 성취할 것이 틀림없지만, 굳건히 믿지 않고 깨달음의 경계는 '높은 성인의 경계'라고 미루고 자기의 분수가 아니라 하기에 깨달음을 얻지 못하는 것"이라 했다.

"중국 선불교는 500년간 1700공안이 만들어졌지만, 한국 불교 역사는 1600년, 한국 선의 역사는 1200년이지만 화두 하나도 만들어지지 않았어요. 아직도 중국의 공안과 조사 어록만 되풀이하고 있습니다. 허준의 《동의보감》이 있기에 중국의 《본초강목》이나 그런 책에 의존하지 않아도 되는 것처럼 한국 불교만의 선문을 연구하고 선풍(禪風)을 만들어서 중국 불교에 의존하지 않아야 합니다. 이십대에 깨달음을 얻은 뒤 한국 승려니까 한국 도학을 남겨야 한다는 생각으로 공부를 시작했어요."

스님은 출가 이후 선 이외에는 눈길 한번 돌려본 일이 없다. 경전은 중생을 위해서 방편으로 설한 것이기에 선사가 법상에서 경전을 인용하여 법문을 하거나 진언을 말한다는 것은 선종의 분상에서 본다면 어긋난다는 것이 스님의 생각이다.

"부처님은 도를 깨달은 후 '여래가 깨친 도리는 내가 만들거나 다른 사람이 만든 게 아니다'라고 했습니다. 이 말은 진리가 본래 법계에 두루하다는 것입니다. 깨달음은 석가모니 부처님의 전유물이 아니며, 깨친 자라면 누구나 부처님입니다. 우리도 그 법을 깨치면 부처님보다 못할 것이 없어요. '어떻게 부처님보다 훌륭해질 수 있는가'라고 의문을 품겠지만, 그런 기개와 분심을 가지고 공부해야 대도인이 될 수 있지 않겠습니까?"

약산 스님은 1969년에 설봉 스님이 열반하고 나서 1970년 서른 살에 통도사로 돌아왔다. 그 후 40여 년간 통도사 산문을 나가지 않고 중국의 선이 아닌 한국 불교만의 선을 수립하기 위해 알아주는 이 없어도 혼자서 공부하고 정리를 해왔다. 그 결과물이 200권에 이르

는《천봉선문대전(天峰禪門大全)》이다.

스님은 공부가 좋아서 산문 밖을 나가지 않은 것도 있지만,《천봉선문대전》이 세상에서 빛을 보려면 어떤 근거가 필요했기에 산문 밖을 나서지 않았다고 한다. 강산이 느리게 바뀐다고 해도 네 번은 바뀌었을 텐데 그동안 얼마나 답답했느냐고 묻자 "도인의 종족을 남겨야겠다는 생각과 돈과 명예에 대한 욕심을 버렸기에 가능한 일이었다"고 답했다.

《천봉선문대전》은 여러 가지 사정으로 아직은 온전한 책의 형태로 출간되지 않았지만, 세상에 나올 준비는 벌써 마친 상태이다. 200자 원고지에 한문으로 쓰여진 것들을 복사하여 제본해놓은 200권의 책이 책장에 가지런히 꽂혀 있다. 스님의 저술 중《돈오성불집》은 부처님으로부터 중국 선종사에서 뛰어난 선사 500여 명의 일대기를 간략하게 기록한 책이며,《수시법어집》은 700편의 화두를,《천봉화두집》은 1,300편의 화두를 담고 있다. 비록 중국의 화두를 기본으로 하고 있지만 한국 불교에 맞추어 새롭게 화두를 써나갔다.

스님은《전등록》을 보아도 중국의 뛰어난 선사들도 때로는 답하지 못하는 부분이 있다면서 이렇게 말했다.

"그들이 답하지 못한 부분을 내가 메워놓기도 했는데, 내가 달아놓은 화두가 100퍼센트 맞다고는 생각하지 않으며, 설령 50퍼센트, 30퍼센트 정도 답에 가깝다고 해도 만족합니다. 후대 사람들이 어떻게 평가할지는 모르지만, 한국 불교에 이러한 책이 있는 것과 없는 것은 천지 차이라고 생각합니다."

스님에게 바람이 있다면 수좌들 50~60명 정도를 모아놓고 《천봉선문대전》을 텍스트로 해서 연구와 토론을 해나가면서 한국 불교의 선지를 바로 세워나가는 것이다. "한국 불교는 한국인 스스로가 세워나가야 한다"는 스님의 말은 불자라면 누구나 기억하고 실천해야 할 또 하나의 화두가 아닐까 싶다.

세차게 흘러가는 계곡물 소리를 따라 걷다보니 계곡과 연결된 작은 다리가 나왔다. 흐르는 계곡물에 손을 씻고 물에 비친 내 얼굴을 들여다보았다. 영상이 깨어지긴 했지만, 물은 거울처럼 맑아 내 얼굴이 그대로 비친다. 마음은 거울과 같다고 한다. 거울은 물건을 비추기는 하지만 미리 맞이하는 법이 없고 차별하는 마음이 없으며 물건이 사라진 후에도 머무름이 없다. 거울처럼 차별하는 마음이 없다면 흐르는 물처럼 머무름이 없다면 그것이 바로 한소식한 것일까? 벌써 산을 반 넘게 내려와서 스님에게 다시 여쭈러 가기에는 너무 늦어버렸다.

약산 스님

1955년 통도사에서 월하 스님을 은사로 사미계, 1961년 범어사에서 동산 스님을 계사로 비구계를 수지. 제방 선원에서 50여 안거를 성만하고 1984~1990년 통도사 보광선원장, 1994년 통도사 강주, 1999~2001년 영축총림 통도사 부방장 등을 역임. 지금은 통도사 취운선원장으로 주석.

인보 스님

사물을 본다는 것은 사물에 투영된 내 마음을 보는 것

'보현성지'라는 팻말을 따라 길을 걸었다. 산길을 한참 올라가자 오랜 세월의 흔적을 말해주듯 검푸른 이끼가 낀 수십 기의 부도탑이 나타났다. 옷깃을 여미고 부도탑 앞에서 존경과 감사의 예를 올렸다. 금강역사가 지키고 있는 금강문을 지나니 보현사 대웅전이다. 신라시대 낭원국사인 보현 스님이 창건하여 지장선원(地藏禪院)으로 불리다가 나중에 보현사로 바뀌었다고 한다. 보현사에는 믿고 싶은 전설이 전해내려오고 있다.

천축국에서 출발한 배는 검푸른 물결이 넘실대는 바다를 건너 강릉 동남쪽에 위치한 남항진 해변에 닻을 내렸다. 이 배에는 보현보살과 문수보살이 타고 있었다. 그들은 문수사를 세웠는데, 절이 완공되자 보현보살이 "한 절에 두 보살이 함께 있을 필요가 없으니 나는 활을 쏘아 화살이 떨어진 곳을 새 절터로 삼아 떠나겠다"고 했다. 보현보살이 활시위를 당겨 화살이 떨어진 곳이 바로 지금의 보현사이다.

대웅전 앞의 석탑과 석조 사자상은 천 년이 넘은 세월의 이빨을 그대로 간직하고 있다. 기단석도 없는 석탑을 복원하지 않고 그대로 둔 주지 스님의 혜안이 엿보인다.

주지인 인보 스님은 며칠 전 '2014년 동계올림픽 기원 법회'를 연다는 현수막을 걸다가 발을 헛디뎌 허리를 다쳤다고 한다. 스님은 "나이가 들면 얼굴에 저승꽃이 피고 몸도 여기저기 삐걱거립니다. 은사인 탄허 스님께서 '건강을 챙기지 않으면 공부도 수행도 헛것이다'라고 했는데 나이가 드니 실감이 납니다"라고 했다.

스님은 동진 출가했는데, 젊은 시절부터 건강이 좋지 않아 선방에 앉을 수가 없었다. 출가의 뜻과는 다르게 가람을 수호한다는 이름 아래 머슴살이만 하다가 공부도 못하고 나이만 먹었다면서 스님의 지나온 세월을 들려주었다. 하지만 스님의 말과는 달리 역경원에서 출판한 한글 대장경이 책장을 빼곡히 채우고 있는 것을 보니 수행자로서 얼마나 치열하게 살고 있는지 알 수 있을 것 같았다.

스님은 1957년 상원사에서 행자도 아닌 신분으로 1년을 지냈고, 이듬해 월정사에서 행자 생활을 시작했다. 탄허 스님을 은사 스님으로 하여 사미계를 받았다. 1960년 영은사에서 3년간 수학했다. 스님은 스승 복이 있어 월정사 시절 탄허 스님으로부터 사집(四集)을 배웠다고 한다. 대혜선사의 《서장》, 고봉 원묘선사의 《선요》, 규봉 종밀의 《도서》, 지눌선사의 《절요》 등을 행자 시절에 이미 다 섭렵했으니 스님의 깊은 도심(道心)을 짐작할 수 있다.

탄허 스님은 일체 평등에 대해 "산을 깎아서 평지를 만들고 긴 학의 다리를 잘라서 뱁새의 짧은 다리를 잇는 것은 평등이 아니다. 산

은 높은 대로 들은 낮은 대로 황새의 다리는 긴 대로 두는 것이 평등이다"라고 했는데, 아직도 그 말이 가슴에 남아 있다. 스님은 "보통 사람들은 현실을 떠난 불교를 생각하지만 현실을 떠나서 법을 이야기하는 것은 불법(佛法)이 아니다"고 한다.

"행자 생활 할 때 탄허 스님이《금강경》강의하시는 것을 들었는데, 아직도 그때 들은 것이 기억납니다.《금강경》은 대승의 첫 관문이기 때문에 기초 공부가 되어 있지 않은 상태에서 보면 조금 어려울 수도 있어요. 공(空) 사상을 이론으로만 알면 조금만 바람이 불어도 흔들릴 수 있으니 체험적으로 이해해야 합니다. 첫째는 무상을 알아야 합니다. 세상은 영원한 게 없고 믿을 게 못 된다는 것이지요. 세상은 변화무쌍한데, 그것을 제대로 알지 못하면 변화에 대한 충격이 큽니다. 영원한 것도, 견고한 것도 없다는 데서 발심해서 닦아가는 것이 중요합니다. 부처님 법을 구하면 구할수록 어렵고 찾으면 찾을수록 어렵기만 합니다. 그러니 생활 자체가 곧 부처님 법이 되어야 합니다."

스님은 열심히 수행해서 사회에 환원하는 것이 수행자의 도리이며, 수행과 포교가 다른 것이 아니라 남을 가르치고 교화하다보면 더불어 자기 수행이 되는 것임을 강조했다. 사람들은 수행이라고 하면 육신을 혹사하는 것을 먼저 떠올리지만, 며칠간 단식을 한다거나 하는 것은 중요하지 않단다. 32상 80종호를 갖추신 석가모니 부처님도 음식을 드셨듯이, 육신에 있어서 먹는 것 또한 진리이다.

　탐욕은 무상을 깨닫지 못하는 데서 오는 것이 아닌가? 당장 내일 일도 알지 못하면서 영원히 살 것처럼 욕심부리는 그 마음을 내려 놓아야 한다는데 그것이 어디 쉬운 일인가? 눈으로 물질을 보기 때문에 탐심을 부리는 것인지 아니면 탐심이 있기에 물질이 눈에 들어오는 것인지 모르겠다. 스님에게 본다는 것이 무엇인지에 대해 여쭈었다.

　"옛사람들은 심불반조(心不返照) 간경무익(看經無益), 즉 마음으로 돌아보지 않으면 경전을 읽어도 이익이 없다고 했습니다. 사물을 본다는 것은 사물에 투영된 내 마음을 보는 것이지 사물을 보는 것이 아닙니다. 한 생각이 일어났다 꺼지는 것을 동양학에서는 음양(陰陽)

인
보
스
님

이라고 하지요. 한 생각이 꺼지면 나도 없고 우주도 없습니다. 그런데 한 생각이 일어나면 나도 있고 우주도 있는 것이지요. 우리는 한 생각이 일어나는 소식만 알 뿐 꺼지는 소식은 모릅니다. 생사, 열반, 번뇌, 보리가 따로 있는 것이 아니라 융합된 것임을 아는 것이 공부입니다. 한 생각이 72찰나이고 한 찰나에 900생멸이 있다고 하는데 어떻게 마음의 파장을 셀 수 있겠어요? 마음은 형상도 없고 생각도 할 수 없는 것이어서 알음알이로는 알 수 없습니다. 그래서 마음 공부를 해야 합니다."

마음이란 마음이 아닌 것을 가정해서 마음이라고 하는 것뿐이다. 지금 쓰고 분별하는 것을 마음으로 알고 있는데, 이것 또한 망심이다. 바다라는 근본 바탕은 알지 못한 채 물결치는 것만 보고 그 물결을 바다로 알고 있는 것과 같다.

"육근과 육식으로 아는 것은 의식이고 의식 분별입니다. 깨닫는다는 것은 육식으로 아는 것이 아닙니다. 열대 과일을 먹어본 자만이 그 맛을 알 수 있듯이, 대승경전은 그 맛 자체를 말하는 것이 아니라 스스로 맛을 보게끔 하는 것이지요. 본인이 수행해서 체득한 것이 진짜 깨달음이지 이론으로 아는 것은 아무 소용이 없어요. 그리고 알고 보면 이 세상 모든 것이 불법(佛法)입니다. 경전에서 마음의 주인이 되라고 하잖아요. 객은 시키는 대로 하면 되지만 주인은 모든 것을 알아서 결정하고 판단해야 하니 객보다는 어렵겠지요. 주인의 식을 가지고 산다는 것은 '직심시불(直心是佛)'을 아는 것입니다. 부처님의 자비는 인간만이 아니라 우주만물을 위한 가르침입니다."

세상 만물은 생성과 소멸을 반복하는데 우리는 생성과 소유는 알지만 소멸과 버림은 모르고 있다. 내 마음에 탐심이 없다면 사물도 무심하게 보일진대, 탐욕의 눈으로 보면 사물은 이미 사물이 아니라 소유해야 하는 그 무엇이 된다.

스님 처소의 방문을 열면 한 폭의 그림처럼 하얀 눈을 인 산이 우뚝 솟아 있다. 그 산이 거침없이 방 안으로 들어올 것만 같다. 스님은 새벽마다 방 앞 커다란 바위에 앉아 참선을 한다. 바위에 가부좌를 틀고 일출을 맞이하는 스님의 청복을 감히 탐낼 수 있으랴.

"상근기는 사자와 같고 하근기는 개와 같다고 합니다. 돌을 던지면 개는 돌을 따라가지만 사자는 돌을 던진 사람을 물어버립니다. 사자처럼 말의 근원을 찾아나서야 하는데, 사람들은 헛것을 찾아다닙니다. 중생들은 있다고 하면 있는 것에 집착하고 없다고 하면 없는 것에 집착하는 것이 문제입니다. 말은 말일 뿐인데, 말을 떠나서 본체를 봐야 하는데 그것에 끄달려 여기저기를 헤매고 다니니 언제 주인 노릇을 합니까? 객은 시키는 대로 하면 되지만 주인은 모든 것을 알아서 결정하고 판단해야 합니다. 주인의식을 가지고 산다는 것은 직심시불을 아는 것이지요."

눈만 뜨면 상업 광고의 홍수 속에서 살고 있는 현대인들은 이미 주인의식을 상실한 지 오래이다. 음료수 한 병, 과자 하나를 사도 내 의지대로 산다기보다는 기억 속에 주입된 광고에 의해서 구매하는

것이 현대인의 자화상이다. 이런 사소한 것은 말할 것도 없고 삶의 진정한 의미까지도 자신이 결정하지 못한 채 거대한 물결에 휩쓸려서 살아가고 있음을 자각하지 못하는 것이 문제가 아닐까 싶다. 어떻게 하면 주인 노릇을 잘할 수 있는지 여쭈었다.

"지금 자신이 지옥에 있는지 극락에 있는지 생각해보아야 합니다. 극락에 있다면 주인 노릇 잘하는 것이지요. 금생에 극락을 가야지, 죽어서 극락 간다는 것은 우스운 일 아닙니까? 경전에는 극락세계가 10만억 불국토를 지나서 있다고 하는데 1초에 지구를 일곱 바퀴 반을 돈다는 빛의 속도로 간다고 해도 몇 광년이 걸리는데 그곳에 어떻게 갑니까? 극락이란 곳은 악업이 없는 마음을 뜻합니다. 그 악업이 없어질 때가 극락이요, 10만억 불국토를 지나 있다는 것은 한없는 부처님의 세계를 닦아서 빛과 같이 밝은 곳이라는 의미입니다. 우리는 신구의(身口意)로 죄를 짓습니다. 몸으로 짓는 죄는 살생·도둑질·음란이고, 입으로 짓는 죄는 망어(妄語)·기어(綺語)·양설(兩舌)·악구(惡口)입니다. 그리고 마음으로 짓는 죄는 탐진치입니다. 이렇게 짓는 죄가 쌓이고 쌓여서 10만억이 되는 것이지요. 십악업(十惡業)이 쌓여서 10만억 불국토가 되어 극락으로 가는 길이 막혀버린 것입니다. 신구의로 지은 열 가지 악업을 돌이키면 십선업(十善業)이 됩니다. 저 언덕은 부처님이 계신 곳인데 바다가 가로막혀 있습니다. 오욕의 바다, 탐욕의 바다인데 바다만 건너가면 되는데 건너가지 못하고 모두 바다에 빠져 죽는 것이지요. 반야용선을 타야 저 언덕으로 갈 수 있습니다."

가만히 앉아서도 극락에 갈 수 있다는 스님의 말에 화들짝 놀랐다. 매트릭스의 세계가 따로 없다. 마음과 행위가 바로 매트릭스의 세상을 지어내는 것이다.

"고해 바다에서 살아나려면 항해 기술이 있어야 하는데 항해 기술이란 바로 부처님의 가르침입니다. 살생을 방생으로 돌이키고 남을 해치는 대신 남을 위한 봉사와 희생정신으로 되돌리는 것이 항해 기술이지요."

항해를 위한 지도와 나침반이 이미 준비되어 있는데도 그것을 알지 못하고 엉뚱한 곳에서 헤매고 있으니 '생을 낭비한 죄' 태산만큼 크다. 낙숫물 떨어지는 소리가 경쾌한 음악처럼 들린다. 며칠 전에 내린 눈이 포근한 날씨 탓에 봄눈 녹듯 녹아내리는 것이다. 그동안 지은 악업이 녹아내릴 날을 기다릴 것이 아니라 부처님의 가르침인 항해 기술을 배워야 한다는 스님의 귀한 법문이 가슴에 사무친다.

395

인
보
스
님

여기까지 왔으니 낭원대사 사리탑을 가보아야 한다. 낭원대사는 경주 사람으로 범일대사의 명성을 듣고 오대산으로 찾아가 그곳에서 공부를 했고, 범일대사로부터 심인(心印)을 전해받았다. 이곳 보현사에서 많은 사람들을 교화했으며, 경애왕은 낭원대사의 덕이 높음을 듣고 사신을 보내 국사로 모셨다. 나이 아흔여섯 살, 법랍 일흔두 살로 보현사에서 열반에 들었고 지금은 절대 고요 속의 사리탑으로 남았다.

삼성각 뒤쪽으로 돌아가서 조금은 가파른 산길을 걸었다. 가파르긴 하지만 나무로 얼기설기 계단을 만들어놓아 걷기에 좋았고, 길 양옆으로 심어놓은 키 낮은 산죽들의 서걱대는 소리가 듣기 좋았다. 연꽃이 새겨진 기단 위에 팔정도를 뜻하는 팔각형의 몸돌을 얹고 그위에 지붕돌을 놓은 소박한 사리탑이다. 엄숙함과 단정함을 지닌 낭원대사의 사리탑에 삼배를 올렸다. 사리탑의 몸돌에 새겨진 자물쇠, 문득 저 자물쇠를 열면 무엇이 있을지 궁금해진다.

🌸**인보 스님**

18세에 상원사에서 탄허 스님을 은사로 사미계 수지. 20세에 영은사에서 3년간 수학. 탄허 스님 문하에서 《서장》, 《선요》, 《도서》, 《절요》 등을 공부. 송광사 구산 스님으로부터 비구계 수지. 홍천 수타사, 횡성 보광사, 강릉 용현사 주지 역임. 지금은 강릉 보현사에 주석.

눈 밝은 선지식을 만나는 기쁨

산은 온갖 것을 품어 안고 있기에 온갖 생명들의 숨소리로 우렁
우렁하다. 물소리, 새소리, 바람 소리, 꽃잎 벙그는 소리, 낙엽 떨
어지는 소리를 들으면서 산길을 걷는다. 길이 끝나는 곳에 절이 있
기 마련이지만, 때로는 그렇지 않을 때도 있다. 당황스럽다. 이정
표라도 있었다면 길을 잃지 않았을 텐데, 아쉬움이 드는 것이다.

산에서만 길을 잃는 게 아니라 생(生)의 긴 여로에서 길을 잃고
방황할 때가 얼마나 많은가? 생에서 경험하는 많은 일들이 때로는
낯설고 두렵고 그러하다. 이럴 때 이정표가 되어주고 길잡이가 되
어주는 눈 밝은 선지식을 만난다면 두려움과 불안에서 벗어날 수
가 있다. 선지식은 사람들을 인도하여 진리의 길로 나아가게 하는
문이며 수레이며 횃불이다. 혼탁한 세상에 이런 명안종사(明眼宗
師)들이 계신다는 것만으로도 큰 위안이 된다.

우리 사회의 지표가 되고 지남이 되는 선지식 서른세 분을 모셨

다. 서른세 분 스님이 들려준 법문은 세상일에 물들지 않는 연꽃과도 같았고, 가뭄 속에 내리는 단비와도 같았으며, 중생의 뜨거운 번뇌를 없애주는 설산의 전단향과도 같았다.

2007년 정월, 〈현대불교신문〉 편집실로부터 우리나라의 훌륭한 고승들을 인터뷰하지 않겠느냐는 전화를 받았다. 가까이에서 고매한 스님들의 육성 법문을 들을 수 있어 너무 좋겠다는 마음이 앞섰다. 또 한편으론 고승들의 높은 법문을 과연 잘 소화하여 글로 빚어 내놓을 수 있을지 걱정이 되기도 했다. 이런 인연으로 '선지식을 찾아서'라는 지면을 맡게 되었다.

불교라는 한 울타리에 있을 뿐 스님 한분 한분은 각자 다른 세계를 지니고 있다. 그래서 스님 한분 한분을 뵈러 갈 때마다 기대와 설렘과 긴장감으로 가득 찼다. 큰스님들과 마주한 시간은 참으로 값진 시간이었다.

바람 불어 꽃이 대지를 수놓던 봄날이며, 산색이 짙은 푸른빛으로 가득 찬 여름날이며, 기러기 떼의 울음소리가 허공을 가르는 가을날이며, 갈대꽃과 설월(雪月)이 더욱 흰 빛을 다투는 겨울날이 여러 번 오갔다. 하지만 기억 속에 깊이 아로새겨진 것은 그 같은 시간들이 아니라 큰스님들의 훌륭한 말씀이었다.

큰스님들의 법문은 철통처럼 캄캄하던 마음에 스며들어 번뇌와 망상이 그려놓은 그림에 지혜와 자비가 담긴 향기로운 그림 하나를 척하니 올려주었다.

법문을 청하면 더러는 "난 세상에서 제일 바보인 것 같아. 들을 것 없어. 저 푸른 자연이나 보고 가게나"라는 말씀을 툭 던지는가 하면, "난 마을에 사는 사람들이 선지식이라 생각해. 그냥 차나 한 잔 마시고 가게나" 뭐 이런 말씀을 하시기도 했다. 그러한 말씀 한 마디에도 수행과 선지(禪旨)가 담겨 있기에 귀하게 받았다.

많은 큰스님들을 찾아뵈었지만 책이라는 한정된 공간에 그분들을 다 모실 수는 없었다. 이것이 큰 아쉬움으로 남는다. 다음을 기약할 수밖에 없다. 다시 한 번 귀한 시간 내주신 큰스님들께 감사의 예를 올린다. 그리고 어려운 출판 여건에도 불구하고 책을 펴내준 오픈하우스출판사에도 감사를 드린다.

가을 달과 봄꽃의 무한한 뜻은 다만 스스로 알 뿐이라 했다. 그러하듯이 과문한 사람이 큰스님들의 원융한 세계를 어찌 다 알 수 있으며, 무딘 글 솜씨로 높은 법문 어찌 온전히 다 녹여낼 수 있으랴 싶다. 좋은 것은 함께 나누어야 한다는 주위의 부추김에 힘입어 또 한 권의 책을 세상에 내놓는다. 큰스님들의 향훈이 바람 따라 길 따라 널리 퍼지기를 기원해본다.

2009년 10월
감출 수 없는 가을빛 아래서
문윤정 합장